比较环境法文丛

刘 俊 主编
杨建学 陈 亮 副主编

贫困问题的环境法应对

PINKUN WENTI DE HUANJINGFA YINGDUI

任世丹 著

中国检察出版社

图书在版编目（CIP）数据

贫困问题的环境法应对/任世丹著.—北京：中国检察出版社，2012.5
ISBN 978 – 7 – 5102 – 0653 – 5

Ⅰ.①贫… Ⅱ.①任… Ⅲ.①环境法学 – 关系 – 贫困问题 – 研究 Ⅳ.①D912.604②F113.9

中国版本图书馆 CIP 数据核字（2012）第 075510 号

贫困问题的环境法应对

任世丹 著

出版发行：	中国检察出版社
社　　址：	北京市石景山区鲁谷东街5号（100040）
网　　址：	中国检察出版社（www.zgjccbs.com）
电　　话：	（010）68682164（编辑）　68650015（发行）　68636518（门市）
经　　销：	新华书店
印　　刷：	三河市西华印务有限公司
开　　本：	720 mm×960 mm　16 开
印　　张：	13.25 印张
字　　数：	211 千字
版　　次：	2012 年 5 月第一版　2012 年 5 月第一次印刷
书　　号：	ISBN 978 – 7 – 5102 – 0653 – 5
定　　价：	26.00 元

检察版图书，版权所有，侵权必究
如遇图书印装质量问题本社负责调换

总　　序

　　自20世纪中期以来，人类社会面临的最具挑战性的问题之一，就是如何协调经济发展、人类健康与环境保护之间的紧张关系。"哪里有危机，哪里就有拯救"，为应对这一关乎人类存续的"世纪问题"，联合国在1972年通过的《人类环境宣言》中大声疾呼："保护和改善人类环境是关系到全世界各国人民的幸福和经济发展的重要问题，也是全世界各国人民的迫切希望和各国政府的责任。"从此，各国纷纷运用法律、科技和经济等多种措施应对环境危机，世界范围内的环保运动由此正式拉开大幕。环境法律的制度安排能够重组生态环境与人类社会的关系，能够牵引人类环境管理模式的法治化改良并倒逼社会治理模式的生态化变革，环境法学也因此成为环保运动当仁不让的排头兵，各国环境法学者也声嘶力竭地为环保运动摇旗呐喊，殚精竭虑地为环境保护的制度创新提供智识启迪。

　　我国在创造经济发展的世界奇迹背后，也伴随着环境问题的隐痛，我国环境法学者在改革开放初期即感同身受。他们凭借对环境保护、经济发展与民生改善之间复杂关系的敏锐洞察力和卓越判断力，为中国环境法学的孕育和诞生进行了艰苦卓绝地努力，为扩大中国环境法学这一新兴学科的社会影响以及推进环境法的可持续发展奠定了坚实的基础。但是，对于发展中的中国法治而言，环境法治建设的价值理念尚显落后，制度经验仍显匮乏。若能立足本土背景，合理借鉴域外环境立法之科学理念与环境司法之先进技术，则将不失为又好又快地推进我国环境法治建设之便捷路径。

　　西南政法大学比较环境法研究中心顺天时、秉地利、持人和而生，并不遗余力地推出《比较环境法丛书》，包括《比较环境法文丛》、《比较环境法论丛》、《比较环境法译丛》三个系列，旨在更加广泛地凝聚世界各国环境法学人和环境保护有识之士的理念和智识,共襄世界环境保护的盛举。"越是民族的,越是世界的!"丛书编委会尤其期盼我国环境法学人立足于中国实际,以"海纳百川、兼容并包"的胸怀,用世界的眼光重新审视中国的环境问题,以提升中国环境法学理论研究、观念普及和制度创新的整体水平。中华民族向来不缺乏感天动地、悲天悯人的情怀,也向来不缺乏关注民生、世界大同的情怀,中国环境法学尤其应当在新的历史时期传承这些情怀,让其生生不息流传久远,并源源不断地转化为制度的力量和行动的智慧。让我们倾听世界的声音,让世界倾听我们的声音!

《比较环境法丛书》编委会

二〇一〇年六月一日

目　录

总　序 /1

导　论 /1
　　一、问题的提出 /1
　　二、国内外文献研究综述 /4
　　三、研究思路与方法 /9

第一章　贫困问题与环境法应对的贫困问题 /11

　第一节　贫困问题：一种多维社会现象 /11
　　一、贫困的定义：收入贫困抑或能力贫困 /12
　　二、贫困的分类：不同尺度的衡量 /18
　　三、贫困问题的本源：权利的剥夺与权力视角下的制度不公 /22
　　四、法学视角下的贫困问题解析 /28

　第二节　环境法应对的贫困问题 /33
　　一、"理想类型"与环境法应对的贫困问题类型 /33
　　二、环境法应对的第一类贫困问题：原生贫困问题 /39
　　三、环境法应对的第二类贫困问题：次生贫困问题 /42

第二章　环境法应对贫困问题的正当性 /45

　第一节　文明演进中利益衡平的法律控制 /45
　　一、工业文明危机下利益的法律表达：环境法的附魅 /46
　　二、通往生态文明的法律理性：环境法的祛魅 /52

第二节　多元利益协调的"正义方舟" /57
一、正义：环境法的价值追求 /57
二、环境法之实质正义："给每人其所应得" /61
三、环境法之二次正义：对利益及力量失衡的矫正 /64

第三节　回应社会变迁之环境法发展进路 /67
一、回应型法：与社会互动中实现和谐的法律模式 /68
二、环境法的回应性及进化趋向 /71
三、益贫功能：环境法功能之拓展方向 /75

第三章　国（区）际环境法律/政策对贫困问题的应对 /79

第一节　国（区）际环境法应对贫困问题的发展进程 /79
一、贫困问题走进国（区）际环境法视野 /80
二、发展议题下的相互融合与双赢 /85

第二节　"望远镜的另一端"：应对贫困问题的国（区）际环境政策 /95
一、世界银行应对贫困问题的环境政策 /96
二、亚洲开发银行应对贫困问题的环境政策 /100

第三节　国（区）际环境法律/政策的若干启示 /104
一、贫困与不公：环境法无法回避的话题 /104
二、减缓贫困：环境法可以有所作为的领域 /106
三、应对的贫困类型：来自国（区）际环境法律/政策的依据 /109
四、国（区）际环境法律/政策应对贫困问题的若干原则与制度 /110

第四章　环境法应对贫困问题的基本原则 /116

第一节　环境法应对原生/次生贫困问题的"普适性"原则 /116
一、代内公平原则 /117
二、国家责任原则 /122
三、公众参与原则 /127

第二节　利益共生：原生贫困问题的环境法应对原则　　/132
　　一、生存优先、合理利用原则　　/132
　　二、倾斜保护原则　　/137
　　三、风险预防原则　　/140

第三节　利益共进：次生贫困问题的环境法应对原则　　/144
　　一、保护优先、合理补偿原则　　/144
　　二、受益者补偿原则　　/147
　　三、养护者受益原则　　/150

第五章　环境法应对贫困问题的制度选择　　/152

第一节　环境法应对贫困问题的制度选择路径　　/152
　　一、应对贫困问题的制度选择逻辑起点　　/153
　　二、应对贫困问题的制度选择目标体系　　/156
　　三、应对贫困问题的制度选择基本理念　　/159

第二节　以"赋权"为中心的应对贫困问题基本制度　　/162
　　一、自然资源物权制度　　/163
　　二、社区共管制度　　/168

第三节　以"补偿"为中心的应对贫困问题基本制度　　/173
　　一、生态补偿制度　　/173
　　二、环境侵权损害社会化救济制度　　/178

结　论　　/184

主要参考文献　　/187

后　记　　/197

导　论

一、问题的提出

　　终结贫困是人类长久以来的梦想，繁荣的工业文明似乎带来成功和希望的迹象：婴儿死亡率在下降，人均寿命在提高，有文化的成人的比例在上升，入学儿童比例在提高，全球粮食生产增长的速度超过了人口增长的速度。① 然而，工业文明带来的繁荣却没有普惠社会的每一个阶层。不仅如此，以牺牲生态环境为代价的工业化进程却毫无例外地将每个人推向一场深刻的危机之中："这是一场复杂的、多方面的危机，这场危机触及我们生活的每一个方面——健康与生计，环境质量与社会关系，经济与技术及政治；这是一场发生在智力、道德和精神诸方面的危机，其规模和急迫性在人类历史上是空前的，我们第一次不得不面临着人类和地球上所有生命都可能灭绝这样一场确确实实的威胁。"② 工业文明在带来巨大的经济繁荣的同时也为我们呈现这样一片图景：越来越多的人贫困化，与此同时环境的恶化也在不断加剧。在此背景下新兴的环境法"先天的"带有一定程度的应急性；环境法"有何用"、"为谁而用"以及"如何用、如何发展"是在论证其独立部门法地位时无法回避的问题。

　　环境法"有何用"？作为独立的部门法，环境法以彻底解决环境问题为

---

①　世界环境与发展委员会：《我们共同的未来》，王之佳、柯金良等译，吉林人民出版社1997年版，第2—3页。

②　【美】弗里乔夫·卡普拉：《转折点》，卫飒英译，四川科学技术出版社1988年版，第131页。

己任。环境问题,突出表现为人与自然之间的矛盾与冲突;但实质上它反映的是经济、社会、政治、文化等领域中的人与人、人与社会的关系问题。人与自然之间的矛盾冲突从本质上说是人与人(社会)之间的矛盾在自然领域的反射。如果忽视对人与人(社会)之间的利益冲突之解决与平衡、过分夸大对人与自然之间矛盾的化解,就如同失去了灵魂的木偶人形,环境法最终将难免沦至"环境问题学"的尴尬地位。环境法唯有回归现实的利益平衡,才能通过相应的制度安排实现生态文明下的人与自然以及人与人之间的和谐共生。"如此,个体与个体之间的欲望和要求会在一定程度上得以缓和,直至达到某种程度的平衡;然后,个体的自我扩张本性得到适当的控制。在人域范围内先达到合理程度的协调,才有可能使人类的力量加以完善和发展,进而越出人域,协调人际关系,维持并发展人际同构的生态文明。"[①] 正义的本质要求是"给每个人其所应得";部分人用贫困守护我们的地球,并为最基本的生存需求而陷入贫困与环境退化的恶性循环之中,这样的权利义务配置方式无论如何也不是正义的。环境法只有充满对穷人及其他弱势群体的人文关怀,才能充分体现法之公平、公正。

环境法"为谁而用"?美国著名的环境社会学家汉尼根曾提出这样发人深思的询问:"为什么一些环境问题早就存在,但是只是到了特定时候才引起广泛注意?为什么有些环境问题引起了广泛注意,而有些环境问题却是默默无闻?"[②] 如果不保护我们的家园——地球,将无一人能够侥幸生存。即便如此,一个埃塞俄比亚的穷人和一个美国的中产阶级白人也不可能拥有一样或类似的环境想象。当前者正在为明天的早餐而焦虑的时候,后者关注的却是荒野的野花明天是否会再度盛开。环境法之目的是满足前者还是后者?穷人是社会分层体系中的弱势群体,他们是环境问题的直面者,但是他们却被排除在社会主流话语体系之外。相对而言,社会强势群体拥有资源控制权,他们能够轻而易举地将环境问题的"负外部性"转嫁到弱势群体身上,推行自己的环境观并依照自己的分配规则决定穷人的利益获

---

① 马可:《文明演进中利益衡平的法律控制——兼论通向生态文明的法律理性》,载《重庆大学学报》(社会科学版)2010 年第 4 期。

② 洪大用:《社会变迁与环境问题》,首都师范大学出版社 2001 年版,第 47 页。

取。强势群体的环境观并非全然不合理，但强势群体的环境观往往从维护自身利益出发，在权利义务分配上没有对穷人及其他弱势群体的生存与发展给予关照，而这种严重失衡将最终转变为人与自然关系的失衡。如果环境法仅仅是"强者制定的规范"、"为强者而用"，将现实地为穷人捆绑"新的羁绊"，成为束缚和掠夺穷人的利器。

环境法"如何用及如何发展"？从斯德哥尔摩到里约热内卢，再到约翰内斯堡，通过谈判制定的环境法文件中的环境问题自始就是与贫困问题、社会不公等紧密结合在一起的复合问题。环境法应对贫困问题就是实现彻底解决环境问题目标的题中应有之义。同时，减缓贫困，亦是环境法可以大有作为的领域。通过赋予穷人更多权利与机会的合理的法律政策的实施，有助于切断贫困与环境问题之间的恶性循环，从而实现减缓贫困和环境保护之间的良性互动；通过对失衡利益之矫正，实现环境利益的公平分享以及增进包括穷人切身利益在内的社会整体利益。

当我们重读1987年由布伦特兰夫人领导的世界环境与发展委员会（World Commission on Environment and Development，WECD）撰写的《我们共同的未来》（Our Common Future）这一经典著作时发现，该委员会的委员们早已告知我们"没有一个包括造成世界贫困和国际不平等的因素的更为广阔的观点，处理环境问题是徒劳的"。① "先脱贫，再解决环境问题"抑或"先保护环境，再解决贫困问题"都是徒劳无功的假命题。我们已经听到越来越多这样的声音："在环境问题与贫困问题交织在一起的今天，主要关心贫困问题的研究者，可能不得不放弃把减贫作为唯一重要目标的思路，把环境问题也一并考虑；主要关心环境问题的研究者，可能也不得不放弃把环境作为唯一重要目标的想法，不能不估计其中的贫困问题。"② 具体就我国而言，环境法应对贫困问题之命题具有特别重要的现实意义。如何更好地服务"民生"，是我们党和政府当前及今后工作中的重点。温家宝总理曾不止一次地指出，"我们所做的一切都是要让人民生活得更加幸福、

---

① 世界环境与发展委员会：《我们共同的未来》，王之佳、柯金良等译，吉林人民出版社1997年版，第4页。

② 李小云、左停、靳乐山、【英】约翰·泰勒：《环境与贫困：中国实践与国际经验》，社会科学文献出版社2005年版，前言。

更有尊严,让社会更加公正、更加和谐";并特别强调"更多地关注穷人、关注弱势群体"。因此,保护环境、解决环境问题是环境法的主要目的,但绝不是唯一目的。环境法理应"在和谐与民主中实现多元利益的共生、共进、再生、进而谋求国民的最大幸福"。①

二、国内外文献研究综述

(一) 国外文献研究综述

1. 关于贫困与环境恶化之间关系的研究综述

生物多样性或野生自然资源在支持贫困人口生计方面的作用和价值在过去的30年内饱受争议。② 环境保护能否实际上帮助人们走出贫困(世界资源学院,2005);能否成为一个防止人们陷入更加贫困的安全网(Angelsen & Wunder, 2003),抑或诸如限制性保护区(McShane, 2003; Lockwood 等, 2006)或生物勘探(Castree, 2003; Swiderska, 2006)之类的环境保护战略的开展甚至是否会导致或加剧贫困。在过去的数年间,扶贫与环境保护之间关系的争论似乎变得更加激烈,主要是围绕以下三个问题:(1) 大型国际环保非政府组织的活动和问责性以及其对于当地尤其是土著居民和社区的影响(Bray & Anderson, 2004; Chapin, 2004; Khare & Bray, 2004; Romero & Andrade, 2004; Dowie, 2005);(2) 保护主义者明显越来越关注环保政策(Brechin 等, 2001; Wilshusen 等, 2001; Hutton 等, 2005),及其对生活在保护区里面的和周围的社区居民的影响,尤其在非自愿迁移和驱逐方面(Cernea, 2003; Colchester, 2003; Brockington & Igoe, 2006);(3) 在以扶贫为优先事项的发展议程中,特别是千年发展目标以及国家扶贫战略中,缺乏对环境保护的关注(Sanderson & Redford, 2003; Roe & Elliott, 2004a; Sanderson, 2005; DEG, 2006)。尽管这些扶贫与环境保护之

---

① 钭晓东:《论环境法功能之进化》,科学出版社2008年版,第336页。
② Prescott - Allen & Prescott - Allen, 1982; Scoones 等, 1992; Nasi & Cunningham, 2001; Rietbergen 等, 2002; Angelsen & Wunder, 2003; 世界资源学院, 2005; 千年生态系统评估, 2005。

争的构想是近些年来才出现的,然而其根源来自环境保护与发展之间关系的更久远的辩论。气候变化议程近来对于毁林减排的关注使得寻求解决贫困与环境保护关系之争的解决途径显得尤其重要,这是因为一个适当的减排实施策略对于环境保护及其随后对贫困人口和弱势群体的影响具有重大意义(Griffiths,2007;Roe 等,2007)。

自 20 世纪 70 年代以来,"贫困与环境恶化密不可分"的观点已获得普遍的认可。世界环境与发展委员会的委员们将贫困与环境恶化之间的内在联系界定为一种"恶性循环",它也是目前关于贫困与环境恶化之间关系的主流观点。当生态脆弱的城市或农村区域("贫困保留地")一旦发生急速的改变,紧接着的环境影响将十分严重。此类观点对于扶贫和环境恶化治理持悲观态度。它们还将宏观扶贫措施与不包括寻求旨在保护穷人渗入的脆弱生态系统的特定土地利用方案在内的短期土地治理或保护计划联系起来。此类自上而下的解决途径受到批评,因为它不仅无法满足当地的生计需求,而且单一的措施无法在保障人们生计所依的同时保护环境资源。因此,不少学者以及决策者试图探寻更加地方化的、以社区为基础的自然资源管理和可持续发展对策。于是一些学者提出了通过"环境赋权"理解贫困与环境之间的联系(Leach 等,1997a 和 b)。依据阿马蒂亚·森的赋权理论(《贫困与饥荒——论权利与剥夺》),"环境赋权"的观点从强调资源供应问题转向资源获取、控制和管理问题。它强调无论环境还是社会都具有多样性、差异性和动态性,即使在社区和地区的设置方面也是如此。"环境赋权"措施的核心在于正式和非正式机构在塑造人们资源权益方面的作用,从而协调人与环境之间的关系,可见持这一观点的学者们认为贫困与环境之间的关系是间接的。①

另外,农村与城市的贫困与环境恶化之间的联系存在差异。(1)农村中贫困与环境恶化之间的联系。一些具有重大影响的贫困—环境关系重新评估项目都是在农村区域内开展的。但是需要指出的是,在具有不同环境特征的农村区域,如潮湿环境与旱地、山地与沿海是存在差异的(UNSO,

---

① 参见 Leach and Mearns,1991,1996;Davidson and Myers,1992;Martínez-Alier,1995;Adger and Brown,1998。

1994；Cleaver，1997）。传统主流观点认为农村的贫困增加了导致资源退化的力量。有学者认为这一观点是解释诸如森林砍伐、土壤侵蚀以及荒漠化活动带来的负面影响的喜马拉雅危机理论的最重要组成部分（Eckholm，1976；Kasperson 等，1996；Brown 等，1998）。然而，微观实证研究表明农户可以通过采取集体行动克服一般的威胁并获取资源（Berry，1989；Ostrom，1990）。农户的集体行动能力在某种程度上导致"公地的悲剧"的论点并不可信。然而，越来越多的争论正朝着如何界定"社区"的方向发展，这实际上可能隐藏成员之间因性别、年龄、社会地位产生的巨大边际差异（Leach 等，1997a）。资源管理的纵向研究发现：退化是自然的力量，而非人为管理不善的结果；土著技术已经发展到控制退化的程度；地方社区已实施土地用途管制以维持植被覆盖；或者农民多元化的农业和非农业活动实现了在减少环境退化的同时保持收入水平（Forsyth，Leach 和 Scoones，1998）。（2）城市中贫困与环境退化之间的联系。学者们已经确定了城市环境问题经历了多样化的变迁，归纳为一系列发展阶段（参见 Hardoy 等，1992；Main 和 Williams，1994；Hilland Upchurch，1995；Satterthwaite 等，1996；McGranahan 等，1996）。最初的阶段可能是由于卫生设施不足、清洁水供应缺乏以及废物处置导致的生物病原体或微生物问题。尤其是未经适当处理的排泄物是一个重大问题。此后的阶段包括诸如烟雾和溶剂污染之类的工业危险。这种变迁也表现为从城市传染病（如霍乱）演变成慢性疾病（如铅中毒或营养不良）。城市的贫困人口都表示愿意组织在一起以便确保水和卫生设施的获取（例如，Beall，1997a），尤其在棚户区（Chant，1997）。但是与农村相比，城市的地方机构面临很多额外的问题令其难以采取行动。最为重要的是，城市环境问题几乎都被定义为对健康的影响，而非对土地生产力、森林和土壤资源的影响。此外，许多环境风险相对较新，超出了贫困人口的经验，因此更难以应对。同时，诸如溶剂或铅中毒之类的一些风险也难以发现或确定导致症状产生的环境原因（Satterthwaite 等，1996）。

2. 关于贫困问题的环境法对策之研究综述

美国学者 Luke W. Cole 于 1992 年就提议制定"环境贫困法"。Cole 认为，穷人遭受环境危害的同时却由于缺乏法律的、医疗的或政治的资源而无法解决这些危险,因此穷人需要在环境立法领域中有自己的代表。他紧接着论证了环境法及其传统实践无法有效的满足穷人的需求。在 Cole 撰写的论文《赋权作为环境保护的关键:制定环境贫困法的必要性》中,他认为有三个方面原因:(1)由于主流的环保主义者们从不同的视角看待环境污染,他们通过不同的途径防治污染。但是也只有这些主流的环保主义者们参与法律的制定。因此,传统的环境法无法很好地为污染的主要受害者(即穷人)服务。(2)穷人们历来对法律感到畏惧并往往怀疑其实用性。(3)环境法的实施可能在实际上进一步削弱了低收入群体的权益。简言之,他认为环境法既不是由穷人制定的,也不是为穷人制定的。针对这一问题,Cole 认为应依据社会变化及在社会公正逐步发展的背景下实施环境贫困法,将环境法和贫困法的要素融合在一起。在环境贫困法的实施过程中,环境贫困律师应持有三个信条,即客户权力、群体代表以及法律是工具而非目的。

就目前环境法律和政策而言,有学者认为法律和政策没有考虑到生态保护需求与减少贫困要求之间不同的关系,也没有考虑与日益发展的世界经济联系的消费需求,因而导致失败的风险(S. E. Sanderson 和 K. H. Redford,2003)。法律和政策放弃将环境保护与发展结合起来的努力并不合适,尽管消除贫困与环境保护是两个不同的目标,并且两者可能有不同的道德动因,然而在实践中两者有相当大的重叠(William 等,2010)。至于对策,有学者认为在地方层面上,法律和政策需要协调不同利益关系人在环境资源管理中的利益冲突(T. Kepe 等,2004)。更大的挑战是允许人类社会在维持一个生物圈(不仅维持完整的生态功能,而且保留其多样性)的同时满足其潜力之实现并分享经济发展的成果(W. M. Adams,2004)。

(二)国内文献研究综述

从 20 世纪中期开始,我国有不少学者从各自学科的研究视角出发对贫困与环境恶化之间的关系进行考察。这些学者通过各自的研究,基本上支持"恶性循环"关系说,但得出的结论大多较为宏观,仅少数学者提出了更为具体的对策。

区域经济学学者通过选定一定的区域为研究对象分析贫困与环境恶化

之间的关系。宋乃平副教授选择宁夏西海固地区为研究对象,在其撰写的论文《宁夏西海固地区反贫困策略》(2000)中得出的研究结论是:当地生态环境恶化、人口数量高速增长、人口素质低下、经济基础薄弱和经济增长乏力、区域文化存在严重缺陷等,这些因素既是导致当地贫困的主要原因,也是解决当地贫困问题的突破口。麻朝晖老师在其论文《我国的贫困分布与生态环境脆弱相关度之分析》(2003)中,通过数理统计的方法分析了我国贫困分布与我国生态脆弱地区的相关性,得出结论:"在我国广大贫困地区,其表层特征是经济贫困,而其深层原因往往是环境贫困。因此,保护和改善我国贫困地区的生态环境在其脱贫过程中具有重大意义。"丁文发等学者在2008年出版的《自然—社会环境与贫困危机研究》中选取甘肃省为研究对象,认为"经济贫困是自然—社会环境与贫困危机的外部驱动力,环境退化是经济贫困的外在表现和结果,退化的环境又反过来加剧贫困"。这些学者们给出了较为具体的对策,包括"控制人口增长、完善公共资源管理政策、推进生态补偿、解决农村能源短缺问题、绿色国民经济核算、以社区为本的参与性生态扶贫项目以及实施以社区为本的灾害风险管理战略"。

区域生态资源学学者从生态敏感区域的视角探讨贫困与生态恶化之间的关系。闵庆文研究员认为"西藏由于其特殊的地理环境与气候条件,其生态问题将影响到全国、东亚甚至全球的生态安全",因而对西藏地区的贫困和生态问题开展研究。在他与成升魁合写的《西藏的贫困、生态与发展研讨》(2001)一文中经过论证得出的研究结论是,西藏地区的生态退化和环境问题是密不可分的。他们认为,"一方面,自然生态条件差、资源相对贫乏,是造成地区贫困的原因之一;另一方面,处于贫困状态的人们通过对自然资源的掠夺性开发来满足其生存的需要,这必然对本来就十分脆弱的自然生态系统造成更大的威胁。因此,扶贫开发应与生态保护相结合并强调群众的广泛参与"。

地理资源学学者贺建林副教授从人口的角度研究贫困问题。在其论文《关于人口增长、环境退化、贫困与政策取向的深层次思考》(2001)中,贺建林副教授通过对人口增长、环境退化以及贫困之间关系的分析,得出结论:"人口增长是环境恶化和资源过快耗竭的关键原因,而恶化的环境和资源的稀缺又进一步导致贫困。"贺教授提出的对策是"政策取向除了关键依靠科技进步和控制人口增长外，还应加强城镇化建设以及停止误导性的开发"。学者张义丰在其撰写的论文《西部贫困的根源是生态贫困》（2000）中从脱贫的角度研究了西部地区的贫困与环境的关系，得出的结论认为"西部农民生活贫困的原因很复杂，但自然条件恶劣、生态环境恶化是其贫困的重要原因之一"。他同时给出的对策是"通过植树造林、人工种草，从根本上改善生态环境，走可持续发展的道路"。

社会学学者李建新副教授在其论文《西部大开发中的人口与环境问题》（2002）中着重研究了西部地区的贫困与环境恶化问题。李建新副教授通过对西部地区的生存支持系统、发展支持系统、环境支持系统、社会支持系统和智力支持系统进行分析，认为"西部的贫困不是一般意义上的经济贫困，而是一种全方位的'泛贫困'，发展贫困影响到人口贫困，人口贫困又可能影响到生态环境贫困，生态环境贫困又进一步影响到发展贫困"。学者郭怀成在其撰写的论文《西部地区反贫困与生态环境可持续性研究：以新疆和墨洛地区为例》（2004）中针对新疆和墨洛地区的贫困与环境恶化关系的分析，提出的对策是"对于生态环境制约性贫困的西部地区，只有打破贫困与环境之间的恶性循环，建立经济与生态环境的良性循环才是反贫困的根本途径"。

法学学者从国际人权的视角研究了贫困与环境恶化的关系。复旦大学法学教授肖巍在其《人权与发展》（2004）一文中指出："实现生存权就必须反贫困以谋求充分的发展。而消除贫困既是一个发展问题，也是一个环境问题。造成贫困的深层原因同时也在制造环境恶化，而恶化的环境又使得摆脱贫困的发展努力举步维艰。穷人既是环境问题的受害者，也是环境破坏的制造者，环境问题同时进一步加剧了当地居民的贫困化，这就形成了恶性循环。"

三、研究思路与方法

（一）研究思路

本书的基本研究思路是：首先，从权利剥夺与制度不公的视角出发认识和分析贫困问题的根源，并在此基础上进一步识别环境法应对能力范围内的贫困类型，作为研究之起点。紧接着在马克斯·韦伯的"理想类型"

方法论的指导下将环境法应对的贫困问题划分为两种类型，即原生贫困问题和次生贫困问题。然后，分别从理论和国（区）际环境法律/政策的相关规定及实践这两个层面论证环境法应对贫困问题之正当性，并在法律文献考察的基础上总结出国（区）际环境法律/政策应对贫困问题的若干原则和制度，以期为紧接着的第四、第五章的对策分析提供借鉴。最后，在证成环境法应对贫困问题之正当性的基础上，分别从基本原则和制度选择两个方面为"环境法如何应对贫困问题"提供对策建议。

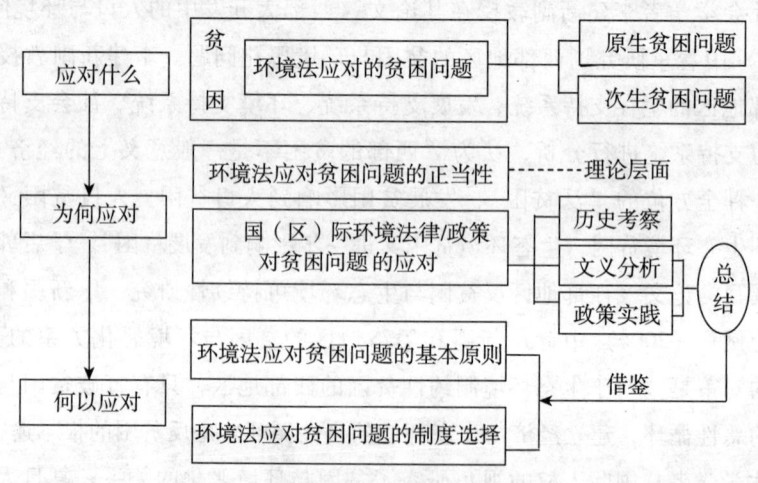

本书研究思路示意图

（二）研究方法

1. 类型化分析方法。依照马克斯·韦伯的"理想类型"方法论对环境法应对的贫困问题类型进行划分。

2. 历史研究的方法。历史性考察是对事物发展的动态分析，运用于国际环境法应对贫困问题的历史演进考察。

3. 法解释学的方法。主要包括文义解释、目的解释等。该方法主要运用于国际、区际环境法规范文献的考察和分析方面。

4. 文献分析的方法。囿于资金与精力的限制，对于国（区）际环境法律/政策应对贫困问题的实践分析更多地是建立在大量文献分析的基础之上；对于国际法、区域法条文的分析，也属于文献分析。因此，该方法是本书研究的重要手段。

第一章 贫困问题与环境法应对的贫困问题

人类生活的历史就是一部减贫、反贫、脱贫的历史。终结贫困是人类长久以来的梦想。随着对贫困的认识从"收入贫困"到"能力贫困"再到"一种综合性缺乏的社会现象"的逐步深化,我们再也无法漠视法律在反贫困中的作用。进入20世纪70年代,随着环境问题的凸显,"我们应怎样利用世界资源,从而使人类能够接受贫困的迫在眉睫地调整,走向更美好的未来"① 成为摆在人类面前的巨大难题。1987年布伦特兰夫人领导的世界环境与发展委员会的委员们也振聋发聩地告诫人类:"没有一个包括造成世界贫困和国际不平等的因素的更为广阔的观点,处理环境问题是徒劳的。"② 面对与环境问题交织在一起的贫困问题,环境法既不能作波利安娜③,也不能作卡桑德拉④,而应主动应对。第一步便是识别其调整能力范围内的贫困问题。

第一节 贫困问题:一种多维社会现象

何为贫困?贫困意味着承受煎熬;贫困意味着肮脏;贫困意味着处处求援。开口求助,毕竟还是有代价的,因为羞耻和绝望的感觉尤如乌云盖

---

① 【瑞典】瓦纳·缪尔达尔:《世界贫困的挑战》,顾朝阳等译,北京经济学院出版社1991年版,第1页。
② 世界环境与发展委员会:《我们共同的未来》,王之佳、柯金良等译,吉林人民出版社1997年版,第4页。
③ 波利安娜,系美国作家E.H.波特所著小说中的人名,指遇事过分乐观的人。
④ 卡桑德拉,系希腊神话中的悲观女神,为特洛伊国王之女,能预知祸事。

顶般笼于心头；贫困意味着放眼前方只见暗淡穷途；贫困是一种酸液，一滴滴在销蚀人的自尊，直至自尊销蚀殆尽。穷人也是有梦想的。穷人总是沉默的。你可以同样沉默吗？①

——Jo Goodwin Parker

一、贫困的定义：收入贫困抑或能力贫困

贫困概念首先要回答的一个问题是谁应该成为我们关注的焦点。②

——阿马蒂亚·森

贫困问题实际上是一个既简单又复杂的社会现象。一方面，贫困是一个世界性难题。自20世纪初英国管理学家本杰明·西伯姆·朗特里（Benjamin Seebohm Rowntree，1987—1954）的开创性研究开始，贫困问题就一直吸引着各学科学者们的研究目光，有关贫困问题的理论流派纷呈、相关文献汗牛充栋。然而直到现在为止，贫困的含义及其衡量标准尚未确定，有关贫困问题的争论仍未停歇，而且这种争论似乎越来越深入和复杂。但是从另一个方面看，贫困问题又是一个很简单的社会现象。无论对于贫困的定义存在怎样的争论，贫困问题始终以一种朴素而客观的方式存在着。

（一）贫困的最初定义：收入贫困（income poverty）

20世纪初英国管理学家本杰明·西伯姆·朗特里对约克郡③工人的贫困问题进行了一项家计调查并在这次调查的基础上于1910年完成了著作《贫困：城镇生活研究》（Poverty：A Study of Town Life）。他认为："如果一个家庭的总收入不足以支付仅仅维持家庭成员生存需要的最低量生活必需品开支，这个家庭就基本上陷入了贫困之中。"④ 这一定义具有开创性，而

---

① 摘自 Jo Goodwin Parker. What is Poverty？梁碧莹译，参见 http：//wenku.baidu.com/view/05fb1c36ee06eff9aef8073b.html，访问时间：2010年11月30日。

② 【印度】阿马蒂亚·森：《贫困与饥荒——论权利与剥夺》，王文玉译，商务印书馆2001年版，第17页。

③ 约克郡（York）为英格兰北部的一个城市。

④ Benjamin Seebohm Rowntree. Poverty：A Study of Town Life. London：Macmillan.

且迄今为止仍被视为经典。朗特里第一次从家庭经济状况的角度界定什么是贫困及对贫困线的设立依据提出了初步主张,即以收入看待贫困,因而通过这一方式界定的贫困就被称为"收入贫困"。

收入贫困,也称为物质贫困,是指依据一个人对维持生存所必需的必需品(包括食品、衣服、住房等)的最低需求量进行的界定,即一种生物学方法。那么这一"最低需求量"如何确定呢?朗特里第二次对约克郡进行社会调查之后指出:"这种最低指标是勉强维持生存的标准而不是生活的标准。在确定这种贫困线时,运用的是最大限度节俭的原则。在对家庭生活做这种最低指标的估计时,应遵循这样的规定,即除了为维持身体健康而绝对必须购买的物品外,其他一切都不能包括在内,而且所购买的物品必须是最简单的。"① 它可以算是最古老和最传统的确定贫困线的方法,即将维持一个人基本生理功能所需要的营养量转换为食物及其数量,再依据其市场价格计算出相应的金额。因此,这一贫困线计算方法又称为"市场菜篮法"。

毫无疑问,收入是一个评价家庭或个人生活状况的重要指标,同时对其进行统计和测算也较简便,因此朗特里从家庭或个人收入的角度界定贫困的方法受到许多经济学家和社会学家的认可。例如,美国著名经济学家劳埃德·雷诺兹(Lloyd G. Reynolds)认为:"所谓贫困问题,是说有许多家庭,没有足够的收入可以使之有起码的生活水平。贫困最通行的定义是年收入的绝对水平。"② 1979 年诺贝尔经济学奖获得者、美国经济学家西奥多·舒尔茨认为:"贫困是作为某一特定社会中特定家庭的特征的一个复杂的社会经济状态。"③ 美国社会学家亨利·普拉特也认为:"贫穷是指相对较少(收入)的一种状态。"④

---

① 叶普万:《贫困经济学研究》,中国社会科学出版社 2004 年版,第 8 页。
② 【美】劳埃德·雷诺兹:《微观经济学——分析和政策》,马宾译,商务印书馆 1982 年版,第 430—431 页。
③ 【美】西奥多·舒尔茨:《经济增长和农业》,郭熙保、周开年译,北京经济学院出版社 1999 年版,第 65 页。
④ H. P. Fairchild, Dictionary of Sociology, New York: Litter - field, Adams & Co., 1962, p. 142.

以收入看待贫困，不仅受到许多学者的认可，也被很多国家采用。例如，美国的贫困线标准就是由美国社会保险局（Social Security Board，SSB）的经济学家库山斯克（Qusanski）于1965年在朗特里"市场菜篮法"的基础上改进而成的。美国的贫困线划定方法为："首先运用与朗特里类似的方法确定最低食物支出，然后以特定的恩格尔系数①（如60%②）以区分贫困与非贫困，最后用最低食物支出除以恩格尔系数就得到了贫困线。"③ 由于此种对贫困的界定方法比较容易和明确，其他国家和不少国际组织都加以采用。如世界银行以及国际劳工组织就是运用该方法来评估发展中国家的社会发展状况。④

尽管受到广泛的认同和运用，收入贫困理论也同时遭受到猛烈的攻击。经济学家雷恩就指出："贫困的最低生活水平定义中的每一个过程几乎都有缺陷。"⑤ 该定义本身最大的缺陷就是"生存最低需求"的确定问题。事实上，"生存最低需求"在不同时空会有所不同。例如，暖炉对于寒冷国家的人民来说在冬季是生存必需品，而在一般的季节却不能算是生存必需品。另外，衡量"生存最低需求"的客观标准，即往这个"菜篮子"中装入哪些物品，往往都涉及制定标准者的主观判断。然而，制定标准者一般并不是处于贫困阶层的人，通常是政府官员或专家学者，因此他们的判断是否合理不禁令人怀疑。例如，英国学者比特·阿尔柯克（Pete Alcock）在其

---

① 恩格尔系数（Engel's Coefficient）是指食品支出总额占个人消费支出总额的比重。它是19世纪德国统计学家恩格尔通过对消费结构的统计资料的分析得出的规律，即一个家庭的收入越少，该家庭收入中（或总支出中）用来购买食物的支出所占的比例就越大，随着家庭收入的增加，家庭收入中（或总支出中）用来购买食物的支出比例则会下降。恩格尔系数是国际上通用的衡量居民生活水平高低的一项重要指标。

② 联合国根据恩格尔系数的大小，对世界各国的生活水平有一个划分标准，即一个国家平均家庭恩格尔系数大于60%为贫穷；50%—60%为温饱；40%—50%为小康；30%—40%属于相对富裕；20%—30%为富裕；20%以下为极其富裕。

③ 冯瑛：《贫困定义的演化及对中国贫困问题的思考》，载《经济研究导刊》2010年第6期。

④ 冯瑛：《贫困定义的演化及对中国贫困问题的思考》，载《经济研究导刊》2010年第6期。

⑤ Rein, M. Problems in the Definition and Measurement of Poverty, in Townsend. Peter. The Concept of Poverty, London: Heinemann, p.61.

著作《认识贫困》中就指出:"朗特里在对维持生活的必需品进行度量时就将'非必需品'(从贫困者的视角——笔者注)的茶也包括在内。"① 而"在另一次调查中,他还将收音机、报纸和给孩子的礼品和节日礼品的开支包括进去"。② 除此之外,收入低下到无法满足最低生存的需要固然是贫困的典型表现形式,但是这一定义只说明了贫困的表象,并未触及贫困的本质。在现代社会中,仅仅依靠收入一定程度的增长并不能改变贫困人群的生活状况。

(二)贫困内涵的拓展:能力贫困(Capability Poverty)

能力贫困是著名经济学家阿马蒂亚·森(Amartya Sen)③首创的贫困理论。根据他的观点,贫困指的是基本可行能力的剥夺。该理论包括以下要点:

(1)"能力"指的是个人能够选择的不同功能组合;因此,能力本质上是一种自由——一个人拥有的决定过何种生活的可选择的范围④。

(2)一个人的可行能力是指此人有可能实现的、各种可能的功能性活动的组合;可行能力因此是一种自由,是实现各种可能的功能性活动组合的实质自由⑤。

(3)"生活内容,即一个人处于什么样的状态和能够做什么(being and doing)的集合。生活内容包括那些最基本的生存需要,例如获得良好的营养供给、身体健康、避免死于非命和夭折等;也包括更复杂的成就,

---

① Pete Alcock. Understanding Poverty, London: Macmillan, 1993, p. 102.
② 【英】安德鲁·韦伯斯特:《发展社会学》,陈一筠译,华夏出版社1987年版,第20页。
③ 阿马蒂亚·森(1933—),印度籍,经济学家,英国剑桥大学三一学院院长。为了表彰他在福利经济学和社会选择理论研究上的突出贡献以及他对于社会最穷成员的关心,瑞典皇家科学院于1998年授予他诺贝尔经济学奖。福利经济学试图解决的问题是如何根据社会公众的生活状况来评估政府的经济政策是否得当。森一直致力于这一研究,因此享有"经济学的良心"的美誉。
④ 【印度】阿马蒂亚·森、让·德雷兹:《印度:经济发展与社会机会》,黄飞君译,社会科学文献出版社2006年版,第13页。
⑤ 【印度】阿马蒂亚·森、让·德雷兹:《印度:经济发展与社会机会》,黄飞君译,社会科学文献出版社2006年版,第62页。

例如感觉快乐、获得自尊、参加社会活动等。与'生活内容'密切相关的是实现生活内容的'能力'概念。"①

(4) 在分析社会正义时,有很强的理由用一个人所具有的可行能力,即一个人所拥有的、享受自己有理由珍视的那种生活的实质自由,来判断其个人的处境;根据这一视角,贫困必须被视为基本可行能力的被剥夺,而不仅仅是收入低下,而这却是现在识别贫困的通行标准。②

与收入贫困理论的"工具性意义"相比较而言,能力贫困理论更接近生活中真实的贫困。正如阿马蒂亚·森自己评价说:"可行能力视角对贫困分析所做的贡献是,通过把注意力从手段(而且经常受到排他性注意的一种特定手段,即收入),转向人们有理由追求的目的,并相应地转向可以使这些目的得以实现的自由,加强了我们对贫困和剥夺的性质及原因的理解。"③

能力贫困理论并不是对收入贫困理论的否定和摒弃,而是对贫困内涵的拓展和深化。尽管从理论研究的视角,收入贫困与能力贫困之间的区别具有重要的意义,然而这两种视角之间却存在双向联系。收入对于可行能力而言是一种重要的手段,同时可行能力的提高也会扩展生产力和挣得更高收入的能力。这种关联提供了一种重要的间接联系,通过它,可行能力的改善既能以直接的又能以间接的方式帮助丰富人的生活,使剥夺情况减少、剥夺程度减轻。④

阿马蒂亚·森的能力贫困理论由于触及贫困的本质,一经提出便引起强烈的反响。世界银行对贫困定义的演变就充分反映了对能力贫困理论的采纳。世界银行的《1980年世界发展报告》仅从物质资源和收入的视角界

---

① 【印度】阿马蒂亚·森:《论经济不平等·不平等之再考察》,王立文译,社会科学文献出版社2009年版,第257—258页。

② 【印度】阿马蒂亚·森:《以自由看待发展》,任颐、于真译,中国人民大学出版社2002年版,第85页。

③ 【印度】阿马蒂亚·森:《以自由看待发展》,任颐、于真译,中国人民大学出版社2002年版,第87页。

④ 【印度】阿马蒂亚·森:《以自由看待发展》,任颐、于真译,中国人民大学出版社2002年版,第89页。

定贫困，而《1990年世界发展报告》就在采纳能力贫困理论的基础上，将贫困界定为"贫困，即缺少达到生活水准的能力"①。《1997年世界发展报告》更是构建了人类发展指数（The Human Development Index，HDI）。人类发展指数是一个试图扩展量化指标的重要尝试，它绘制了一系列代表一般发展水平的与健康、教育和财富有关的指标束。而在理论研究领域，美国著名的发展经济学家德布拉吉·瑞（Debraj Ray）沿着能力贫困理论的思路提出了"能力曲线"②，指出了营养和工作能力之间的关系。

（三）小结：从单维到多维的贫困定义

贫困最初的定义是建立在家庭收入或消费的基础之上的。使用这一单维的定义方法，"穷人"是指其消费水平在划定的贫困线以下的人。它可以是相对的，例如，将一个国家或地区的平均消费的50%划定为贫困线；它也可以是绝对的，即依照一定食品、基本商品和服务需求量进行设定。收入贫困的决定因素是研究的重点和难点。

然而，现在的定义已超越了这种以收入为基础的单一维度的概念。阿马蒂亚·森的能力贫困理论是贫困定义从单维向多维转变的开端。多维的贫困定义是以公共事业和能力为基础，包括健康、教育、安全、政治发言权等在内。

世界银行的《2000/2001年世界发展报告》明确提出了广义的贫困定义，即"贫困是指福利的被剥夺状态"，将机会、权利和安全作为贫困的不同维度。该报告指出："贫困不仅指物质的匮乏，而且还包括低水平的教育和健康。除此之外，贫困还包括风险和面临风险时的脆弱性，以及不能表达自身的需求和缺乏参与机会。"③ 这是一种超越单纯经济学定义的多学科、多视角的定义方式。图1-1显示了影响贫困的不同的因素或决定因

---

① 世界银行：《1990年世界发展报告》，中国财政经济出版社1990年版。

② "能力曲线"指出："营养不良的一个功能性作用在于由于营养不良影响了人们的工作能力，它也以十分重要的方式影响着劳动力市场的运作。它导致一个劳动力市场的恶性循环，即贫困导致营养不良，因此也使人们缺乏工作能力，而后者又反馈导致贫困。"具体的内容参见【美】德布拉吉·瑞：《发展经济学》，陶然等译，北京大学出版社2002年版，第253—256页。

③ 世界银行：《2000/2001年世界发展报告》，中国财政经济出版社2001年版。

素，并简单显示了这些因素可以通过许多不同的方式影响人们的机会、能力、安全和权利。

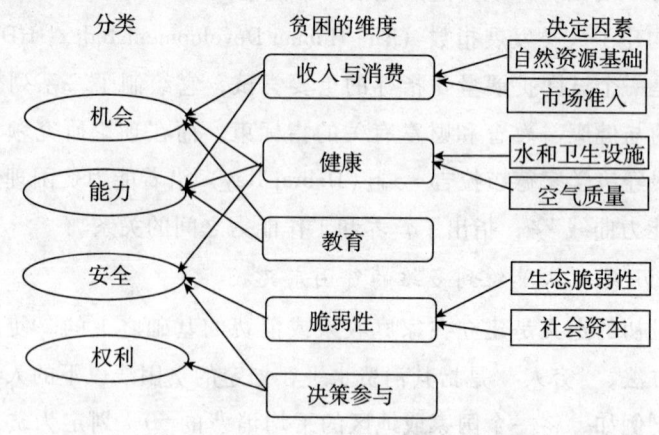

图1-1：代表贫困不同维度的示意图

除此之外，随着性别、年龄、文化、其他社会和经济情况以及所处的地理位置的不同，贫困的内容与原因也存在差异。例如，加纳的男性和女性眼中的贫困定义就不相同。前者把贫困与物质资产的缺乏联系在一起，而后者认为的贫困却仅仅指没有食物保障。再如，马达加斯加的农民和城市贫民之间的贫困定义也相距甚远。前者认为贫困与久旱关系密切，而后者将贫困与物价上涨和就业机会缺乏联系起来。

综上所述，贫困是一个包含经济的、政治的、文化的和制度的原因在内的多维社会现象，它是一种从物质到内心体验、从社会经济状况到文化教育各个方面的综合性缺乏的反映。

二、贫困的分类：不同尺度的衡量

由于贫困是一个多维社会现象，难以以某一个尺度去衡量和评价。因此，为了全面理解贫困问题，需要不同的尺子。贫困的分类方式很多，下文仅选取了对于本书研究有关联意义的三个视角加以分析。

（一）依据贫困的程度：绝对贫困和相对贫困

从贫困程度的视角划分，贫困可以分为绝对贫困和相对贫困。"衣不蔽体、食不果腹、住不避风寒"是对贫困最原始和直接的描述。而从理论研究的历史演进来看,自朗特里的收入贫困理论开始,对贫困的早期研究都无一例外地从物质匮乏这一绝对标准入手。随着"二战"以后福利国家的建立,根据朗特里的最低生存需求标准,欧洲和北美已经进入"丰裕社会"。① 然而,这并不意味着"二战"后的欧美国家中不再存在贫困问题。因此,绝对贫困标准的科学性受到越来越多的批评,相对贫困的研究逐步形成。正如英国学者比特·阿尔柯克指出的那样,"对贫困定义的争论似乎主要地集中在绝对贫困和相对贫困之间存在的区别上……绝对贫困被认为是一个客观的定义,它建立在维持生活这个概念的基础上。维持生存就是延续生命的最低需求,因此低于维持生存的水平就会遭受绝对贫困……相对贫困是一种较为主观的标准,它直率地承认其中某些判断要素与确定贫困的标准缠绕在一起"。②

绝对贫困就是指长期处在无法满足基本生活需求的状态。美国耶鲁大学经济学家劳埃德·雷诺兹于1986年就指出:"贫困最通行的定义是年收入的绝对水平,多少钱,能使一个家庭勉强过着最低生活水平的生活,这就是绝对贫困。"③ 鉴于绝对贫困衡量标准的现实性特点,它一直被许多世界组织在制定反贫困政策时采用。例如,世界银行在《1990年世界发展报告》中依据1985年的购买力提出的"每天的生活水准以1美元为标准,在此之下即为贫困"就是从绝对贫困的视角划定的衡量标准。2008年世界银行认为原来的每天1美元的贫困线标准由于过低已无法反映发展中国家的生活成本,从而制定了最新的贫困线,即每天1.25美元。④

相对贫困是指与社会平均水平相比显得贫寒或者处于艰苦生活中的一种社会生活状况。在经济学的视阈内,相对贫困主要指收入水平低于社会平均水平的情况,强调的是社会各个阶层之间以及各阶层内部的收入差异。

---

① Amartya Sen. Poor, Relatively Speaking, Oxford Economic Paper, New Series, 1983, Vol. 35, No.2 (Jul), pp. 153 – 169.

② Pete Alcock. Understanding Poverty, London: Macmillan, 1993.

③ 【美】劳埃德·雷诺兹:《微观经济学——分析和政策》,马宾译,商务印书馆1982年版,第432页。

④ 详情参见《光明日报》2008年8月28日第8版。

而在社会学的视阈内，相对贫困的概念主要强调的是心理、社会以及制度等因素对贫困的影响。例如，社会学家乔斯弗·朱立安（Joseph Julian）就指出："贫困并非如我们想象的那么容易下定义的简单名词，多数的人都把贫困看成没有足够的钱来买自认为是必需的东西或自己欲求的一些物品。然而事实并不尽然。贫困还有较为正式的许多定义，像 John K. Galbraith 就强调穷人心理上被看轻，及瞧不起的感受，因此一个人的所得即使可以维持生存，若是落后于社区中其他一般的人，还是会受到贫穷的打击。"①"相对贫困"是一个比较难定义的概念，甚至有学者认为从社会学的视角界定的"相对贫困"超出了"贫困"的范畴。事实上，尽管"绝对贫困"的概念更实际并容易衡量，但是"相对贫困"的概念才更接近贫困的"内核"。正如卡尔·马克思就曾说过："房子不管是大还是小，只要邻居的房子都很小，这个房子就满足了作为住宅的基本社会需要。但是，一旦边上立起一座宫殿，这个房子就马上缩小到一个小茅舍的程度了。"②

目前，这一划分方式受到了大多数学者的赞同。美国学者唐纳德·克雷西（Donald R. Cressey）就曾明确指出："一般研究贫困的专家学者，除了同意在以贫困线为标准广泛缺乏生活必需品的绝对贫困概念以外，穷人与富人比较下的相对位置更显重要；这些专家学者们不仅借物质、财物来探查贫困问题，同时也考虑到穷人比其周围的人有较严重的心理难题。"③

（二）依据贫困的发生：长期贫困和继发性贫困

长期贫困，简单来讲就是指某种贫困状态已经存在了很长时间或者经过长时期仍不能摆脱。2000 年由英国国家发展部（DFID）资助成立的长期贫困研究中心（Chronic Poverty Research Centre，CPRC）认为"5 年后仍处于贫困状态"即为长期贫困。也有学者认为"90% 以上的长期贫困者都经

---

① 林松龄：《贫穷问题》，载杨国枢、叶启政：《台湾的社会问题》，巨流图书公司 1991 年版，第 101 页。

② 转引自薛涌《相对贫困化在侵蚀社会健康》，载 http://view-hzrb.hangzhou.com.cn/system/2009/10/30/010228224.shtml，访问时间：2009 年 12 月 1 日。

③ 林松龄：《贫穷问题》，载杨国枢、叶启政：《台湾的社会问题》，巨流图书公司 1991 年版，第 101 页。

历了4年贫困时期"。① 长期贫困最突出的特点在于"持久性"。这种"持久性"实质体现在贫困的跨代传递上，例如，乌干达人就坚信"贫困是可以遗传的"；而巴西人则在此基础上认为"贫困是与生俱来的"。长期贫困人口具有"群体异质性"以及"脆弱性"。以长期贫困人口作为一个群体考察，他们大多居住在偏远的农村或不安全区域，缺乏社会保障，而且疾病、意外事故等因素也会加剧其弱势状态，使其难以摆脱贫困，因此具有"异质性"。就长期贫困人口的脆弱性而言，学者马丁·普诺斯（Martin Prowse）认为"应从外部的风险、冲击和压力，以及内部的缺乏保护和处置手段这几个方面相结合来理解脆弱性"。②

在本书研究的视阈之下，长期贫困与自然资源是否存在联系以及存在什么样的联系，是值得探讨的问题。对于大多数生活在农村地区的长期贫困人口而言，自然资源是他们维持生计的唯一资产。毋庸置疑，环境的退化会给贫困人口造成巨大的影响。而贫困会不会导致环境的恶化呢？这一问题存在很大的争议。1987年，世界环境与发展委员会在《我们共同的未来》中宣称："贫困是全球环境问题的主要原因和后果。"③ 该论点将环境恶化的诱因归结于贫困。随着研究的深入，该论点不断受到质疑。目前学术界趋于一致的观点是贫困并不必然导致环境（或自然资源）的巨大破坏。

继发性贫困指的是由于突发性的事件导致原来尚可度日的生活陷入一时的窘迫。这类突发性的事件包括劳动力的丧失、社会逆转、环境变化、政策变迁等。那么在环境法的视阈内，值得关注的继发性贫困问题就是资源枯竭型城市的可持续发展问题。

（三）依据贫困的性质：物质贫困和心理贫困

总的说来，物质贫困主要指收入低下、物质财富的缺乏以及食品保障的困难等可以用经济学数字转化和衡量的窘迫状态。心理贫困是指伴随物

---

① Hulme D. 2003. Conceptualizing Chronic Poverty. World Development, 31（3），p. 405.

② Martin Prowse. 2003. Towards a Clearer Understanding of Vulnerability in Relation to Chronic Poverty. CPRC Working Paper No. 24. IDPM，University of Manchester.

③ 世界环境与发展委员会：《我们共同的未来》，王之佳、柯金良等译，吉林人民出版社1997年版，第87页。

质贫困的一种压抑和精神困顿的心理感受。物质贫困与心理贫困就如一对孪生姐妹，结伴而行，如影相随。即使有时有食物，但多数时候他们（穷人——笔者注）仍然处在精神困顿之中，如失败、极度痛苦、悲痛、羞耻、耻辱和经常的焦虑、担忧和精神沮丧。① 事实上，穷人更在意自己的尊严与基本权利。因为人们往往对穷人的体面不屑一顾，认为他们的精神如同他们的物质一样贫乏。很多时候，将人击溃的并非物质的匮乏，而是贫困所带来的痛苦、失落以及悲伤。《波斯尼亚和黑塞哥维那国家报告》在谈及所有社区存在的"心理健康疾病"时，描述了经济灾难导致的心理变化：心理健康状况恶化，不愿与人接触，人们之间的关系紧张，容易发怒，缺乏安全感，对人冷漠，精神不安以及对于生活单调表现不满等。②

三、贫困问题的本源：权利的剥夺与权力视角下的制度不公

通过上文的分析，初步厘清了贫困问题并不是一个单纯的经济问题，而是一种多维社会现象，并且选取了与本选题有关的几个视角对这一社会现象加以分析。那么，从发生学的角度分析，导致贫困问题产生的本源到底是什么呢？

在人类历史上，贫困问题的本源曾经被归结于个人的道德原因。在19世纪早期的英国，占主流地位的观点就是个人道德本源论，即"贫困是由于懒惰、浪费以及放纵等性格缺陷造成的，这些性格如果是自己愿意的，是可以改正的"③。个人道德本源论的观点在英国政府于1834年颁布的《济贫法（修正案）》(The Poor Law Amendment Act of 1834) 中表露无遗。该法规定获得救济的人系不体面的人，必须禁闭在习艺所（workhouse）④

---

① 【美】迪帕·纳拉扬等：《呼唤变革》，姚莉等译，中国人民大学出版社2003年版，第41页。

② 【美】迪帕·纳拉扬等：《呼唤变革》，姚莉等译，中国人民大学出版社2003年版，第50—53页。

③ 【英】罗伯特·伊斯特：《社会保障法》，周长征等译，中国劳动社会保障出版社2002年版，第7页。

④ 当时的英国人民称之为"穷人的巴士底狱"（poor-law-bastilles）。

内从事劳动，并且丧失选举权。该法实际上是"向世界宣布在英国贫困是一种犯罪"①。这一论断受到马克思和恩格斯的猛烈抨击，并明确指出"法律的保护作用对于无产者来说是多么微小，无产者经常被迫肩负法律的全部重担而享受不到法律的一点好处"。② 个人道德本源论显然是荒谬的。随着理论研究的逐渐深化，"权利—权力"视角进入学者们的视野，为我们揭开贫困问题本源之"神秘面纱"。

（一）贫困问题的第一层次本源：权利的剥夺

英国1834年《济贫法》的实施虽然使得部分处于生存边缘的绝对贫困者得以维持生存，然而该法在救济穷人的同时也将他们排斥于主流社会之外，彻底无视被救济的穷人的权利。这样一种济贫思路注定无法帮助穷人真正摆脱贫困。对于个体的人而言，生存不仅仅是生理机能意义上的存活，而且应该是体面的生活。正如吉安·拉本斯（Jean Labbens）所说的："不能在纯粹生理的意义上谈论需求。它从来不是一个纯粹而简单的生存问题，而是体面地生存的问题。体面是社会性的。"③ 作为人，如果没有尊严和基本权利，那么与动物何异呢？一百多年前，齐美尔就曾指出："人们应从社会的立场出发，把需求者的权利强调为整个穷人救济的基础。"④ 可见，从权利的视角审视贫困问题，才可以触及其本源。

贫困之权利分析方法的提出者是阿马蒂亚·森。在他的著作《贫困与饥荒——论权利与剥夺》的第一章，阿马蒂亚·森就开宗明义地指出："饥饿是指一些人未能得到足够的食物，而非现实世界中不存在足够的食

---

① 【英】罗伯特·伊斯特：《社会保障法》，周长征等译，中国劳动社会保障出版社2002年版，第7页。

② 【德】弗·恩格斯：《英国工人阶级状况》，载中共中央马克思恩格斯列宁斯大林著作编译局编译：《马克思恩格斯全集》（第二卷），人民出版社1995年版。

③ Labbens, J. 1978. Sociologie de la pauvrete. Paris: Gallimard. p. 78. 转引自厄内斯特·玛丽·姆邦达：《贫困是对人权的侵犯：论脱贫的权利》，秦喜清译，载《国际社会科学杂志（中文版）》2005年第2期。

④ 【德】齐美尔：《齐美尔社会学文选·贫穷社会学》，林荣远编译，广西师范大学出版社2002年版，第376页。

物。"① 那么，我们不禁要问：饥饿和食物供给之间到底存在什么样的联系？阿马蒂亚·森认为："饥饿现象基本上是人类关于食物所有权的反映。……所有权关系是权利关系（entitlement relation）之一。要理解饥饿，我们必须首先理解权利体系，并把饥饿问题放在权利体系中加以分析。这一方法可以更一般地应用于贫困分析。"② 权利方法又是一种什么方法呢？阿马蒂亚·森指出："权利方法强调不同阶层的人们对粮食的支配和控制能力，这种能力表现为社会中的权利关系，而权利关系又决定于法律、经济、政治等的社会特性。"③ 在权利分析方法的框架下，阿马蒂亚·森得出的结论是权利的匮乏才是加剧饥荒和贫困的本源，而诸如自然灾害之类的客观因素仅仅只是引起或加剧饥荒或贫困问题。除此之外，阿马蒂亚·森在该书中亦在总结单纯囿于经济学视角内的传统分析方法的不足的基础上反证权利分析方法的意义，即他认为："在一般的饥荒分析中，人们总是使用食物供给方法，它已经造成了灾难性的政策失败（具体指的是 1974 年孟加拉国大饥荒的发生原因——笔者注）。"④

本书的研究主要集中在以"人"为主体的贫困。从这一视角出发来审视从物质匮乏等单纯经济学意义上界定的贫困，往往存在"见物不见人"的缺陷。从阿马蒂亚·森的能力贫困理论开始，学者们逐渐意识到应该回归本体，即从穷人的视角分析贫困问题的本质及深层次原因。2000 年世界银行的研究人员在对 60 个国家 60000 名穷人的访谈研究的基础上发布了研究报告《穷人的声音》（Voice of the Poor）。通过访谈，穷人自己将贫困形容为饥饿、疾病、资产很少、不得不做危险的工作、卫生和居住条件不足、

---

① 【印度】阿马蒂亚·森：《贫困与饥荒——论权利与剥夺》，王宇、王文义译，商务印书馆 2009 年版，第 1 页。
② 【印度】阿马蒂亚·森：《贫困与饥荒——论权利与剥夺》，王宇、王文义译，商务印书馆 2009 年版，第 1-2 页。
③ 【印度】阿马蒂亚·森：《贫困与饥荒——论权利与剥夺》，王宇、王文义译，商务印书馆 2009 年版，第 198 页。
④ 【印度】阿马蒂亚·森：《贫困与饥荒——论权利与剥夺》，王宇、王文义译，商务印书馆 2009 年版，第 198 页。

无法获得服务以及难以获得教育等。① 由此可见，在作为贫困主体的穷人眼中，贫困不仅仅是物质匮乏，而且还包括不平等以及资源分配权、工作权、教育权、财产权、医疗权等社会权利的剥夺。

公民权利理论和社会排斥理论是依据权利方法分析贫困问题本源的基础理论支撑。英国学者马歇尔（T. H. Marshal）认为公民权利分为民事权、政治权和社会权。它们分别是18世纪、19世纪和20世纪的权利获得内容。马歇尔将社会权利界定为："民事权利和政治权利的融合，它不只是试图消除社会最底层中穷人的苦恼，而且要致力于纠正社会政治和经济不平等的分配模式，将机会平等的正义原则提上了议程。"② 而公民的社会权利就强调"无论在社会处于什么位置，每个人都有资格过及享受一种积极而丰富的生活，都有权获得合理的收入"。③ "社会排斥"这一概念是法国学者Rene Lenoir于20世纪70年代提出的。Lenoir仅仅指出了排斥现象，而没有对该概念做出界定。随着研究的深入，学者们将社会排斥与公民权利紧密联系起来。例如，学者Saraceno就明确指出："个人被社会排斥，是个人作为公民参与国家、社区、市民社会活动权利没有实现或没有完全实现的问题；如果研究者在研究中仅仅把社会排斥作为非社会整合的一种表达，作为从社会秩序中分离出来的一种现象，没有意识到公民权利在社会排斥分析中的意义，那么，讨论社会排斥的意义也就被降低了。"④ 对于贫困、公民权利与社会排斥三者之间的联系，美国学者格尔哈斯·伦斯基（Lenski）总结为："权利结构的不平等和不合理使部分社会成员陷入贫困，结果又进一步强化了社会对他们的偏见和排斥，加剧了社会矛盾。"⑤

权利的剥夺作为贫困问题的第一层次本源，包括以下3个方面的内容：

---

① Nicholas Howen：《人权视角的发展观》，载北京大学法学院人权研究中心：《以权利为基础促进发展》，北京大学出版社2005年版，第9页。

② 【英】T. H. 马歇尔：《公民权与社会阶级》，刘继同译，载《国外社会科学》2003年第1期。

③ 【英】安东尼·吉登斯：《社会学》（第四版），超旭东等译，北京大学出版社2003年版，第432页。

④ Saraceno, C. The Importance of the Concept of Social Exclusion. Bristol：The Policy Press，1997. p.146.

⑤ 转引自高云虹、张建华：《贫困概念的演进》，载《改革》2006年第6期。

(1) 由于不平等、歧视以及权利受到侵犯而表现出的相关社会权利的剥夺。(2) 权利获取机会的剥夺。由于穷人社会地位、受教育情况等客观条件的局限导致的机会剥夺影响了穷人的参与权，尤其是穷人们很难在立法和社会决策中"发出声音"。(3) 权利缺乏法律保障。没有保障平等获取公正机会的公正的法律，即使是已经获取的权利也可能得而复失。

（二）贫困的第二层次本源：权力视角下的制度不公

什么是"权力"？我们大家都讲权力，而且假定别人知道我们指的是什么……但事实却是，这个词是模棱两可的，它的含义是难以琢磨和复杂的。①《布莱克维尔政治学百科全书》对"权力"的界定受到许多学者的认可，该书将"权力"界定为一种能力，即"英语中'权力'（power）一词来自法语的pouoir，后者源自拉丁文的potestas或potentia，意指能力（两者都源自动词potere，即能够）。在罗马人看来，potentia，是指一个人或物影响他人或他物的能力"。② 在"权力是一种能力"的理论基础上，有的学者进一步将"权力"等同于"影响力"，例如，美国学者罗伯特·达尔就持这一观点，他认为："说某人具有权力、具有影响力也就是说A有影响B在某些方面改变自己的行为或倾向的能力。"③ 关于权力的主体，漆多俊教授认为："主管社会各主体权利的权衡、协调、确认和保障实现的各种群体公共机关，是权力的主要担当者、拥有者。"④

制度是权力配置资源的实施机制。因此，权力视角是制度分析的题中必有之义。"从制度的形成关系上看，非正式制度要能够成为一种约束人类行为的规则，它必须经过相应的权力主体的确认，并由权力主体制定相应的实施机制和惩罚机制。而计划、命令乃至法规，则直接由权力主体所决定。因此，权利结构决定着制度结构，权力直接影响制度供给，权力运行

---

① 【美】罗伯特·达尔：《现代政治分析》，王沪宁、陈峰译，上海译文出版社1987年版，第31页。

② 【英】戴维·米勒、韦农·波格丹诺：《布莱克维尔政治学百科全书》，邓正来译，中国政法大学出版社1992年版，第594—595页。

③ 【美】罗伯特·达尔：《现代政治分析》，王沪宁、陈峰译，上海译文出版社，1987年版，第377页。

④ 漆多俊：《论权力》，载《法学研究》2001年第1期。

的表现形式便是制度。"①

贫困问题的制度本源论的突出代表人物是马克思。他认为无产阶级贫困的根源就是无产阶级在生产资料上受到资产阶级不平等的剥夺与占有。这是因为在资本主义社会，权力的拥有者属于资产阶级，他们为了追求自身利益最大化而制定出不平等的包括所有权制度、分配制度在内的各种社会制度。1974年的诺贝尔经济学奖获得者瑞典的经济学家瓦纳·缪尔达尔也是运用制度理论来解释不发达国家的贫困问题。在他看来，"社会不平等是经济不平等的一个主要原因，同时经济不平等又加剧了社会不平等"②。他同时认为，进行政治、经济、教育等全方位的制度变革是不发达国家摆脱贫困的必由之路。国内不少学者也将分析我国现存贫困问题根源的关注点投向制度。就我国现阶段而言，"市场经济竞争的无情；经济收入分配的不公；社会保障制度的残缺；制度转型和对外开放的压力；社会公平竞争机制的欠缺；社会监督机制的乏力；社会调控力度的弱化；对弱势群体的社会排斥和社会剥夺。在他们看来，正是这些社会政策制度的残缺与缺陷，才导致了人们的贫困"。③

权力视角下的制度不公作为贫困问题的第二层次本源，包括以下三个方面内容，即（1）在制度设置方面，保障性制度的缺失或不充分。权力的拥有者往往集中在社会中的精英阶层，他们往往会从本阶层利益出发进行资源分配和权利设置，他们很难真正了解贫困者的需求。如果这个社会不允许"穷人的声音"在决策中出现，就会导致制度设置上的不公，即保障性制度的缺失或不充分。因此才会出现在任何遭受大饥荒的国家中，统治者和富裕阶层并不会受到饥荒之苦的情形。（2）在制度内容方面，制度的不公正和不平等。资本主义社会中分配制度的不平等就是最为典型的例证。即使在我国现阶段也存在这一原因导致的贫困问题。在我国经济高速发展的背景之下，存在一部分人没有共享经济和社会发展的成果。其深层次的

---

① 朱启才、杨洁：《权力、制度与经济增长》，载《云南师范大学学报》2001年第9期。

② 【瑞典】瓦纳·缪尔达尔：《世界贫困的挑战》，顾朝阳等译，北京经济学院出版社1991年版，第50页。

③ 文军：《城市贫困化问题的社会学思考》，载《城市问题》1997年第5期。

原因就在于权利分配方面的不公正。(3) 在制度实施方面,被"曲折地"执行。究其原因,是因为精英阶层所制定的各种法律和政策在通过"社会"这一"中介"时发生了某种不得不发生的变革,从而只能被"曲折地"执行。①

（三）第一层次本源与第二层次本源的关系

贫困问题的第一层次本源和第二层次本源之间的关系是递进式的,即与第一层次的权利剥夺本源论相比,第二层次的制度本源论系更为深层次的原因。这是从"权利—权力"分析框架出发,由权力与权利之间的关系决定的。

权力与权利,乃构建社会制度之脊梁。② 权力与权利之间并非对立和背离的关系,而是相辅相成的。权力通过对利益的确认和分配保障权利的实现,而权力本身也必须建立在权利的基础之上。缺乏权力的权利只是一种虚幻的、静止的或纸上的权利。③ 因此,从权力的视角探究贫困问题的本质,比从权利剥夺的角度分析而言具有更深层次的意义。

四、法学视角下的贫困问题解析

贫困问题是一种多维的社会现象,由于话语体系的不同,经济学、社会学、伦理学以及法学遵循不同的研究进路对贫困问题加以分析。在探讨法律之于反贫困的价值之前,有必要建立两者之间的研究对径,在法学的视阈内对贫困问题进行简要的解析。

（一）贫困主体的利益需求

可以毫不夸张地说,"人们奋斗所争取的一切,都与他们的利益有关"④。简单地说,利益即需要。沈宗灵教授认为:"利益一般是指人们为

---

① 王伟奇：《权利的实现与"有限侵害性"的社会权力——从贫困治理出发的思考》,载《行政法学研究》2007年第4期。
② 漆多俊：《论权力》,载《法学研究》2001年第10期。
③ 林喆：《权力腐败与权力制约》,法律出版社1997年版,第190页。
④ 中共中央马克思恩格斯列宁斯大林著作编译局编译：《马克思恩格斯全集》（第一卷）,人民出版社1956年版,第82页。

了满足生存和发展而产生的各种需要。"① 更进一步说，利益具有客观性和主观性。18世纪法国启蒙思想家霍尔巴赫就从幸福观的角度界定利益，他认为："所谓利益，就是每个人根据自己的性情和思想使自身的幸福观与之联系的东西，换句话说，利益其实就是我们每一个人认为对自己的幸福是必要的东西。"②

生存需求是维持和延续生命的基本需要，它是由人的自然属性决定的。它所包含的诸如吃、穿、住之类的生理需要，具有自然性和物质性。依据马斯洛需求层次理论（Maslow's hierarchy of needs）③，生存需求是人最低层次的需求。"当人的温饱问题还没有解决时，一瓢水、一箪食是他的最大满足。当人的温饱稍加满足，他的其他欲望也就随之而生。这是人作为物种本性和文化本性的必然要求，谁也无法否认它的合理性。"④

发展需求是生存需求满足后激发的新的需求层次，其内容具有社会性和精神性，与个体的幸福观具有密切关系。如何看待"发展"？"发展"是不是仅仅代表经济上的增量呢？阿马蒂亚·森提醒我们应该从扩展实质性自由的角度来看待发展。收入的增长并不是发展需求所追求终极目标。财富显然不是我们追求的东西；因为它只是有用，而且是因为其他事物而有用。⑤ 关于发展需求的目的，阿马蒂亚·森认为："发展要求消除那些限制人们自由的主要因素，即贫困以及暴政，经济机会的缺乏以及系统化的社

---

① 沈宗灵：《法理学研究》，上海人民出版社1989年版，第58页。
② 【法】霍尔巴赫：《自然的体系》，商务印书馆1964年版，第27页。
③ 马斯洛需求层次理论（Maslow's hierarchy of needs），亦称"基本需求层次理论"，是行为科学的理论之一，由美国心理学家亚伯拉罕·马斯洛于1943年在《人类激励理论》一文中提出。马斯洛需求层次理论把需求分成生理需求、安全需求、社交需求、尊重需求和自我实现需求五类，依次由较低层次到较高层次排列。这五种需求就像阶梯一样从低到高，但这样的次序不是完全固定的，可以变化，也有种种例外情况。一般来说，某一层次的需求相对满足了，就会向高一层次发展，追求更高一层次的需求就成为驱使行为的动力。相应的，获得基本满足的需求就不再是一股激励力量。参见http://baike.baidu.com/view/117943.htm，访问时间：2010年12月15日。
④ 曾建华：《环境正义——发展中国家环境伦理问题探究》，山东人民出版社2007年版，第101页。
⑤ Aristotle, The Nicomachean Ethics, translated by D. Ross（Oxford: Oxford University Press, revised edition, 1980）, book1, section5, p. 5.

会剥夺，忽视公共设施以及压迫性政权的不宽容和过度干预。"①

依据相对贫困理论，事实上生存需求与发展需求之间并不存在明确的界限。1969年，美国收入补贴总统委员会（United States President's Commission on Income Maintenance）在其报告《贫困与富裕》（Poverty amid Plenty）中就曾指出："如果社会认为，人们不应该死于饥饿或没有住所，那么，它就会把贫困定义为缺乏维持生命所必须的最低数量的食品和住房；如果社会认为，它有责任为人们提供的不仅仅是生存手段，如健康的身体，那么，它就应该在生活必需品中再加上预防或治疗疾病所需要的资源。"② 因此，认为发展需求并不是贫困主体的利益需求是错误的观点。

（二）贫困主体的权利诉求

权利与利益具有密切联系，一旦撇开利益内核谈论权利，这种权利一定是空洞的。赋予权利规则的本质特征的，就是这些规则将保护或增进个人利益或财产作为其具体目标。③

生存权是表达贫困主体生存需求的权利诉求。一般而言，生存权是指"生命安全得到保障和基本生活需要得到满足的权利"④。这一定义将生存权的保护范围仅仅局限于生命维系以及基本生活需求的满足。联合国教科文组织前法律顾问卡雷尔·瓦萨尔（Karel Vasak）的"三代人权"⑤ 理论

---

① 【印度】阿马蒂亚·森：《贫困与饥荒——论权利与剥夺》，王宇、王文义译，商务印书馆2009年版，第2页。

② 美国收入补贴总统委员会：《贫困与富裕》，转引自【印度】阿马蒂亚·森：《贫困与饥荒——论权利与剥夺》，商务印书馆2001年版，第38页。

③ N. Maccomick. Rights in Legislation, from Hacker and Raz (ed), Law, Morality and Society, Oxford Press. 转引自张文显：《法哲学范畴研究》（修订版），中国政法大学出版社2001年版，第190页。

④ 王家福、刘海年：《中国人权百科全书》，中国大百科全书出版社1998年版，第531页。

⑤ 人权思想自产生以来一直是发展变化的。17、18世纪资本主义上升时期仅限于人生而平等、自由等权利。19世纪后人权逐步从政治领域扩大到经济、文化、社会等各个领域，20世纪50年代以后，随着民族解放运动的发展，突破了传统人权概念，从个人人权发展到集体人权，增加了民族自决权、和平权等内容。鉴于此，西方资产阶级革命史的人权称为第一代人权，民族自决权称为第二代人权，发展权称为第三代人权。参见http://baike.baidu.com/view/388677.html，访问时间：2010年12月15日。

论证了人权发展递进的三个阶段。就生存权而言,随着人权发展的三个阶段的演进,生存权的权域范围和保护领域也在不断的扩大,也相应地存在三种保护内涵不同的代际形态:生命价值本位的生存权、尊严价值本位的生存权和安全价值本位的生存权。① 值得强调的是,作为第三代的安全价值本位的生存权,囊括了人身安全、人格安全、财产安全以及环境安全等方面,这些都可以归结为生存权的关联领域。生存权是首要人权,"没有生存权,人类就不可能进行任何活动,没有生存权,人权也就无从谈起"。②

发展权是表达贫困主体发展需求的权利诉求。发展权作为所有个人和全体人类应该享有的自主促进其经济、社会、文化和政治全面发展并享受这一发展成果的人权,最初是由塞内加尔第一任最高法院院长、联合国人权委员会的凯巴·姆·巴耶(Keba M. Baye)于1970年正式提出的。③ 在凯巴·姆·巴耶看来,由于人类没有发展就没有生存,发展权实际上是一项人权。发展权中的"发展"的内涵也不仅仅是指经济的增长。联合国大会1986年12月4日第41/128号决议通过的《发展权利宣言》第1条就明确表明:"每个人和所有各国人民均有权参与、促进并享受经济、社会、文化和政治发展,在这种发展中,所有人权和基本自由都能获得充分实现。"对于贫困主体而言,发展权具有重大的意义。相对于其他权利,如公民权、政治权、经济权、社会权和文化权,拥有发展进程的权利则是一项基本的权利;不实现基本权利,其他权利也就不可能真正有效实现。④

(三) 生存权和发展权的法律实现

利益、权利和法律之间存在如下逻辑联系。利益的法律调整机制就是国家通过制定法律规范来调整各种利益关系,使主体在获取利益过程中的权利行使和义务的履行呈现规范化和制度化的状况,从而使各种正当利益

---

① 汪进元:《论生存权的保护领域和实现途径》,载《法学评论》2010年第5期。
② 李龙:《论生存权》,载《法学评论》1992年第2期。
③ 【南斯拉夫】米兰·布拉伊奇:《国际发展法原则》,陶德海译,中国对外翻译出版公司1989年版,第364页。
④ 【印度】艾君·森古布达:《作为人权的发展》,王燕燕编译,载《经济社会体制比较》2005年第1期。

在秩序的基础上顺利实现的由诸环节组成的系统。① 由此可见，贫困者的生存需求和发展需求要在法律上得以实现的前提条件便是生存权和发展权获得法律的承认，受到法律的保障。

那么生存权和发展权如何才能在法律上得以实现和获得保障呢？这就涉及权利的法律实现的一般性问题。马克思认为："从某一阶级的共同利益中产生的要求，只有通过下述办法才能实现，即由这一阶级夺取政权，并用法律的形式赋予这些要求以普遍的效力。"② 具体而言，法律对权利的实现途径包括：（1）通过对社会中的利益关系的选择，对特定的利益进行确认和表达。这是因为"由于人类生活的多样性，每个人的权利和自由都不是单向度的，法律不可能对某一具体利益主体的所有权益都加以反映或都不加以反映"。③（2）建立利益冲突解决机制进行利益平衡。（3）随着社会的发展，法律通过变革对利益进行重整。权利能否在法律上获得实现的第一要素就是需要获得法律的表达和调整。

直至目前为止，生存权是不是一项法律权利，一直饱受争议。日本著名学者大须贺明就指出："围绕日本宪法第25条④的性质，第二次世界大战后几十年里先后出现并形成了三大学派：'纲领性规定论'、'抽象性权力论'和'具体性权利论'。"⑤ 不过令人欣喜的是，尽管尚未达成一致意见，但是随着越来越多国家的宪法对"生存权"的承认，生存权的法律权利性质基本上得以确认。日本学者桥本公亘就明确指出："国民对于国家享有要求其在立法和其他国政上采取必要措施，以能维持健康且文化性的最低限度生活的权利。只是第25条第1款仅仅是抽象性规定，因而需要有立法将其具体化，据此请求保障具体生活的权利才能获得保障，在如此立法

---

① 强昌文：《论利益的法律调整机制》，载《安徽大学学报》（哲学社会科学版）2004年第4期。

② 中共中央马克思恩格斯列宁斯大林著作编译局编译：《马克思恩格斯全集》（第十八卷），人民出版社1965年版，第307页。

③ 柯卫：《论权利的法律实现途径》，载《山东社会科学》2004年第3期。

④ 《日本宪法》第25条的内容为："（1）所有国民均享有维持健康且文化性的最低限度生活的权利；（2）国民必须在一切生活方面，努力提高与增进社会福利、社会保障以及公共卫生。"

⑤ 【日】大须贺明：《生存权论》，林浩译，法律出版社2001年版，第287页。

未能得到进行之际，国民还是不能以该规定为根据，通过诉讼来主张具体的权利。但是，并不能因为该规定并未直接保障着具体性权利这一点，就马上可以将生存权不当做法的权利了；国民对于国家是具有要求其采取立法以及其措施之权利的。"①

发展权的法律实现问题，自提出以来就受到高度的重视。联合国大会1986年12月4日第41/128号决议通过的《发展权利宣言》第10条就明确规定："应采取步骤以确保充分行使和逐步增进发展权利，包括拟订、通过和实施国家一级和国际一级的政策、立法、行政及其他措施。"因此，国家是发展权实现的当然责任主体。然而，"尽管各个国家尤其是发展中国家为了发展权的实现付出了巨大的代价，联合国系统于1993年成立专家组专门研究如何实现发展权的对策，但由于种种原因，这些结果都无果而终"。②发展权的法律实现问题是今后法学领域研究的一个重大课题。

第二节　环境法应对的贫困问题

贫困问题是一种多维社会现象，涉及经济、社会、文化、生态环境等多个层面；贫困问题是一面多棱镜，除了经济危机和社会危机之外，它还折射出当今人类无法回避的生态环境危机。环境法无法应对全部贫困问题，只能应对与环境问题的解决相关的那部分贫困问题。

一、"理想类型"与环境法应对的贫困问题类型

工欲善其事，必先利其器。

——《论语·卫灵公》

---

① 【日】桥本公亘：《现代法律学全集·宪法》，青林书院新社1970年版，第347页。转引自【日】大须贺明：《生存权论》，林浩译，法律出版社2001年版，第289页。
② Cf E/CN.4/2004/23. 转引自汪习根：《论发展权的法律救济机制》，载《现代法学》2007第11期。

（一）"理想类型"（ideal-type）：解构环境法应对的贫困问题之"利器"

本书研究的目的旨在证成环境法应对贫困问题的正当性以及探讨环境法的应对之道。识别和确定环境法应对的贫困问题系本选题研究的前提。然而直至目前为止国内还没有环境法学者对此开展系统的研究。究其原因，或许与贫困问题本身以及贫困问题与环境问题之间联系的复杂性不无关系。1987年由布伦特兰夫人领导的世界环境与发展委员会发表了著名的研究报告——《我们共同的未来》，贡献性地将"贫困问题"与"环境问题"联系在一起，并在此基础上提出"可持续发展"思想。此后，许多西方学者针对非洲、亚洲的印度、巴基斯坦等国的贫困与环境问题之间的联系开展了大量的实证分析研究，① 对他们的结论进行比较后发现：贫困问题与环境问题之间存在联系，但两者的联系依据地域、政策等条件的不同具有个体性和差异性。抽象概念式思维和方法是包括法学在内的社会科学的重要研究方法，② 但由于抽象概念往往存在非此即彼的意义，概念之间存在清晰的界限，"传统的概念思维足以瓦解并败坏生活现象的整体性"，③ 因而

---

① 例如，Haimanti Bhattacharya and Robert Innes 在论文"Is There a Nexus between Poverty and Environment in Rural India?"中通过运用来自印度南部、中部和西部的直接数据对农村贫困和环境变化之间的关系进行了实证分析，认为："农村贫困加速了植被退化，同时植被退化也加速了农村贫困，但影响强度依据以地理和气候因素为基础的次区域分类而不同。"David Satterthwaite 在论文"The Links between Poverty and the Environment in Urban Areas of Africa, Asia, and Latin America"中认为："比起与城市贫困的关系，环境退化与中等和上等收入人群的消费模式以及政府在执行有效的环境政策方面的失败联系得更加紧密。同时强调好的政府是减贫的核心以及满足贫困人群的环境需求并不代表更大的环境退化。"Thomas Reardon 在论文"Links Between Rural Poverty and the Environment in Developing Countries: Asset Categories and Investment Poverty"中通过研究得出结论："环境问题与贫困之间的联系的强度和方向的差异取决于贫困农户拥有的资产组成以及他们面对的环境问题类型。"

② 例如，美国著名法哲学家博登海默就指出："法律概念乃是解决法律问题所必须的和必不可少的工具。"出自【美】博登海默：《法理学——法哲学及其方法》，邓正来、姬敬武译，华夏出版社1987年版，第465页。

③ 吴从周：《论法学上之"类型思维"》，载《法理学论丛》，月旦出版社股份有限公司1997年版，第307页。

它并不适合对环境法应对的贫困问题的研究。鉴于此，笔者在研究中选取类型化思维和研究方法建构环境法应对的贫困问题模型。这是因为"类型"具有以下四个方面的关联意义："(1) 多数现象所具备的一种基本形式：作为一个种类或分类的本质形态；(2) 典型：作为特殊个体的模范；(3) 统一的建筑蓝图：作为各式各样个别形体的同一模型；(4) 一种完全形态：作为较不明显的中间形态或过渡形态的标准。"① 类型化思维和方法对于法学等社会科学的研究具有重要意义。考夫曼就曾经指出："立法的成功与失败，端赖立法者能否正确地掌握类型。"②

类型化思维和方法在社会科学研究方法论中的集中表现就是德国学者马克斯·韦伯提出的"理想类型"（ideal-type）研究方法，实际上是一种主观思维构建工具。"理想类型"中的"理想"并不带有任何道德范畴的意义，而是意味着在某种可能性中考察事物，表明某种现象接近典型。"理想类型"并不排斥概念，相反，创生概念本身就是"理想类型"建构的必要步骤，即"在某一预设价值之下，片面强调一个或几个观点和由许多散在的、无联系的、多少存在以及偶然又不出现的具体个别现象的综合，即可获得一个分析概念"。③ 从形式上看，"理想类型"就是一种抽象理论的概念结构。马克斯·韦伯认为这种概念结构的本质是"把历史生活中某些关系和事情集合为一个复合体，它被想象为一个具有内在一致性的体系。而实质上，这一结构本身就像一个通过着重分析现实的某些因素而得出的乌托邦"。④ "理想类型"方法的构建过程为：理论研究者首先依据社会客观事实或历史资料等信息提出欲研究解决的问题，然后依据该问题的需要设计涵盖这些信息的理想类型，最后再将设计出的理想类型运用于对更大范围的社会客观现象的解释中去。理想类型不是对实际社会存在的概括，

---

① 吴从周：《论法学上之"类型思维"》，载《法理学论丛》，月旦出版社股份有限公司 1997 年版，第 299—303 页。
② 林立：《法学方法论与现代民法》，中国政法大学出版社 2002 年版，第 142 页。
③ 【德】马克斯·韦伯：《社会科学方法论》，杨富斌译，华夏出版社 1999 年版，第 53 页。
④ 【德】马克斯·韦伯：《社会科学方法论》，杨富斌译，华夏出版社 1999 年版，第 185 页。

只是理论家为了分析现象、理解现实而构想的理论模式。① 由此可见,"理想类型"方法的意义在于,通过对杂乱无章的研究信息的有效归类和比较,展现不同社会现象之间的同一性和差异性。

"理想类型"建构的概念结构除了具有反映现实的客观性以外,也不可避免的带有理论研究者的主观偏向。对于这一点,"韦伯承认,选择构成理想类型的要素是一种有点儿独断的事情。挑选什么和强调什么,忽略什么,这在某种程度上为所要调查的问题的类型和所要设定的问题所影响。因此,说一种理想(类型)是正确的或不正确的,并没有多大意义。对于研究的一种模式而言,也许选择这类要素群是最佳的,而对另一种模式而言,一组完全不同的要素则可能更为适当"。② 在难以剔除的主观偏向指引下得出的研究结论似乎不够客观,但是正是这种对不同价值认识的开放态度才允许理论研究者"从自己最认同的问题意识与价值关怀出发,预设自己透视的客观现象的'理想类型',从而展示出研究者对问题的深度拓展。这种依不同动机和不同标准建构的'理想类型'从不同的角度,多维地表达着研究对象的意义,使得研究对象更接近'客观'"③。还需要明确指出的是,"理想类型"并不是"完美类型"。马克斯·韦伯曾强调说:"我们所谓的理想类型……和价值判断没有任何关系,除了纯逻辑上的完善外,它与任何形式的完美毫不相干。"④

(二)环境法应对的贫困问题类型

到目前为止,尽管在贫困与环境问题之间的具体关系这一论题上尚存在较多争议,但是两者之间无论在宏观层面还是在微观层面都存在联系的观点却得到承认。经济发展与环境保护孰者优先的话题,一直都伴随着环境法学的发展进程。从"经济发展优先"到"经济发展兼顾环境保护"再到"环境保护优先"的每一阶段都闪耀着环境法学者们的辛勤努力。然而,

---

① 李强:《自由主义》,中国社会科学出版社1998年版,第146页。
② 【英】弗兰克·帕金:《马克斯·韦伯》,刘东、谢维和译,四川人民出版社1987年版,第22页。
③ 吴晓:《论类型化方法对宪法学研究的意义》,载《政法学刊》2006年第2期。
④ 【德】马克斯·韦伯:《社会科学方法论》,杨富斌译,华夏出版社1999年版,第98—99页。

在陶醉于"胜利"的同时,我们也不能忘记环境保护先驱们的严重告诫:"没有一个包括造成世界贫困和国际不平等的因素的更为广阔的观点,处理环境问题是徒劳的。"① 环境法在解决日趋严重的环境问题的同时,也不得不面对与之密切联系的贫困问题。因此,环境法应对的贫困问题,概括地说就是与解决环境问题有关的那部分贫困问题。

贫困与环境问题之间究竟存在什么样的关系?生态环境退化的根源在于贫困吗?或者说贫困对于环境问题的产生能够起到什么程度的破坏作用呢?反过来说,环境问题会导致贫困的产生吗?或者说环境问题在导致贫困的原因中又占据多大的比重呢?贫困与环境问题之间是否存在恶性循环呢?由于两者之间关系的复杂性以及地域差异性,对于这些问题,不同的研究者会分析得出不同的甚至是完全相反的结论。如何从这样复杂的社会现实中概括出环境法需要应对的贫困问题呢?笔者将借助上文引进的方法论进行研究。

从社会现实出发,本部分欲研究解决的问题是从法学的视角构建环境法应对的贫困问题的研究框架,也是贯穿本选题研究的主线。法是一种规范人们行为活动的社会规范。环境法的主要目的是解决环境问题。从人的活动与环境之间交互影响的视角出发,环境法将环境问题划分为"由火山、地震、洪水等自然灾害所引起的第一类环境问题或原生环境问题,由人类活动作用于自然界并反过来对人类自身造成有害影响和危害的第二类环境问题,又称人为环境问题或次生环境问题"②。环境法应对的环境问题主要是第二类环境问题,即次生环境问题。与环境问题一样,贫困问题也是一种社会现象,而且比较起来,贫困问题涉及面更广,更加复杂。从法学的视角,尤其是环境法的视角,本研究也挑选人的行为活动作为分析因子,构建环境法应对的贫困问题之"理想类型"。

从人的行为活动的视角分析,处于贫困状态的穷人由于没有任何资产,其维持生计的来源往往是质量不佳而且脆弱不堪的自然资源。不仅如此,

---

① 世界环境与发展委员会:《我们共同的未来》,王之佳、柯金良等译,吉林人民出版社1997年版,第4页。
② 蔡守秋:《环境资源法学教程》,武汉大学出版社2000年版,第16页。

穷人的贫困从本质上说是由于权利受到剥夺以及制度的不公正，因而他们对这些自然资源的权利也十分脆弱。贫困带来资金、技术的缺乏以及教育资源的不足。居住在农村的穷人，在没有足够耕地的同时又得不到其他耕地的情况下，为了生存，只能去开发陡坡上易受侵蚀的土地以及具有水土保持价值的森林；为了取暖，在无力购买其他燃料的情况下，穷人以非持续的速率砍伐树木。居住在城市的穷人，由于资金匮乏，地价低廉的被污染的区域可能是他们唯一一住得起的地方。"当城市自来水受到污染时，穷人没钱买桶装水；当大气污染严重时，穷人没钱买空气净化器。治理环境污染时，如果没有有利的政策安排，穷人可能承担较大份额的治理费用。"[①]这一类贫困问题由于与环境问题之间的紧密联系而成为环境法有可能应对的对象，同时又由于在环境问题恶化之前，这种贫困就客观存在着，因此，本研究将这一类贫困问题界定为"原生贫困问题"。由于环境损害的不平等承担而陷入贫困，以及为了保护生态环境，尤其是为了保护对整体生态环境具有重要意义的区域的环境质量，限制自身发展行为能力而陷入贫困（绝对贫困或相对贫困）。这一类贫困的特征是：在环境因子介入之后才转而从非贫困状态陷入贫困之中。环境问题与这一类贫困具有直接因果关系，因此也是环境法应对的贫困类型之一，本研究将之界定为"次生贫困问题"。

通过运用马克斯·韦伯的"理想类型"方法论，为了开展本选题的研究，笔者依据人的行为活动为分析因子，将环境法应对的贫困问题划分为两种类型，即"原生贫困问题"和"次生贫困问题"。需要指出的是，这是依据预设的研究目标所构建的理想模型，只是一种思维分析工具，并非是现实的完全重现。因此并不排除在其他研究模式之下会产生不同的类型划分。

[①] 李小云、左停、靳乐山、【英】约翰·泰勒：《环境与贫困：中国实践与国际经验》，社会科学文献出版社2005年版，第13页。

二、环境法应对的第一类贫困问题：原生贫困问题①

我们知道砍伐树木会造成水土流失，生产木炭会导致森林大火，但是我们别无选择，因为我们没有吃的，我们必须开发森林。②

——一位越南河静居民的"典型诉说"

原生贫困问题，指的是在环境问题出现之前就客观存在的从物质到内心体验、从社会经济状况到文化教育各个方面的综合性缺乏的现象；并且因为与环境问题之间的联系而成为环境法应对的贫困问题类型之一。原生贫困问题主要指的是一种绝对贫困。环境法应对的原生贫困问题与环境问题之间的联系包括：（1）原生贫困者由于各种"先天不足"而不得不通过破坏性地利用自然资源的方式谋求生存与发展，从而导致环境问题的产生及恶化，并因为环境问题的恶化进一步加深其贫困程度，由此形成贫困与环境问题的"恶性循环"；（2）原生贫困者由于遭受权利的剥夺与制度的不公正，是环境恶化的最大受害者，同时因为权利能力的缺陷无法摆脱环境问题的桎梏从而陷入长期贫困的泥淖。由此可见，原生贫困问题与环境问题实质上是一对"孪生姐妹"，具有因果性和同时性。接下来，将通过对两个假说的论证对这一问题详加阐释：

（一）"原生贫困问题是环境问题的致因"

1987年发表的《我们共同的未来》中是这样描述贫困与环境问题之间的联系的："世界许多地区处于恶性循环之中：穷人为了每天的生存而被迫过度使用自然资源，而环境的恶化使他们进一步贫困化，使得他们的生存更加困难和无保障。"③（见图1-2）在这一论证的基础上，世界环境与发

---

① 这儿以及下文中提及"原生贫困问题"一词，均特指本书为了构建环境法应对的贫困问题之"理想模型"而创生的一个概念，并非在一般意义上使用该术语。
② 【美】迪帕·纳拉扬等：《呼唤变革》，姚莉等译，中国人民大学出版社2003年版，第64页。
③ 世界环境与发展委员会：《我们共同的未来》，王之佳、柯金良等译，吉林人民出版社1997年版，第31页。

展委员会的委员们在该书中断定:"贫困是全球环境问题的主要原因和后果。①"

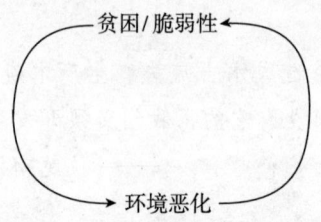

图1-2 贫困与环境问题的联系

农村贫困人口往往被迫利用诸如陡峭的山坡之类的边缘区域的资源,或者从保护地获取资源。在人口增长的复合压力之下,他们会因为缺乏可以增强生产能力的激励资金和手段而被迫开发新的、更加脆弱的土地。城市贫困人口被动地造成了不同类型的环境恶化,使他们的健康受到影响,这将进一步减少获取收入的机会。这是客观存在的现实情况。就此视角分析,世界环境与发展委员会委员们的上述论断是正确的。

然而,在《我们共同的未来》(1987年)的上述论断作出之后,不少学者将之"引申"为"环境问题应主要归责于穷人"的观点肯定是错误的。首先,从全球层面上看,因贫困导致的环境问题与工业化带来的环境问题相比,简直是小巫见大巫。工业化国家是大量原材料的主要消耗国,但是为污染和滥用土地、森林、河流付出代价的,却大多是那些最贫困国家的人民。正如世界自然保护同盟(World Conservation Union,IUCN)主席、圭亚那前外交部长帅达斯·拉夫尔爵士所言:"富国给地球带来的污染远远超过其他所有国家,他们对清除工业化过程中产生的污染负有不可推卸的责任。而且,自然环境恶化最先危及的、最深伤害的仍是穷人。"其次,与其他因素相比,贫困也并非环境问题的罪魁祸首。国际环境和发展学会的萨特斯韦特(David Satterthwaite)通过对非洲、亚洲和拉丁美洲的城市贫困和环境退化的微观实证研究得出以下结论:与之同城市贫困之间的关系比较而言,环境退化与中等和上等收入人群的消费模式以及与政府

---

① 世界环境与发展委员会:《我们共同的未来》,王之佳、柯金良等译,吉林人民出版社1997年版,第4页。

在执行有效的环境政策方面的失败联系得更加紧密。①

将原生贫困问题纳入环境法应对的贫困问题类型之中,并不代表笔者赞成诸如"贫困系环境问题的罪魁祸首"此类的观点,而仅仅是对穷人由于"先天不足、能力缺陷"的被迫行为倾向而使两者之间在现实中存在联系的表述。

(二)"穷人是环境退化的主要受害者"

穷人往往居住在环境质量较差的地区。里奇(Leach)和莫恩斯(Mearns)两位学者曾指出:"所有不发达国家总人口的20%还处于'赤贫'状态,有结果显示其中60%的人生活在'生态脆弱的地区'。这些地区指的是农村的农业潜力低下的区域和城市的棚户区。"② 穷人缺乏迁离这些区域并采取防御措施免于暴露在环境污染之下的能力。受教育水平低下增加了他们的脆弱性。与之联系的政治边缘化降低了他们获得环境保护以及享受诸如安全饮用水、洁净的空气、污水和垃圾处理之类的基础服务设施的机会。城市棚户区通常暴露在受污染的空气、受污染的水源以及危险固体废物面前。农村失地或地少的农民为了生存被迫居住在边际区域,耕种着贫瘠的土地。无论居住在陡峭的山坡、干旱或半干旱的土地上,还是居住在河流中的三角洲,他们都不得不遭遇滑坡、土壤退化、干旱或洪水等灾害。《我们共同的未来》一书中在论及非洲、印度和拉丁美洲的旱灾以及亚洲、部分非洲和拉丁美洲安第斯山地区的水灾时,得出分析结论:"这种灾害的受害者大部分是穷国的穷人,那里,自给自足的农民开垦了那些勉强可以用的土地,这使他们的土地更易受到水灾旱灾的危害。"③

综上所述,原生贫困问题与环境问题之间存在一条恶性循环线;在强调两者之间的相互影响的同时,这条恶性循环线之外的其他因素也是不容

---

① 详细分析参见 David Satterthwaite 的论文"The Links between Poverty and the Environment in Urban Areas of Africa, Asia, and Latin America", The Annals of American Academy of Political and Social Science 2003; 590; 73 DOI: 10.1177/0002716203257095。

② Leach, Melissa, and Robin Mearns, 1991; Poverty and Environment in Developing Countries: An Overview Study. Institute of Developing Studies, Sussex, UK. Processed.

③ 世界环境与发展委员会:《我们共同的未来》,王之佳、柯金良等译,吉林人民出版社1997年版,第35—36页。

忽视的，这些因素包括环境资源的配置不公、环境法律政策的失误，等等。

三、环境法应对的第二类贫困问题：次生贫困问题①

  20多年前，我家曾在塔木苏镇放牧骆驼为生，后因草场退化牧草短缺，便卖掉骆驼养起了100只羊，到2000年前后，草场退化、沙化更加严重，我家的羊迅速减少到10只，全家4口人靠放牧无法维持生计。②
——孟根其其格
（40岁，阿拉善盟阿拉善右旗曼德拉苏木乡人）

  次生贫困问题，指的是由于环境恶化的负利益的不公平承担或者因为环境保护限制了发展权利而导致从物质到内心体验、从社会经济状况到文化教育各个方面的综合性缺乏的现象。次生贫困问题既可以是一种绝对贫困，也可以是一种相对贫困。概括地说，它是由"环境"（指的是环境问题或环境保护）导致的贫困。究其本质，次生贫困问题触及的是环境利益的公平分享问题。

  生态环境提供的利益分为两种，即经济利益和环境利益③。依据经济学的分析工具，将是否具有竞争性④和排他性⑤作为划分私人物品和公共物品的标准。同时具有竞争性和排他性的物品被划分为私人物品；还有些物

---

  ① 这儿以及下文中提及"次生贫困问题"一词，均特指本书为了构建环境法应对的贫困问题之"理想模型"而创生的一个概念，并非在一般意义上使用该术语。

  ② 查阅 http://news.artxun.com/yanhua-847-4231814.shtml，访问时间：2010年12月5日。

  ③ 甘泽广：《环境经济学概论》，西北工业大学出版社1987年版，第86页。

  ④ 所谓"竞争性"，是指增加一个消费者，需要减少任何其他消费者对这种产品的消费；而"非竞争性"是指某人对物品的消费并不会影响别人同时消费该物品及其从中获得的效用。参阅 http://baike.baidu.com/view/941853.htm 和 http://baike.baidu.com/view/133487.htm，访问时间：2010年12月5日。

  ⑤ 所谓"排他性"，是指产品一旦生产出来，付费才可以使用；而"非排他性"，是指某人在消费一种物品时，不能排除其他人消费这一物品（不论他们是否付费），或者排除的成本很高。参阅 http://baike.baidu.com/view/941853.htm 和 http://baike.baidu.com/view/133487.htm，访问时间：2010年12月5日。

品却完全相反,既不具备竞争性,又不具备排他性,这类物品被称为"纯公共物品"。生态环境提供的经济利益有明确的权属,就是一种私人物品。而生态环境提供的环境利益一直被视为公共物品,作为一种公共利益并以此指导环境法的制度设计。不少学者也坚持这一观点,例如世界银行的专家托马斯就认为"环境利益既没有竞争性,也没有排他性,这些利益的享受者是国家和全球"[①]。这一"环境公益论"将不同利益群体的环境利益整合在一起,将自然环境作为参照物,对比强调人类利益的整体性和不可分割性。权利与义务具有一致性,那么在此"环境公益论"的指导下,环境保护责任的承担者也是不加区分的国家和全球。然而,从全球现实出发,我们看到的却是:发达国家是富裕和资源利益的享用者,而不发达国家却是贫困和生态恶化的承担者。理论和现实之间的矛盾不禁令我们怀疑:环境公益真的存在吗?环境利益是一种"纯公共物品"吗?比如,清洁的空气,它无疑不具有排他性,因为排除他人享受清洁空气的环境惠益几乎不可能实现,但是它仍具备竞争性,因为排污行为会引起空气质量的退化从而必然减少其他人享受此惠益的机会。也就是说,环境利益并非纯公共物品。而这一极端的"环境公益论"因为掩盖环境利益公平分享和环境义务合理承担的正义要求,将导致次生贫困问题的产生。

就我国的现实情况而言,区域和城乡环境利益的分享不公、流域环境效益分享不公以及环境保护激励机制和环境破坏的惩罚机制的欠缺是次生贫困问题产生的主要原因。以我国西部地区为例。西部地区一直为东部地区以及东南沿海经济开发区的经济发展无偿提供各种能源和自然资源,同时又是我国江河的源头,是生态脆弱和敏感区域。无论是过去还是现在,西部地区都为东部地区的建设付出了破坏生态环境的代价。然而,因为缺乏相应的环境利益分享制度以及补偿机制,西部不少地区的人民因为生态环境恶化而沦为"生态难民"。例如,阿拉善是内蒙古最西部的一个盟,曾经是一个水草丰美的地方,传统产业是畜牧业。现在的阿拉善,据当地林业局范局长介绍:"全盟以天然放牧为生的牧民有5万人,近年来,部分牧

---

① 【美】托马斯:《增长的质量》,《增长的质量》翻译组译,中国财政经济出版社2001年版,第93页。

民因草场退化沙化失去了赖以生存的草场,还有一些牧民因生产、生活条件太差没有发展前途,被迫搬迁到孪井滩扬水灌区等条件稍好的地区从事农业生产。另有部分牧民即将失去牧业家园。根据盟行署一项计划,今后每年搬迁5000人以解决这些牧民的生活出路。"①

面对人类日益严重的环境问题,经济发展应与环境保护相协调是我们必须坚持的基本原则。同时需要指出的是,我们也绝不能因为环境保护而带来新的贫困。然而,我国目前还现实地存在因环境保护而产生的次生贫困问题。就拿湖北省的神农架为例。2000年3月,神农架林区全面停伐天然林,80多家森工企业被关闭,至此终结了传统的产业格局。为了保护环境,神农架"有树不能伐、有矿不能采、有药不能挖、有兽不能猎"。自从禁伐之后,当地的经济滑坡、② 人民生活水平大大降低、大量原森工企业的工人下岗,生活困难。

---

① 资料来自"维客:阿拉善",查阅 http://news.artxun.com/yanhua-847-4231814.shtml,访问时间:2010年12月5日。

② 依据湖北省2009年度的经济指标统计数据,在全省的17个地基城市中,神农架林区垫底,即使与排名倒数第二的天门市相比,尚不足天门市的1/7。

第二章 环境法应对贫困问题的正当性

环境法应对环境问题,毋庸置疑;论及"环境法应对贫困问题"似乎颇令人费解。在人类历史发展的长河中,贫困是一个老问题,环境恶化是一个新问题。这两个似乎互不相关的社会问题却由于发展议题而紧密相关并交织在一起。发展是人类永恒的话题。环境法是以彻底解决环境问题为己任的新兴法律部门,但是它能否脱离与贫困交织的社会现实而单纯的解决环境问题呢?我们已经听到越来越多这样的声音:"在环境问题与贫困问题交织在一起的今天,主要关心贫困问题的研究者,可能不得不放弃把减贫作为唯一重要目标的思路,把环境问题也一并考虑。主要关心环境问题的研究者,可能也不得不放弃把环境作为唯一重要目标的想法,不能不估计其中的贫困问题。"① 鉴于此,本章主要从理论层面证成环境法应对贫困问题的合理性。

第一节 文明演进中利益衡平的法律控制

从过去看,法律是文明的产物;从现在看,法律是维护文明的手段;从将来看,法律是推进文明的手段。②

——庞德

---

① 李小云、左停、靳乐山、【英】约翰·泰勒:《环境与贫困:中国实践与国际经验》,社会科学文献出版社2005年版,前言。
② 转引自沈宗灵:《现代西方法理学》,北京大学出版社1992年版,第288页。

一、工业文明危机下利益的法律表达：环境法的附魅①

> 社会与法律的起源就是如此，也可以说应当就是如此……把所有权和不平等的法律永远规定下来，使一种狡猾的霸占成为一种无可挽回的权利，并且为了某些野心家的利益，使全人类从此以后承受着劳苦、奴役和贫困。②
>
> ——卢梭

（一）福祉还是苦难：工业文明之反思

工业文明指的是"近代以来，以机械化、电气化、自动化为标志的工业生产所带来的人类文明"③，它是人类社会文明发展的历史长河中一个十分重要的阶段。工业文明以18世纪80年代英国的第一次工业革命为开端，"从那时起，世界不再是以前的世界了，第一次工业革命宣告了工业文明时代的到来……从此，西方从农业文明时代进入一个崭新的工业文明时代"。④ 工业革命所建立起的工业文明成为了延续几千年的传统农业文明的终结者，"人们可以找到许多成功和希望的迹象：婴儿死亡率在下降，人均寿命在提高，有文化的成人的比例在上升，入学儿童比例在提高，全球粮食生产增长的速度超过了人口增长的速度"。⑤ 短短的三百多年，工业文明创造出了辉煌灿烂的物质文明。

然而，工业文明带来的繁荣却没有普惠社会的每一个阶层。恩格斯在1845年完成的《英国工人阶级状况》一文中就反映了这一现实："工人住宅……住得拥挤不堪，在大多数场合下是一间屋子至少住一家人。至于屋

---

① 在远古科技不发达的时代，人们主张"万物有灵"，有学者将之称为"附魅"阶段。然而，本书并非在此意义上使用这一词语。对于该词在本书中的意义，下文中会有说明。
② 【法】卢梭：《论人类不平等的起源和基础》，吴绪译，商务印书馆1982年版，第128页。
③ 姬振海：《生态文明论》，人民出版社2007年版，第17页。
④ 甄修钰：《西方文明进程》，内蒙古大学出版社2003年版，第179页。
⑤ 世界环境与发展委员会：《我们共同的未来》，王之佳、柯金良等译，吉林人民出版社1997年版，第2—3页。

子里有多少家具,那就随贫穷的程度而有所不同,最穷的连最必需的家具都没有。工人的衣服一般也是很糟糕的,在很多情况下只是一些破衣烂衫。食物一般都很坏,往往是几乎不能入口的,在许多场合下,至少是有时候,在量方面也不足,在最坏的情况下就会饿死人。"① 不仅如此,贫困问题也没有因为经济增长而消失,反而越发严重,"从绝对数字来看,世界上挨饿的人比任何时候都要多,且人数仍在继续增加。同样,文盲的数字、无安全饮用水和安全、像样房屋的人以及没有足够柴火用于做饭和取暖的人的数目也在增加。富国和穷国之间的鸿沟正在扩大,而不是缩小"。②

工业文明早期日新月异的发展使人们笃信科学技术乃驾驭世间万物的力量源泉。在当时人们的眼中,自然资源是"取之不尽,用之不竭"的宝藏,大气、水等是盛装污染的免费"容器"。人们在利用自然资源取得巨大成果的同时,给自然环境带来了无可挽回的破坏,出现了全球性的环境危机。意大利著名作家伊塔洛·卡尔维诺在其1958年出版的小说《烟云》中就生动地描绘了工业文明社会突出的环境问题:"那东西(指的是当时笼罩在整个城市上空的'烟云',即大气污染——笔者注)和云雾差别不大,空气中的潮气遇到冷空气带便开始凝结,凝结的方式不同会产生不同的颜色,呈灰色、蓝色、白色或黑色。那东西说不清是什么颜色,像咖啡的颜色,又像沥青的颜色;更确切地说,那东西一边上呈这种颜色,一会儿中间呈这种颜色,就像有块脏东西不仅把它弄脏,而且同时在改变它的浓度(在这一点上它和其他云层也不一样)。它比重很大,离地面不高,在斑驳陆离的城市上空慢慢飘荡,一会儿吞噬了城市的这一片,一会儿吐出了城市的那一片,在它所经过的地方总会留下一片污浊的痕迹。"③

---

① 【德】弗·恩格斯:《英国工人阶级状况》,载中共中央马克思恩格斯列宁斯大林著作编译局编译:《马克思恩格斯全集》(第二卷),人民出版社2005年版,第357页。

② 世界环境与发展委员会:《我们共同的未来》,王之佳、柯金良等译,吉林人民出版社1997年版,第3页。

③ 【意大利】伊塔洛·卡尔维诺:《卡尔维诺文集》,吕同六等主编,译林出版社2003年版,第163页。

总而言之，工业文明在带来巨大的经济繁荣的同时也为我们呈现这样一片图景：越来越多的人贫困化，与此同时环境的恶化也在不断加剧。

（二）多元利益冲突：不同层级群体迥异的环境想象

在环境危机日趋严重的今天，人类面临一个共同的前景：如果不保护我们的家园——地球，将无一人能够侥幸生存。即便如此，一个埃塞俄比亚的穷人和一个美国的中产阶级白人也不可能拥有一样或类似的环境想象。当前者正在为明天的早餐而焦虑的时候，后者关注的却是荒野的野花明天是否会再度盛开。穷人与中产者之间迥异的环境想象反映的是不同的利益诉求。

法学家庞德在其著作《通过法律的社会控制》一书中将"利益"[①]划分为三类，即个人利益、公共利益和社会利益。具体而言，"有些是直接包含在个人生活中并以这种生活的名义而提出的各种要求、需要或愿望。这些利益可以称为个人利益"；公共利益是"包含在一个政治组织社会生活中并基于这一组织的地位而提出的各种要求、需要或愿望"；而社会利益是"包含在文明社会的社会生活中并基于这种生活的地位而提出的各种要求、需要或愿望"。[②] 利益之间的冲突与平衡是无法避免的客观事实，正如庞德所言："这里，我们也不断地遇到各式各样的重叠和冲突，而且必须加以调整。"[③] 那么，利益调整的标准或尺度如何确定就非常关键。依据庞德的观点，调整的标准与特定价值尺度有关。

求生的利益是身陷原生贫困问题的人们所追求的生存权（益）。英国法学家哈特（H. L. A. Hart）就曾经断言："人类任何行为的最终目标在于继续生存。"人只有首先继续生存着，然后才能谈及有尊严且体面的生活。也就是说，"在人的所有欲望中，生存的欲望具有优先地位"。[④] 对于身处生

[①] 庞德所指的"利益"是作为法学家所使用的作为权利要求的利益，而非经济学家所使用的作为有利的利益。

[②] 【美】罗斯科·庞德：《通过法律的社会控制》，沈宗灵、董世宗译，商务印书馆1984年版，第37页。

[③] 【美】罗斯科·庞德：《通过法律的社会控制》，沈宗灵、董世宗译，商务印书馆1984年版，第41页。

[④] 徐显明：《生存权论》，载《中国社会科学》1992年第5期。

存和权利边缘的人们而言,"大象是一堆肉,鲸鱼是一只油桶,雨林是射杀猴子和用火清除丛林后种植木薯的地方"。① 从生存是人的第一诉求的角度而言,生存利益与良好的环境利益之间不应存在冲突。依照庞德的分类,个人对生存利益的需求系属于个人利益。然而,随着工业文明的发展,污染导致的疾病已经威胁甚至剥夺人类的生存,我们面对的不仅仅是生态环境危机,更是一场深刻的生存危机。出于生存的贫困而致使热带雨林的摧毁,而由此引发的生态环境破坏又导致进一步的贫困,同时也给其他人的生存环境造成不利影响。从原生贫困问题展现的贫困与环境恶化之间的恶性循环的视角而言,生存利益与良好的环境利益之间又存在矛盾与冲突。通过本书第一章的论证可知,贫困的根源在于权利的剥夺和权力视角下的权利不公,因而身陷原生贫困问题之中的个体的生存利益需求就不仅仅是一种个人利益,同时也属于一种个人生活中的社会利益,"个人生活中的社会利益,即以文明社会中社会生活的名义提出的使每个人的自由都能获得保障的主张或要求,这种要求使他获得了政治、社会和经济各方面的机会,并使他在社会中至少能过一个合理地最低限度的人类生活"。② 庞德尤为强调个人生活中的社会利益的重要性。因此,环境法也必须建立在最低生存利益需求得以保障的基础之上。

次生贫困问题所展现出的环境保护与个体的生存或发展利益之间的冲突,其本质体现却是环境资源的配置以及环境权利义务安排的失衡。我们倡导人与自然的和谐,但是贫困与优美的生态无论怎么看都不和谐;我们呼吁环境保护优先,但是一部分人用贫困守护自然而另一部分人却用金钱消耗自然绝非环境保护的初衷和目的。正如庞德在其著作《通过法律的社会控制》中谈及利益冲突时所说的:"这里,我们也不断地遇到各式各样的重叠和冲突,而且必须加以调整。我们完全可以这样说,必须将这一范畴中的每个项目和许多别的项目摆在一起来加以估量,而并不能容许其中任

---

① 【美】彼得·休伯:《硬绿——从环境主义者手中拯救环境》,戴星翼、徐立青译,上海译文出版社2002年版,第12页。

② 【美】罗斯科·庞德:《通过法律的社会控制》,沈宗灵、董世宗译,商务印书馆1984年版,第41页。

何一个项目达到最充分的程度，不然就会损及整个范畴。"① 强调生存和发展利益的价值并非否认环境保护的重要性和紧迫性，而是意在说明环境保护无论如何不能造成新的贫困的产生。

（三）环境法的附魅：强势群体的环境观

"魅"为何意？南朝宋文学家鲍照的《芜城赋》云："木魅山鬼，野鼠城狐，风嗥雨啸，昏见晨趋。""魅"形声，本意为"迷信传说中的精怪"。"附"意指"沾着、附着"。由此，"附魅"是指在原物上附着一层神秘的东西，令人迷失其本真的模样。而"环境法的附魅"，意指在环境法作为一个法律部门原有的价值追求和目的之上附着某种环境观念的建构。

环境法可以说是环境问题的法学表达，自建立之时起就以彻底解决环境问题为己任。美国著名的环境社会学家汉尼根曾提出这样发人深思的询问："为什么一些环境问题早就存在，但是只是到了特定时候才引起广泛注意？为什么有些环境问题引起了广泛注意，而有些环境问题却是默默无闻？"② 追溯始源，我们发现环境问题的提出并非自身的物化，而是人为的建构，主要来自社会精英们的体认。卡逊的《寂静的春天》和 B. 沃德和 R. 杜博斯的《只有一个地球：对一个小小行星的关怀和维护》将生态环境危机存在的现实推到了我们面前，引起了社会对环境问题的关注。自从工业革命以来，人类对环境影响的总强度已经超出地球表面许多大面积地区的恢复功能，导致了不仅是局部而且是区域性的不可逆转的变化。③ 在此背景下，环境法的建立就"先天的"带着一定程度的应急性。生态环境的退化对于社会分层体系的不同阶层的影响程度各不相同。穷人是社会分层体系中的弱势群体，他们是环境问题的直面者，但是他们却被排除在社会主流话语体系之外。相对而言，社会强势群体拥有资源控制权，"这些权利

---

① 【美】罗斯科·庞德：《通过法律的社会控制》，沈宗灵、董世宗译，商务印书馆 1984 年版，第 41 期。
② 洪大用：《社会变迁与环境问题》，首都师范大学出版社 2001 年版，第 47 页。
③ 汪劲：《环境法律的理念与价值追求——环境立法目的论》，法律出版社 2000 年版，第 13 页。

集团才是人类真正侵害自然之原本价值的力量和危险性的根源"。① 然而，强势群体却能够轻而易举地将环境问题的"负外部性"转嫁到弱势群体身上，推行自己的环境观并依照自己的分配规则决定穷人的利益获取。强势群体的环境观就是环境法的附魅。强势群体的环境观并非全然不合理，强势群体的环境观往往从维护自身利益出发，在权利义务分配上没有对穷人等弱势群体的生存与发展给予关照，而这种严重失衡将最终转变为人与自然关系的失衡。

泛化的可持续发展观模糊了环境法的焦点。环境法作为年轻的部门法，从产生之初就急于寻找不同于其他部门法的理论基础以证明自身独特的价值。而可持续发展观就成为其期望突破的理论源头。20世纪80年代中期，欧洲一些发达国家最早提出了"可持续发展"的概念，但是其定义却形形色色。直至1987年世界环境与发展委员会在《我们共同的未来》的报告中将该定义规范下来，即"可持续发展指既满足当代人的需求，又不对后代人满足其需求的能力构成危害的发展。它包括两个重要的概念：'需要'的概念，尤其是世界上贫困人民的基本需要，应将此放在特别优先的地位来考虑；'限制'的概念，技术状况和社会组织对环境满足眼前和将来需要的能力施加的限制"。② 提倡代际公平、关注未来人的生存权利是可持续发展观的一大创举。然而，可持续发展并不等同于代际公平，当我们将注意力引向代际之间的利益协调的时候，就掩盖了代内矛盾及其重要性。事实上，阻碍可持续发展的障碍就在于当代人之间的关系失衡。另外，"后代人的需求"如何确定？不同状况的主体的环境要求相差甚远，"后代人"究竟是穷人，还是富人呢，他们的环境要求是什么样的呢？"我们与前辈的平等，历史已经告诉了我们；我们现在讨论与后辈的平等，但后辈缺席；让未来告诉我们吧，但我们缺席。"③ 放眼当代，全球尚有30亿人的日生活费不足2美元，即全球一半人口还在生存边缘挣扎，而20%的人口却消费全球

---

① 汪劲：《环境法律的理念与价值追求——环境立法目的论》，法律出版社2000年版，第27页。

② 世界环境与发展委员会：《我们共同的未来》，王之佳、柯金良等译，吉林人民出版社1997年版，第52页。

③ 秦益成：《该怎样谈论"环境问题"》，载《哲学研究》2001年第6期。

80%的资源。面对这样的现实，我们空泛地谈论未来人的需求岂不是奢谈，只会令我们迷失环境法的实际意义和价值。

可持续发展是社会发展的一种理想模式，对社会、经济、环境等各个领域都有指导意义。而在环境保护的领域内，可持续发展是来自两个不同群体声音的杂糅。国际著名环境伦理学家霍尔姆斯·罗尔斯顿（Holmes Rolston）就曾明确指出："可持续发展的思想，被证明是非常有弹性的，不同的人依据持续的是什么，如利润、增长、国内生产总值（GDP）、或森林、土壤、或食物生产，或人类福利，或社会繁荣，或未来世代人的机会等方面，可以对可持续发展作出伸展性的解释。"① 由于穷人所属的弱势群体与强势群体不同的环境想象，前者注重的是"可持续发展"中的发展；而后者强调的是持续性。强势群体往往依照其对于持续性的需求主导政策法律的制度设置。由此，从这一角度看，"对于环境保护来说，'可持续发展'（指的是不同群体所持的"发展"与"持续性"的斗争与妥协的产物，而非作为社会发展理想模型意义上的'可持续发展'——笔者注），并不是一个最理想的理念导向"。②

二、通往生态文明的法律理性：环境法的祛魅

现时的环境危机已如此之严重，以致我认为我们的文明本身必须被视为患了某种机能失调症。③

——阿尔·戈尔

（一）生态文明：化解环境危机的药方

虽然环境问题早已产生，但是它伴随着"烟是繁荣的象征"的工业文

---

① 叶平：《关于环境伦理学的一些问题——访问霍尔姆斯·罗尔斯顿教授》，载《哲学动态》1999年第9期。

② 杨通进：《国际著名环境伦理学家罗尔斯顿来华讲学》，载《中国社会科学院应用伦理研究中心通讯》1998年第2期。转引自曾建平：《环境正义——发展中国家环境伦理问题探究》，山东人民出版社2007年版，第65页。

③ 【美】阿尔·戈尔：《濒临失衡的地球——生态与人类精神》，陈嘉映等译，中央编译出版社1997年版，第198页。

明主流思想而演变成一场深刻的社会危机，引起人类的恐慌和重视。如果说过去 50 多年环境保护的历史和生态环境持续恶化的现实给人类提供了什么教训的话，那么，这就是：环境危机是工业文明的结构性特征①。18 世纪第一次产业革命之后，随着人类征服自然能力的飞跃性进步以及科学技术日新月异的发展，占主导地位的是机械论自然观。弗·卡普拉（Capra, F.）曾指出："笛卡儿认为物质世界仅是一部机器。自然界根据力学原则而运动，物质世界中的一切现象均可以根据其组成部分的排列和运动加以解释。"② 可见，工业文明自身无法指引人类走出环境危机的困境。环境危机折射出现代文明发展的困境。我们需要一种更高级的文明来指导摆脱环境危机的胁迫，实现可持续发展的理想愿景。生态文明的提出为我们愿望的实现带来了曙光。

生态文明是一种新型的文明模式，正如环保部潘岳副部长总结的："如果说农业文明是'黄色文明'，工业文明是'黑色文明'，那么生态文明就是'绿色文明'。生态文明是延续人类生存的新文明。"③ 关于生态文明的定义，目前主要依从两种不同的维度进行界定，有的学者从文明发展历史演进的视角，认为生态文明是继农业文明、工业文明之后的一种新型的文明形态，还有部分学者依据文明的构成成分，将生态文明界定为与物质文明、精神文明以及政治文明并列的一种文明。本书赞同前一部分学者的观点，采用依据文明演进维度作出的如下定义："生态文明是相对于古代文明、工业文明而言的一种新型的文明形态，它是一种物质生产与精神生产都高度发展，自然生态和人文生态和谐统一的更高层次的文明。它以绿色科技和生态生产为重要手段，以人、自然、社会共生共荣的深刻体会作为人类认知决策、行为实践的理论指南，以人对自然的自觉关怀和强烈的道德感、自觉的使命感为其内在约束机制，以合理的生产方式和

---

① 杨通进：《能够拯救人类的上帝——生态文明》，载《生态文化》2007 年第 6 期。

② 【美】弗·卡普拉：《转折点：科学、社会、兴起中的新文化》，冯禹编译，中国人民大学出版社 1998 年版，第 46 页。

③ 潘岳：《生态文明：延续人类生存的新文明》，载《中国新闻周刊》2006 年第 37 期。

先进的社会制度作为其坚强有力的物质、制度保障,以自然生态、人文生态的协调共生与同步进化为其理想目标。"①

生态文明是一种新的生存和发展理念,它强调人与自然和人与人(社会)之间的和谐共生。生态文明是我国当下的学术研究的热点问题,文章论著,蔚为大观。然而,许多学者在论及生态文明时的关注点都集中在人与自然的关系上,而忽略了生态文明本身所蕴涵的人与人(社会)的和谐要求。人与自然的关系是人类社会发展的一个基础性关系。随着环境危机的出现,人们将环境危机的本质归结为人与自然的矛盾与冲突,人们才开始对人与自然的关系尤为敏感。然而事实上,人与自然的矛盾是环境危机的典型表征,但环境危机绝非单纯的人与自然的冲突问题,它更涉及经济、社会、政治、文化等领域中的人与人、人与社会的关系问题。人与自然之间的矛盾冲突从本质上说是人与人(社会)矛盾在自然领域的反射。弗·卡普拉在其著作《转折点:科学、社会、兴起中的新文化》中对此进行了明确说明:"我们发现我们自己处于一场深刻的、世界范围的危机状态之中。这是一场复杂的、多方面的危机。这场危机触及我们生活的每一个方面——健康与生计,环境质量与社会关系,经济与技术及政治。这是一场发生在智力、道德和精神诸方面的危机,其规模和急迫性在人类历史上是空前的。我们第一次不得不面临着人类和地球上所有生命都可能灭绝这样一场确确实实的威胁。"② 因此,生态文明并非单方面地强调自然的权利以及人与自然的和谐关系类型,而是在"自然—人—社会"的整体价值观的指导之下最大限度地实现人与自然和人与人(社会)的和谐共生。

那么,生态文明是否仅仅关注环境问题的解决呢?显然不是。首先,如果不打破原生贫困问题与环境问题的恶性循环,无论是环境问题还是贫困问题都无法得到真正的解决,生态文明也就无法实现。可见,生态文明不仅不能忽视贫困问题,而且应该将解决贫困问题作为优先目标。因此,结合环境问题的治理而言,"在生态文明时代,人类将把消除全球贫困纳入

---

① 张旭平:《"生态文明"概念辨析》,载《系统辩证学报》2001年第4期。
② 【美】弗·卡普拉:《转折点:科学、社会、兴起中的新文化》,冯禹编译,中国人民大学出版社1998年版,第131页。

全球环境治理的议程，力图尽快斩断贫困与环境破坏之恶性循环"。① 其次，生态文明的社会不仅意味着是一个人与自然和谐共处的社会，而且还是一个更加公正与平等的社会。一个有利于社会个体的基本需求和基本权利最大程度实现的制度文明是生态文明的题中应有之义。由此可知，在生态文明时代，不允许为了环境保护而放任新的贫困问题的产生。应该通过合理安排环境权利义务的法律制度杜绝次生贫困问题的发生。

（二）环境法的祛魅：回归现实的利益衡平

"祛魅"（Disenchantment）一词源自马克斯·韦伯所说的"世界的祛魅"（也译为"除魅"，the disenchantment of the world）。现代社会的人们再也不像野蛮人那样相信神秘力量的存在了，凡事不再祈求神灵，而是依赖技术和计算，这意味着理智化，韦伯将这一过程称为"除魅"。② 引申之，"祛魅"指的是曾经一贯信奉的或被追捧的人或物或事或感情或文化或定论，受到新的认识后地位下降。本书使用"祛魅"一词与前文使用的"附魅"一词相对应，意指剥去附着于环境法之上的片面的环境观而回归其法律理性。利益衡平是法律控制社会的正当性基础与实践理性，是有效实施法律的基础性条件。③ 在通往生态文明的时代，环境法应从环境利益的视角切入，通过对与环境问题有关的冲突利益的协调实现对社会的控制。

依照社会分层体系观点，任何一个社会中总是存在价值、利益取向不完全相同的社会阶层。为了获取社会资源，不同利益主体展开持续的博弈。由于能力与机会的不均等，一部分强势群体能够顺利实现其价值，并将其利益合法化；而另一部分弱势群体的利益被忽视和否定。就环境利益的获取和使用而言，环境利益并非自然可获得的。不同阶层的利益群体能够得到的环境利益截然不同。在强势群体看来"无偿接收来自环境、大气、水

---

① 杨通进：《从生态文明的基本理念看中国传统文化的现代价值》，载《环境教育》2009年第5期。

② 转引自董彦斌：《略述法律和私法的"除魅"——沿着韦伯的思路》，载《中外法学》2002年第3期。

③ 马可：《文明演进中利益衡平的法律控制——兼论通向生态文明的法律理性》，载《重庆大学学报》（社会科学版）2010年第4期。

等环境,如果没有法律规定,把污染的大气、水排放到环境中,这是理所当然的事"。① 放眼全球,发达国家是资源利用的享用者,同时也是地球生态环境的主要破坏者。就环境不利结果的分担来看,包括穷人在内的弱势群体是环境恶化的最先受害者,然而他们却没有强势群体那样对人类选择的影响力。面对日益恶化的生态环境,强势群体以"环境公益"的借口,掩盖不同主体的利益差异性以及对抗性,将环境权利与义务主体笼统的归结为"全人类"这一泛化的概念。他们以地球卫道士的姿态禁止穷人为维持生存的利用自然的行为,实质上是为了保障其现有消费的持续性。过分强调环境利益的公益性以及泛化的可持续发展观都是强势群体推行的环境观。正如日本学者山村恒年所指出的:"环境问题与人类的精神态度问题一样,都是人类自己规制的问题,进而也是起因于社会构造的问题。"②

　　控制自然与控制人之间有不可分割的联系。③ 人与自然之间关系的扭曲是人与人关系扭曲的折射。环境法唯有回归现实的利益衡平,通过相应的制度安排实现生态文明下的人与自然以及人与人之间的和谐共生。"如此,个体与个体之间的欲望和要求会在一定程度上得以缓和,直至达到某种程度的平衡;然后,个体的自我扩张本性得到适当的控制。在人域范围内先达到合理程度的协调,才有可能使人类的力量加以完善和发展,进而越出人域,协调人际关系,维持并发展人际同构的生态文明"。④ "硬绿

---

① 汪劲:《环境法律的理念与价值追求——环境立法目的论》,法律出版社2000年版,第9页。
② 转引自洪大用:《社会变迁与环境问题》,首都师范大学出版社2001年版,第12页。
③ 【加拿大】威廉·莱斯:《自然的控制》,重庆出版社1993年版,第6页。
④ 马可:《文明演进中利益衡平的法律控制——兼论通向生态文明的法律理性》,载《重庆大学学报》(社会科学版)2010年第4期。

派"① 代表人物彼得·休伯呼吁人们"首先帮助邻居，然后保护自然"。②而在生态文明构建的今天，环境法的主张应为在保护自然的同时也必须保有对穷人基本需求和基本权利的关怀。

第二节 多元利益协调的"正义方舟"

  由于偷吃禁果，亚当夏娃被逐出伊甸园。亚当活了930岁，他和夏娃的子女无数，他们的后代子孙传宗接代，越来越多，逐渐遍布整个大地。此后，该隐诛弟，揭开了人类互相残杀的序幕。人类打着原罪的烙印，上帝诅咒了土地，人们不得不付出艰辛的劳动才能果腹，因此怨恨与恶念日增。人们无休止地互相厮杀、争斗、掠夺，人世间的暴力和罪恶简直到了无以复加的地步。上帝看到了，他非常后悔造了人，对人类犯下的罪孽心里十分忧伤。上帝说："我要将所造的人和走兽并昆虫以及空中的飞鸟都从地上消灭。"但是他又舍不得把他的创造物全部毁掉，他希望新一代的人和动物能够比较听话，悔过自新，建立一个理想的世界。

——诺亚方舟（Noah's Ark）的传说③

一、正义：环境法的价值追求

  正义是什么？它是一个充满迷人魅力，却又令人难以捉摸的字眼。正如著名的法哲学家博登海默所言："正义有着一张普洛透斯的脸（a protean face），变幻无常，随时可呈不同形状，并具有极不相同的面貌。当我们仔

---

  ① 硬绿派是美国保守主义的环境保护派别。硬绿派认为，唯一的稀缺，也是真正的稀缺，是绿色的稀缺，是那些未被染指的森林、荒野、湿地的稀缺。除此之外，和人类活动有关的所有环境问题都可以交给市场，由市场来解决粮食、能源、土地的稀缺。
  ② 【美】彼得·休伯：《硬绿——从环境主义者手中拯救环境》，戴星翼、徐立青译，上海译文出版社2002年版，第102页。
  ③ 诺亚方舟（Noah's Ark）是出自圣经《创世纪》中的一个传说。查阅www.//baike.baidu.com/view/7765，访问时间：2010年12月21日。

细查看这张脸并试图解开隐藏其表面背后的秘密时,我们往往会深感迷惑。"[1] 古往今来众多一流学者都一直在试图揭开正义神秘的面纱。

早在《荷马史诗》和赫西俄德的著作中就已经出现了正义观念,它涉及一个人对其他人行为的几乎所有方面,是人们心中的一种强有力的信念。苏格拉底之前的古希腊哲学家们对正义观念有诸多讨论,但并没有形成系统的理论。在西方思想史上第一个系统阐述正义理论的思想家是柏拉图,其正义理论集中论述在《理想国》中。柏拉图并没有对正义本身下定义,而是分别论述了个人正义和国家正义。他将个人正义建立在理性的基础之上,认为"当理性在灵魂中处于主导地位,激情辅助理性控制欲望,欲望能够节制时,就实现了正义"。[2] 而在谈及国家正义时,柏拉图带有明显的等级观念,认为"正义的国家是国家中的三部分各司其职而不相互干扰的国家,也就是统治者乐于统治、辅助者辅助统治者进行统治、被统治者安于被统治的国家"。[3] 亚里士多德的贡献在于将平等观念引入对正义的理解中,并且进一步提出了分配正义和矫正正义。在亚里士多德看来,正义主要用于对人的行为的衡量,平等是正义的主要内容。英国哲学家和社会学家斯宾塞和德国哲学家伊曼努尔·康德并不赞同亚里士多德的观点,认为正义的最高价值并非平等,而是自由。马克思和恩格斯是从现实的人和现实的社会关系出发思考正义,认为正义从本质上是一定生产关系基础上的上层建筑的法权体现。他们的正义理论既重视自由又重视平等。20世纪后期至今比较有影响力的正义理论是罗尔斯的正义学说,他试图对各种不同的甚至是相互冲突的正义理论进行整合。罗尔斯将正义的对象明确为社会的基本结构,具体指的是用来分配公民的基本权利和义务、划分由社会合作产生的利益和负担的法律和制度。他认为:"在某些制度中,当对基本权利和义务的分配没有在个人之间作出任何任意的区分时,当规范使各种对

---

[1] 【美】E. 博登海默:《法理学——法律哲学与法律方法》,中国政法大学出版社1999年版,第252页。

[2] Plato. The Republic. 442D.

[3] Plato. The Republic. 441D. 434C.

社会生活利益的冲突要求之间有以恰当的平衡时，这些制度就是正义的。"① 依据马克思和恩格斯的观点，经济基础决定上层建筑，法律根源于客观的物质社会关系，同样将法律（权利）建立在利益之上。

随着正义理论的发展，正义的概念不再是各种不同的正义观，而是衡量法律及社会制度的价值标准。因而可以说，正义就是法律的根本价值追求。法律权利和法律义务是法律协调利益冲突的基本手段。权利是法学的一个基本概念，它以利益为基础。德国法学家耶林说："主观权利的真正实质是存在于主体的利益、利益的实际效用和享受上，法的存在不是为实现抽象的法律意志的观念；相反的是用以保障生活的利益，用以援助生活的需要并实现生活的目的而服务的。"② 需要指出的是，权利以利益为基础，却并不等同于利益。正如法理学家张文显所指出的："权利只是利益的表现与获取利益的手段，而不是利益本身。把权利同利益等同，必将造成享有法律权利就等同于获得实际利益的错觉……另外，并非所有的利益都是权利。"③ 有权利必有义务。利益就其本性说是盲目的、无止境的、片面的。一句话，它具有不法的本能。④ 如果只有权利宣示对利益的获取和享有而没有相应的制约，那么法律就没有存在的价值。人类社会是由具有任意行为倾向的人、出于某些共同需要而结成的各种社会关系组成的具有原控、反控结构的互控系统；法律是文明社会的互控手段、工具。⑤ 正义就是在多元社会中法律据以规范社会基本结构、分配基本权利和义务的指导原则，而且此正义系一种公平的正义。其分配结果如果与正义相背离，那么该法律从理论上说就必须加以改造或矫正。

环境法是应对现代环境问题而新兴的法律部门，虽然具有跨部门、跨

---

① 【美】约翰·罗尔斯：《正义论》，何怀宏、何包钢、廖申白译，中国社会科学出版社1988年版，第5页。

② 【法】莱翁·狄骥：《宪法论》（第一卷），商务印书馆1959年版，第200页。转引自董保华等：《社会法原论》，中国政法大学出版社2001年版，第162页。

③ 张文显：《法哲学范畴研究》，中国政法大学出版社2001年版，第307页。

④ 中共中央马克思恩格斯列宁斯大林著作编译局编译：《马克思恩格斯全集》（第一卷），人民出版社1956年版，第171页。

⑤ 张恒山：《义务先定论》，山东人民出版社1999年版，第33页。

学科的特点，但是环境利益的分析与平衡以及环境权利义务的分配仍旧是其切入点和基本手段。因此，正义是环境法的价值追求。部分人用贫困守护我们的地球，以及为最基本的生存需求而陷入贫困与环境退化的恶性循环，这样的权利义务配置方法无论如何也不是正义的。而伴随着20世纪80年代以来环境保护运动的开展以及深层次发展，由环境问题引发出人们对于正义价值更广泛的思考，环境正义作为一个专门性问题被提了出来。何谓环境正义？美国环境保护署将之定义为："经由环境法令、计划及政策，以确保不同种族、文化及收入之人类均能获得公平之待遇。"[1] 美国联邦政府环保厅（EPA）更加具体地指出："在环境法律、法规、政策的制定、遵守和执行等方面，全体人民，不论其种族、民族、收入、原始国籍和教育程度，应得到公平对待并卓有成效的参与。"[2] 日本学者户田清认为："所谓'环境正义'（environmental justice）的思想是指在减少整个人类生活环境负荷的同时，在环境利益（享受环境资源）以及环境破坏的负担（受害）上贯彻'公平原则'（equity principle），以此同时达到环境保护和社会公正这一目的"。[3] 正义有一张"普洛透斯的脸"，而人们对"环境"的理解也各式各样。可见，对"环境正义"的理解众多学者也是莫衷一是。似乎只有一个核心内涵被普遍接受，即环境利益与负担的公平分配[4]。虽然环境正义并不直接着眼于"社会基本结构和制度"，但它与社会正义之间存在深层相关性，均关注强势群体与弱势群体的权利义务不对等问题。可见，环境正义的本质就是一种社会正义。所谓的环境正义，并非是"对环境的正义"（justice to the environment），而是指环境利益或负担在人群中的分配正义。[5]

---

[1] Bryant, Bunyan. Environmental Justice: Issues, Policies, and Solutions. Washington, D. C. 1995: 15 – 17.

[2] 李奕、韩广、邹甜：《浅议美国的环境公正》，载《中国环境管理》2004年第9期。

[3] Robyn Eckersley, Environmentalism and Political Theory: Toward an Eccentric Approach. Albany: State University New York Press. 1992: 57.

[4] Klaus Bosselmann and Benjamin J. Richardson, Environmental Justice and Market Mechanism, Kluwer Law Iiternational, p. 9.

[5] Andrew Dobbon, Justice and the Environmnt, Oxforl University Press, 1998, p. 20.

二、环境法之实质正义:"给每人其所应得"

法之正义有形式正义和实质正义之分①。依据罗尔斯的观点②,"制度确定的正确规范被一贯地坚持,并由当局恰当地给予解释。这种对法律和制度的公正一致的管理,不管它们的实质性原则是什么,我们可以把它们称之为形式的正义"。③ 而实质正义,也就是罗尔斯所说的制度正义,是指"所有的社会基本价值(或者说基本善)——自由和机会,收入和财富,自尊的基础——都要平等的分配,除非对其中一种或所有价值的一种或所有价值的一种不平等分配合乎每一个人的利益"。④ 法律的形式正义就意味着这样一种正义,即法律须平等地适用于每个人,人们能够通过法律的规定预见自己行为的法律后果,同等情况同等处理。也就是说法律应该不分轩轾地适用于一切人。当然,这种正义也并非意味着无视任何个体的差异。例如,同样是杀人犯,但是在刑法上却将之区分为成年人和未成年人,对于未成年人可以相应地减轻处罚。可见,形式正义体现的是一种依照法律规定分门别类后的平等对待,"形式的正义就意味着它要求:法律和制度方面的管理平等地(以同样的方式)适用于那些属于它们规定阶层的人们"。⑤ 而之所以称这样一种正义为"形式正义"是因为它没能进一步告诉我们,应该如何进行分类以及如何对待。仅就公平的观点来看,我们无法

---

① 从不同的角度和层面理解,存在不同的正义理解。就形式正义而言,布鲁塞尔自由大学法律哲学中心主任佩雷尔曼(Perelman)就将之理解为"对每个人同样地对待";戈尔丁(M. P. Golding)将之定义为程序正义,尤其是诉讼正义。本书采用的是罗尔斯的实质正义和形式正义的定义。
② 罗尔斯在其著作《正义论》的关于正义的原则部分的论述中将正义区分为制度和形式的正义。
③ 【美】约翰·罗尔斯:《正义论》,何怀宏、何包钢、廖申白译,中国社会科学出版社1988年版,第58页。
④ 何怀宏:《公平的正义——解读罗尔斯〈正义论〉》,山东人民出版社2002年版,第11页。
⑤ 【美】约翰·罗尔斯:《正义论》,何怀宏、何包钢、廖申白译,中国社会科学出版社1988年版,第58页。

知道是否,或在何种基础之上,我们应该重视或忽视性别、种族、出生地、身体禀赋或精神境界、财富、影响力等的差异。① 事实上,人都不是天生平等的,尤其是在财富的占有方面。弗里德曼就曾指出:"即使法律仅仅让人们保有他们所有,法律仍然有利于所有者。如果我们分析某个法律体系,我们不难在法律外衣的折层间窥见其隐含的社会经济体系。"② 可见,有时,法律即使被非常公正地实施了,仍然会出现不正义。这是因为"它本身,若用衡量法律规定中实质正义的价值系统来判断却不公正"。③ 因此,强调平等对待的形式正义并不足以保证实质的正义,就法律的内容而言,实质正义是其永恒追求。仅仅宣称"法律的目标在于正义"并不能取代价值系统,因为没有它们,实质上的不公平就会假正义之名以骇人听闻的形式出现。④

简单而言,实质正义的内容源自人们现实的需求。"我们心中的这种对正义的要求,不是天生具有的,不是直接来自自然的赋予。正义,是来自于后天的要求,是一种生活于社会中的人的社会性要求。如果没有人们在社会中的相互交往以及在相互交往的基础上的摩擦、碰撞,人们就不可能产生正义、不正义的观念。"⑤ 查士丁尼的《民法大全》中由古罗马法学家乌尔比安首创的正义定义是"正义乃是每个人获得其应得的东西的永恒不变的意志",更早的西塞罗将正义定义为"使每个人获得其应得的东西的人类精神意向"。⑥ 历经嬗变,正义的定义始终没有偏离该基本含义,即正义就是给予每个人其所应得。其中,什么是"每个人其所应得"涉及的就是

---

① 【英】丹尼斯·罗伊德:《法律的理念》,张茂柏译,新星出版社2005年版,第95页。

② 【美】劳伦斯·M.弗里德曼:《法律与社会》,吴锡堂、杨满郁译,巨流图书公司印行1999年版,第94—100页。

③ 【英】丹尼斯·罗伊德:《法律的理念》,张茂柏译,新星出版社2005年版,第103页。

④ 【英】丹尼斯·罗伊德:《法律的理念》,张茂柏译,新星出版社2005年版,第106页。

⑤ 张恒山:《法理要论》(第二版),北京大学出版社2006年版,第221页。

⑥ 【美】E.博登海默:《法理学——法律哲学与法律方法》,中国政法大学出版社1999年版,第265页。

实质正义问题。

对于这个问题的回答历来存在争议。亚里士多德从正义这一概念的分配含义来看，它要求按照比例原则把这个世界上的食物公平地分配给社会成员：相等的东西给予相等的人，不相等的东西给予不相等的人。① 罗尔斯却认为正义原则所分配的东西是"基本的善"（primary goods）②，包括自由和机会，收入和财富，自尊的基础。这些"善"不论一个人的合理生活计划是什么，一般都对他有用。③ 也就是说，罗尔斯认为这些"基本的善"是任何人都需要的，法律的作用就是分配这些实现各自利益所必需的"基本善"。同时，罗尔斯在论述其主要关于收入和财富分配的第二个正义分配原则时强调"虽然财富和收入分配无法做到平等，但它必须合乎每个人的利益，同时，权力地位和领导性职务也必须是所有人都能进入的"④ 以及"适合于最少受惠者的最大利益（差别原则）"⑤。北京师范大学哲学系廖申白教授则认为："应得的就是有权利要求得到的，权利一词来源于对或正确，意味着一个人要求得到某件东西是对的、正确的。应得的正义是后来权利、自由、应当、对错等概念最早起源。"⑥

生存需求是每个人最基本的需求，即每个人其所首要"应得"。挣扎着生存的人们是不会非常关心自然的，除非他们非常害怕自然。⑦ 随着环境问题日益威胁我们未来的生存，威胁我们生活的可持续性，生存权益与环境权益在许多方面有着千丝万缕的联系。但事实上，环境权益是不能等同

---

① 【美】E. 博登海默：《法理学——法律哲学与法律方法》，中国政法大学出版社1999年版，第253页。

② 这是依据大陆学者何怀宏的翻译。也有学者作出不同的翻译，例如香港学者石元康将之翻译为"基本物品"。

③ 【美】约翰·罗尔斯：《正义论》，何怀宏、何包钢、廖申白译，中国社会科学出版社1988年版，第62页。

④ 【美】约翰·罗尔斯：《正义论》，何怀宏、何包钢、廖申白译，中国社会科学出版社1988年版，第61页。

⑤ 【美】约翰·罗尔斯：《正义论》，何怀宏、何包钢、廖申白译，中国社会科学出版社1988年版，第61页。

⑥ 廖申白：《西方正义概念：嬗变中的综合》，载《哲学研究》2002年第11期。

⑦ 【美】彼得·休伯：《硬绿——从环境主义者手中拯救环境》，戴星翼、徐立青译，上海译文出版社2002年版，第104页。

于生存权益的。穷人更关心他们今天能从自然资源中得到什么,而不是为了明天而保护自然资源。① 强势群体往往从自身利益出发,以保护人类共同的环境利益的正义之名,一味地指责穷人破坏自然资源的行为并通过法律的安排禁止其诸如砍伐树木之类的行为,哪怕这些行为的出发点仅仅是为了生存。以这样的价值观体系主导建立的环境法从表面上看符合"应对环境问题,保护环境"的目的和价值,却从本质上偏离了作为法律对实质正义的价值追求:给每个人其所应得。面对原生贫困问题的恶性循环,环境法在解决其所带来的环境问题的同时,几乎不可能对其贫困问题视若无睹。在他们缺乏权利以及相应能力自救的时候,环境法应该对其加以拯救,确保最少受益者的利益才符合实质正义的原则要求。

三、环境法之二次正义:对利益及力量失衡的矫正

追求社会财富以及权利、权力、义务和责任的公平分配,是人类自古以来的理想社会形态。然而,"虽然初始状态可能是正义的,并且后来的社会条件有时也可能是正义的,但是个人和团体所达成的众多分散并看来公平的协议所需要的背景条件。巨额的财富和财产可能积聚在极少数人手中,并且这些集中可能会破坏公平的机会平等和政治自由的公平价值等等"。② 由此可见,初始分配的正义无法解决全过程运行中的正义问题。如果我们将初始分配的正义称为"一次正义",那么介入正义之运行并对期间发生的利益及力量的失衡进行矫正的正义,我们称之为"二次正义"。

公平的正义是人类的永恒追求。当然,不仅仅是人类,即使猴子也是不喜欢不公平的。学者 Brosnan 和 De Waal 通过对棕色卷尾猴的交易实验得出结论:"在食物分配和合作规则发展完备的时候,有容忍限度的有机体种类,例如卷尾猴……对报酬分配和社会交换具有情感上的预期,这使得它

---

① 汪劲:《环境法律的理念与价值追求——环境立法目的论》,法律出版社2000年版,第31页。

② 【美】约翰·罗尔斯:《作为公平的正义》,姚大志译,上海三联书店2002年版,第85页。

们不喜欢不公平。"① "分配正义"的概念是亚里士多德最早明确提出的。在亚里士多德看来,"分配性的公正,是按照所说的比例关系对公物的分配,分配正义的规定是面对现实的。它探求的是实际生活中的正义准则,研究人类的行为、品德和政治、经济的关系,使其显示出强烈的现实性色彩。人类社会结成的目的是为了某种福利,而分配公正有关于公民福利,影响着他们的生活"。② 他强调"中庸之道",并指出法律也是适中。在具体执行时,分配标准有两类,即"一类为其数相等,另一类为比值相等。'数量相等'的意义是每个人所得的相同事物在数量和容量上与他人所得者相等;'比值相等'的意义是根据个人的真正价值,按比例分配与之相衡称的事物"。③ 亚里士多德的比例分配原则蕴涵这样一个法理:在权利义务的分配方面并非遵循的是绝对平等原则。对于这一点,亚里士多德也曾深刻地指出:"在任何方面要求一律地按绝对平等观念构成的政治体制,实际上不是良好的政体。"④ 罗尔斯的分配正义理论是建立在社会和经济不平等前提下的,他指出:"我说过社会基本结构是正义的主要问题。如我们所见,这意味着首要的分配问题是基本权利与义务的分配,是社会和经济的不平等以及以此为基础的合法期望的调节。"⑤ 在罗尔斯看来,分配正义首先必须确保"基本的善"的满足及平等地分配。如果我们把"先天有利"看成一种"初始分配",那么罗尔斯的分配正义理论就带有"二次正义"的意义。罗尔斯"把自然才能的分配看作一种共同的资产,一种共享的分配的权益。那些先天有利的人,无论他们是谁,只能在改善那些不利者的状况

---

① Sarahf B, De Waal B. Monkeys Reject Unequal Pay. Nature, 2003, 425 (6955): 299.
② 【古希腊】亚里士多德:《尼各马克伦理学》,苗力田译,中国社会科学出版社1990年版,第204页。
③ 【古希腊】亚里士多德:《尼各马克伦理学》,苗力田译,中国社会科学出版社1990年版,第234页。
④ 【古希腊】亚里士多德:《尼各马克伦理学》,苗力田译,中国社会科学出版社1990年版,第205页。
⑤ 【美】约翰·罗尔斯:《正义论》,何怀宏、何包钢、廖申白译,中国社会科学出版社1988年版,第80页。

的条件下从他们的幸运中得利"。① 他同时认为一种体现平等倾向的补偿原则是实现"二次正义"的途径。他指明:"为了平等地对待所有人,提供真正的同等的机会,社会必须更多地注意那些天赋较低和出生于较不利的社会地位的人们……遵循这一原则,较大的资源可能要花费在智力较差而非较高的人们身上。"②

  传统的有关分配的"一次正义"和"二次正义"的学术讨论主要集中在财富分配领域,而事实上还存在于环境利益的分配过程之中。瑞士环境伦理学家克里斯托弗·斯图博就认为:"公正在环境伦理学中必须起核心作用……所有的环境问题不仅仅涉及同整个人口关系中的自然资源的有限性,而且也涉及对它们的公平分配。"③ 环境法的实质正义要求同一代人在自然资源开发和享受清洁健康的环境方面具有同等的权利。也就是说为了生存和发展需求的满足,地球上生活的每一个人都拥有这样的基本权利:拥有一定的生活资料。分配公正意味着同自然往来的一种尺度,就是要承认每个人都有要求同样多的(使用)不可再生的资源的权利。④ 然而现实却是贫困者受制于制度安排、社会等级以及自然背景的剥夺而在自然资源的获取能力上存在明显的不足。而与此同时,我们却发现占全球人口20%的富裕人群消耗全球80%的主要资源和能源。在大量的分配冲突中,对于社会和生态的公正而言,生存的必需利益和非必需利益的区分是必要的。⑤ 面对资源匮乏以及资源利用上的不平等的初始分配状况,环境法有必要通过倾斜保障贫困群体享受基本资源的权益来实现"二次正义"。除此之外,环境法在环境保护的义务分配上也需要破除绝对平等的观念,鉴于优势群体

---

① 【美】约翰·罗尔斯:《正义论》,何怀宏、何包钢、廖申白译,中国社会科学出版社1988年版,第102页。
② 【美】约翰·罗尔斯:《正义论》,何怀宏、何包钢、廖申白译,中国社会科学出版社1988年版,第96页。
③ 【瑞士】克里斯托弗·斯图博:《环境与发展:一种社会伦理学的考量》,邓安庆译,人民出版社2008年版,第350—351页。
④ 【瑞士】克里斯托弗·斯图博:《环境与发展:一种社会伦理学的考量》,邓安庆译,人民出版社2008年版,第253页。
⑤ 【瑞士】克里斯托弗·斯图博:《环境与发展:一种社会伦理学的考量》,邓安庆译,人民出版社2008年版,第351页。

享有更多的环境利益，并且是环境问题的主要制造者，理应在环境保护方面承担更大的责任。

环境法的"二次正义"还体现在对环境保护的"特别牺牲者"的补偿上，杜绝造成新的贫困。特别牺牲说的倡导者是德国的行政法学家奥托·迈耶（Otto Mayer）。他认为："对特定的、无义务的人课以不应负担的特殊事由，从而造成其财产上或人身上的损害，便意味着其为国家或公益而蒙受了特别牺牲。这一点与国家课以人们一般的负担是不相同的。因此，这种牺牲不应该由他个人来负担，而必须由公众平均负担。"① 以我国"禁伐令"给禁伐区所带来的影响为例。天然林的禁伐无疑降低了森林对林农的生存供给，如果没有相应的补偿机制安排，丧失了这部分收入来源，导致禁伐区林农的返贫率增大。而退耕还林的环保措施也使许多农民因为失去了赖以为生的耕地而堕入贫困的边缘。概言之，"这种牺牲务须公平，才合乎正义之要求"。②

第三节 回应社会变迁之环境法发展进路

民权、贫困、犯罪、民众抗议、城市骚乱、生态破坏以及滥用权力等汇集在一起，并作为社会问题，构成了前所未有的当务之急。它们使政治共同体穷于应付。法律秩序需要承受新的负担，寻求新的应急手段，并对自己的基础加以细察。③

——P. 诺内特和 P. 塞尔兹尼克

---

① O. Mayer, Deutsches Verwaltungsrecht, 3, Aufl., Bd, Ⅱ. S. 296. 转引自曹竞辉：《国家赔偿法立法与案例研究》，三民书局1988年版，第9页。

② V. O. Mayer, Deutsches Verwaltungsrecht, 3, Aufl., Bd, I. S. 183FF., Bd, Ⅱ. S. 302f. 转引自城仲模：《行政法之基础理论》，三民书局1994年版，第664页。

③ 【美】P. 诺内特、P. 塞尔兹尼克：《转变中的法律与社会：迈向回应型法》，张志铭译，中国政法大学出版社2004年版，第2页。

一、回应型法：与社会互动中实现和谐的法律模式

一直以来，人类都寄予法律太多的希望。古希腊罗马的思想家们将理性认定为自然法之本体。而以其为标准指导之下的实在法，"不是以指导人们日常生活的普通法为范式，而是提出了一系列抽象的法律规则"。① 即使是奥斯丁、边沁开创的分析实证主义法学派对法律的解释依然是建立在社会理性和规则的基础之上，而社会理性和规则是与历史无关的完全抽象。人类痴迷于理性，但是从另一个角度来看，"人类理智化的命运是那些终极的、最高贵的价值逐渐从公共生活中销声匿迹，它们或者遁入神秘生活的超验领域，或者走进个人之间直接的私人交往的友爱之中；那些古老的神，魔力已逝，于是非人格力量的形式，又从坟墓中站了起来，它们没有能力去把握真正的生活，却企图用瘦骨嶙峋的手去捕捉它的血气"。② 抽象的法与社会缺乏互动，对公众的需求并不敏感，总是令对其寄予厚望的人们失望。长久以来，人们就觉得，法律制定、案件审判、治安管理和社会调整都太容易脱离社会经验的现实和它们自身的正义理想了。③ 面对法律理性与现实的悖论，马克斯恩格斯的论断响彻我们耳边：经济基础决定上层建筑，上层建筑对于经济基础具有反作用。法律作为一种上层建筑，理应在与社会的互动中寻求和谐。

20世纪60年代美国的"伯克利学派"就致力于探求一种能够说明法如何适应社会需求从而解决社会问题的理论。伯克利学派的领袖人物是P.塞尔兹尼克，"他1940年代曾师事默顿（Robert K. Merton）专攻组织理论。

---

① 参见【美】庞德：《法哲学导论》，耶鲁大学出版社1940年版，第30—31页；《法律正义论》，肯尼凯特出版社1973年版，第39—40页。转引自张智灵、金全忠：《回应型法和本体论——西方法学的一种视角》，载《学术探索》2000年第5期。

② 【德】马克斯·韦伯：《学术与政治：韦伯的两篇演说》，冯克利译，生活·读书·新知三联书店1998年版，第48页。

③ 【美】P.诺内特、P.塞尔兹尼克：《转变中的法律与社会：迈向回应型法》，张志铭译，中国政法大学出版社2004年版，第2页。

1960年代他转而研究法律"。① 伯克利学派的研究理念在于"在法律中认识社会，在社会中改善法律"，② 并试图在法律稳定和社会发展变革之间保持一种平衡。伯克利学派以发展模型为基点创建了新的法律类型理论，并在P. 塞尔兹尼克和P. 诺内特合著的《转变中的法律与社会：迈向回应型法》一书中详细论述了这一理论成果。P. 塞尔兹尼克和P. 诺内特将法律分为三种类型，即"压制型法"、"自治型法"以及作为发展方向的"回应型法"。有必要提请注意的是，这三种类型的法与其说是历史发展的经验总结，不如说是按照理想型（Ideal types）的方法建立的用以分析和判断同一社会的不同法律现象的工具性框架。③

"压制型法"，指的是作为压制性权力的工具的法律类型。依据P. 塞尔兹尼克和P. 诺内特的观点，"压制型法这一概念假定，任何既定的法律秩序都可能是'凝固的非正义'（congealed injustice）。④ 仅仅存在法律并不会保证公平，更不必说实质正义了。相反，每种法律秩序都有一种压制的可能性，因为它在某种程度上总是非维持现状不可的，而且，它使权力披上权威的外衣，从而更加有效。"⑤ 不过值得指出的是，压制并不直接就是等同于强制。正如P. 塞尔兹尼克和P. 诺内特自己解释的那样："压制的关键既不在于强制，也不在于同意本身。问题在于当权者在多大程度上考虑服从者的利益和为这些利益所约束，而这是由同意的质量和强制的各种用途来体现的。"⑥ 可见，"压制型法"往往是为社会优势群体或者说统治精英

---

① 参见季卫东为《转变中的法律与社会：迈向回应型法》的中译本的代译序《社会变革的法律模式》中对作者生平的介绍。查阅【美】P. 诺内特、P. 塞尔兹尼克：《转变中的法律与社会：迈向回应型法》，张志铭译，中国政法大学出版社2004年版。

② 季卫东：《正义思考的轨迹》，法律出版社2007年版，第97页。

③ 参见季卫东为《转变中的法律与社会：迈向回应型法》的中译本的代译序《社会变革的法律模式》中对作者生平的介绍。

④ "凝固的非正义"一语出自Howard Zinn, Disobedience and Democracy: Nine Fallacies on Law and Order (New York: Vintage Books, 1986), p. 4.

⑤ 【美】P. 诺内特、P. 塞尔兹尼克：《转变中的法律与社会：迈向回应型法》，张志铭译，中国政法大学出版社2004年版，第29页。

⑥ 【美】P. 诺内特、P. 塞尔兹尼克：《转变中的法律与社会：迈向回应型法》，张志铭译，中国政法大学出版社2004年版，第33页。

的利益服务的。

"自治型法",指的是能够控制压制并维护自身完整性的作为特别制度存在的法律类型。"自治型法"强调以下几个要素:(1)法律与政治相分离,以法治①代替人治,其"自治"指的是"法律之治";(2)程序是法律的中心,而非实体正义;(3)对实在法规则的严格服从。自治型法的实践者是"人为理性"(artificial reason)的创造者和供应者。而自治型法强调的是权威和服从。也就是说,公民的义务由无条件遵守国家的强制性规则所构成;这些规则究竟是否与公民自己的正义观一致并不重要。②

作为发展方向的"回应型法",指的是作为回应各种社会需要和愿望的一种便利工具的法律模式。在 P. 塞尔兹尼克和 P. 诺内特看来,回应型法强调的是对公共利益与实质正义的追求;回应型法具有能动性、认知性、开放性,是为社会调整、社会变化的能动的工具。正如美国现实主义法学派的主要代表人物之一 J. 弗兰克所指出的那样:"法律现实主义者的一个主要目的就是使法律更多地回应社会需要。"③ 相比起压制型法而言,自治型法理念是对法治的追求,因而具有压制权威的作用。随着社会文明的发展,从压制型法向自治型法发展的过程是一种历史的必然。自治型法强调程序正义,但是好的法律应该不仅仅只能提供程序正义。它应该既强有力又公平;应该有助于界定公众利益并致力于达到实体正义。④ 随着社会的变迁,在忠于法律和开放性之间的紧张关系面前,自治型法首先关注的是保证自身的完整性,而回应型法却是有选择、有区别的适应,"它依靠各种方法使完整性和开放性恰恰在发生冲突时相互支撑。它把社会压力理解为

---

① 依据 P. 塞尔兹尼克的观点,"法治诞生于法律机构取得足够独立的权威以对政府权力的行使进行规范约束的时候。而且最好把法治理解为一种独特的机构体系而非一种抽象的理想。"参见【美】P. 诺内特、P. 塞尔兹尼克:《转变中的法律与社会:迈向回应型法》,张志铭译,中国政法大学出版社2004年版,第53页。

② Mortimer R. Kadish and Sanford H. Kadish, Discretion to Disobey: A Study of Lawful Departures from Legal Rules (Stanford, Cal.: Stanford University Press, 1973). p. 96.

③ Jerome Frank. "Mr. Justice Holmes and Non - Euclidian Legal Thinking". Cornell Law Quarterly 17 (1932): 568, 586. J. W.

④ 【美】P. 诺内特、P. 塞尔兹尼克:《转变中的法律与社会:迈向回应型法》,张志铭译,中国政法大学出版社2004年版,第82页。

认识的来源和自我矫正的机会"。① 因此，从自治型法向回应型法的转变代表的是法律的发展。然而，这种模型的转变并非必然的历史发展，只能说是一种发展的潜能。而发展的实现来自一种动因，正如 P. 塞尔兹尼克和 P. 诺内特所论述的："随着自治型法的机构和程序的发展，对权威的批判成了执法者的日常工作。……其长期效应就是把一种变化的动力注入法律秩序，并形成对法律灵活回应各种新的问题和需要的期待。"②

二、环境法的回应性及进化趋向

类型化方法一直以来受到法学家的青睐。依照不同的标准，可以将法律分为不同的类型。例如，古罗马法学家乌尔比安就依据法所保护的利益之不同将法律划分为公法和私法。公法是以保护国家（公共）利益为目的的法律，私法是以保护私人利益为目的的法律。德国法学家赫尔曼·康特洛维奇（Hermann Kantorowica）依照法律的表现形式将之划分为"正式法"和"自由法"。"正式法"指的是成文法，而"自由法"则包括法律解释、判例理由、法学家的权威论述以及习惯法等。再如，马克斯·韦伯在其"理想型"的指导下，将法律划分成四种类型，即形式非理性法、实质非理性法、实质合理性法和形式合理性法。马克斯·韦伯指出："按照理论上的'发展阶段'整理的话，形式合理性法是从'法先知'的卡里斯玛法启示，发展到法律名家的经验性法创造与法发现（预防法学与判例的法创造阶段），进而发展到世俗的公权力与神权政治的权力下达法指令的阶段，最后则为接受法学教育者（专门法律家）体系性的法制定、与奠基于文献和形式逻辑训练的专门的'司法审判'阶段。"③ 马克斯·韦伯的法律划分理论着眼于形式合理性与实质合理性之间的紧张对立的矛盾关系。而上文所述

---

① 【美】P. 诺内特、P. 塞尔兹尼克：《转变中的法律与社会：迈向回应型法》，张志铭译，中国政法大学出版社2004年版，第85页。
② 【美】P. 诺内特、P. 塞尔兹尼克：《转变中的法律与社会：迈向回应型法》，张志铭译，中国政法大学出版社2004年版，第80页。
③ 【德】马克斯·韦伯：《法律社会学》，康乐等译，广西师范大学出版社2005年版，第319页。

的以 P. 塞尔兹尼克为代表的伯克利学派倡导的"压制型法"、"自治型法"和"回应型法"的划分却用法律的开放性和完整性之间的关系巧妙地转变了韦伯关于形式合理性和实质合理性之间难以解脱的理论循环。正如贡塔·托依布纳（Gunther Teubner）所云："回应型法是法律形式主义危机的结果，是从法律形式主义危机中涌现出来的将目的性和参与性结合在一起的全新的法律形式。"① 回应型法代表的是法在与社会互动之中对实质正义的追求。

实事求是地说，作为法律类型理论的一家之言，以 P. 塞尔兹尼克为代表的伯克利学派所倡导的回应型法理论还不够成熟，主要问题在于它还停留在理论阶段，并没有指明回应型法的现实操作路径，因此有的学者批评其"是理论的而不是经验的，它只是一种理论设想"，② 确实有一定道理。而且，同样以"理想型"为方法论指导的类型划分，使得"压制型法"、"自治型法"和"回应型法"三种法律类型不可避免地存在重叠的可能性，因而在现实中难以按照这一分类模式对某一部门法确定其归属类型。然而，我们也应同时看到并格外重视，该理论产生的时代背景及其代表的现代法之反形式主义倾向与环境法如此契合，对于环境法的演进发展具有重要的理论指导意义。

"1960 年代后期以来美国社会发生了剧变，越南战争的扩大和挫折导致了社会信仰的危机，贫富分化、环境污染、城市荒废、犯罪激增、民权运动风起云涌……大量的社会问题导致了国家正统性的削弱，于是产生了用'软性法治'取代'硬性法治'的要求。诺内特和塞尔兹尼克所提倡的回应法的模型，也正是对那一时代呼声的回应。"③ 事实上，环境法的迅猛

---

① 【德】贡塔·托依布纳：《现代法中的实质要素和反思要素》，矫波译，载《北大法律评论》1999 年第 2 期。

② 关于对回应型法理论此点批评的详细论证，参见杨文杰、冯静：《回应的无力——读诺内特与塞尔兹尼克著〈转变中的法律与社会：迈向回应型法〉》，载《河北经贸大学学报》2007 年第 6 期。

③ 参见季卫东为《转变中的法律与社会：迈向回应型法》的中译本的代译序《社会变革的法律模式》中对作者生平的介绍。查阅【美】P. 诺内特、P. 塞尔兹尼克：《转变中的法律与社会：迈向回应型法》，张志铭译，中国政法大学出版社 2004 年版。

发展并确定为一门独立的法律部门也是对同一时代呼声的回应。环境法的产生和发展经历了三个历史时期，即工业革命以前的萌芽期、工业革命以后到20世纪50年代的形成期以及20世纪60年代到80年代的发展期。具体而言，世界各国环境法真正迅猛发展起来的时期是20世纪70年代联合国人类环境会议以后。在遭受自然环境的一连串打击和报复后，人类对环境开始有了比较清醒的认识，认识到大多数资源的有限性、环境自净能力的有限性和生态系统负载能力的有限性以及各种自然资源的环境效能，并提出了量度其效能价值的办法，即确定恢复这种效能将花费多少财力；同时也认识到各种环境要素是相互联系的一个整体，孤立地防止某一种环境要素的污染并不能真正提高环境质量。① 这一时期环境法迅猛发展的动因，不仅仅是环境问题的日益严重，而且还包括贫富差距的日益扩大及其与环境问题交织在一起而引起的社会动荡、民权运动。1987年《我们共同的未来》第一次将环境问题与世界贫困问题联系起来，人们意识到环境问题绝不是一个单纯的工程技术问题，而是一个社会政治问题，而人们对于环境法的期许也不仅仅是一个解决环境问题的技术对策，而是对突出表现为人与自然矛盾的人与人之间的深刻矛盾的调解应对之法。

　　反形式主义是现代法律和法学理论的关注点。法的形式合理性曾经是备受法学家推崇的目标。例如，德国的学说汇纂派就坚持："在每一个案件中必须通过法律逻辑的方法从抽象的法律命题中推演出具体的裁决。"② 对此"法律逻辑崇拜"的观点，受到了一些关心法律与社会生活实际的大法学家们的强烈批评。德国法学家鲁道夫·冯·耶林尽管并不否认抽象逻辑的法律分析方法的价值，但是同时也明确指出"目的是一切法律的创造者"，并"强调从社会现实中来发掘法律为之服务的真正目的，用'目的'而不是用'逻辑'来统率法律"。③

　　现代法律开始注重法与社会现实的互动。所谓法的社会化（socializa-

---

① 程正康：《环境法概要》，光明日报出版社1988年版，第39页。
② 【德】马克斯·韦伯：《论经济与社会中的法律》，张乃根译，中国大百科全书出版社1998年版，第62—63页。
③ 转引自何勤华：《西方法学史》，中国政法大学出版社1996年版，第212—219页。

tion of law）指的就是"法以社会为本位的趋势"。具体地说，"法的社会化以把个人利益与社会利益有机连接、保障消费者和社会弱者为特征"①。美国社会法学派的代表人物罗斯科·庞德曾对20世纪80年代美国法律制度中的社会化趋势作出了经典概括，包括"对财产使用的限制、对契约自由的限制、对财产处理权的限制、对债权人或受害的一方要求获得满意补偿的权利之限制、无过错责任思想的复苏、从社会利益的角度考虑对自然资源的保护和利用、公共机构和政府部门因履行职能造成对个人的损害应负赔偿责任、家庭法中注重保护不能独立生活的家庭成员的利益等"。②而沈宗灵教授补充概括了当时美国法律的另外四个社会化特征，即"倾向于以调整利益的理论替代纯粹诉讼争讼的学说、倾向于审查契约责任的合理性、日益承认并保护集团和联合的利益、倾向于放松对未经许可而进入私人土地者的规则，即加强产主对造成损害的责任"。③

实质化是法律进化的一个重要趋向。法的实质化是相对于法的形式化而言的，④正如波斯纳（Richard Allen Posner）所界定的那样："形式指的是法律内在的东西，实质指的是法律外部的世界，就像形式正义和实质正义的差别一样。"⑤在现代社会人们期冀法律服务于那些可欲的目标，而不再满足于仅仅从法律规则中演绎出既定的结果。因此，"其表现是特殊主义、结果导向、工具主义的社会政策路径以及从前自主的社会进程正日益变得法律化"。⑥法的实质化与法的社会化并非同一个概念。法的社会化强

---

① 张文显：《二十世纪西方法哲学思潮研究》，法律出版社1996年版，第114页。
② 【美】罗斯科·庞德：《普通法的精神》，唐前宏译，法律出版社2001年版，第130—135页。
③ 沈宗灵：《现代西方法理学》，北京大学出版社1992年版，第305页。
④ 本文所指的"形式"和"实质"的概念采纳的是马克斯·韦伯在其四种法律类型中的用法意义，即在韦伯看来，"形式"意味着"决定所采用的判断标准内在于法律制度本身"；而"实质"则"会使道德和法律义务、伦理的说教和法律的命令融为一体，而没有什么泾渭分明的界限"。参见【德】马克斯·韦伯：《论经济与社会中的法律》，张乃根译，中国大百科全书出版社1998年版。
⑤ 【美】波斯纳：《法理学问题》，苏力译，中国政法大学出版社2002年版，第51页。
⑥ 【德】贡塔·托依布纳：《现代法中的实质要素和反思要素》，矫波译，载《北大法律评论》（第2卷），法律出版社2000年版，第610页。

调法与社会现实的互动，系从"外在方面"来审视法律的演进问题；而法的实质化是从"内在方面"审视法律的进化，注重的是对法律特质的把握。

台湾环境法学者叶俊荣教授曾在其《环境政策与法律》一书的自序中指出："环境议题就在这高度变迁的时空中，不断受到试炼，也不断调适。由此而形成的环境法，也就因而带有浓厚的动态气息。"① 环境法也正是处于一个不断演进和发展的过程之中。作为一个具有回应性特点的新兴法律部门，反形式主义、社会化和实质化是环境法的进化取向。我们应该从社会现实中挖掘环境法服务的目的。环境法的本体是法律。何谓法律？中世纪经院法学的代表人物托马斯·亚奎纳斯（Thomas Aquinas）是这样界定的：法律是"社会的领导者，为公共福祉所制定公布的理性命令"。② 保护环境、解决环境问题是环境法的主要目的，但绝不是唯一目的。环境法还理应"在和谐与民主中实现多元利益的共生、共进、再生、进而谋求国民的最大幸福"。③

三、益贫功能：环境法功能之拓展方向

《约翰内斯堡可持续发展宣言》第5条向全人类呼吁："在地方、国家、地区乃至全球层面上促进和加强经济增长、社会发展和环境保护这三个可持续发展的支柱是人类共同的责任。"④ 由此可见，尽管环境法的主要功能

---

① 叶俊荣：《环境政策与法律》，中国政法大学出版社2002年版，自序。

② "An ordinance of reason for the common good made by him who has the care of the community and promulgated." 转引自 W. Friedmann, Legal Theory (5th ed.), Columbia University Press, U.S.A., 1967, p.108。

③ 钭晓东：《论环境法功能之进化》，科学出版社2008年版，第336页。

④ "Accordingly, we assume a collective responsibility to advance and strengthen the interdependent and mutually reinforcing pillars of sustainable development – economic development, social development and environmental protection – at the local, national, regional and global levels.' See from 'Johannesburg Declaration on Suatainable Development", Article 5.

是保护环境，但它还能够加强另外两个支柱。① 随着文明的演进、社会的变迁，环境法的功能也需要随之不断拓展。

贫困问题与环境问题，这两个看似互不相关的社会问题却由于发展议题而紧密相关并密切联系。就原生贫困问题而言，从地理空间分布的角度来看，全球和我国贫困地区与生态脆弱地区有着高度相关性。世界上"最贫困的人口生活在世界上恢复能力最低、环境破坏最严重的地区"。② 以我国为例，据统计数据显示，我国典型生态脆弱地区内约92%的县为贫困县，约86%的耕地属于贫困地区耕地，约83%的人口属于贫困人口。本书第一章的论述就向我们证明：穷人并不当然是环境问题的制造者，相反，穷人是环境问题的最大受害者，穷人最不愿意看到其赖以生存的生态环境受到损害。摆脱贫困与环境保护之间并不存在必然的矛盾。现实中二者之间可能存在的冲突，常常是人们技术选择的结果，是某种摆脱贫困的方式导致的或是某种保护环境的方式造成的矛盾，而人们原本可以选择其他的方式来避开两者在近期可能存在的矛盾；从长远看，消除贫困和维护良好环境之间不但没有矛盾，而且几乎总是相互促进的良性循环。③ 通过赋予贫困主体更多权利与机会的合理的法律政策的实施，有助于切断两者之间的恶性循环，从而实现两者之间的良性互动。就次生贫困问题而言，从本质上而言系环境利益的公平分享问题。而从环境公共利益的增进的角度，次生贫困问题的杜绝体现的是一种"同构守衡的正义、互养循环的正义"。④

---

① Nicholas A. Robinson：《第二代环境法不断发展所面临的挑战》，邵方、曹明德、李兆玉译，载《亚太地区第二代环境法展望——世界自然保护同盟/全球环境战略研究所/亚洲开发银行研讨会论文集》，法律出版社2006年版，第36页。

② 【英】戴维·皮尔斯、杰瑞米·沃福德：《世界无末日——经济学·环境与可持续发展》，张世秋译，中国环境科学出版社1996年版，第325页。

③ 李小云、左停、靳乐山、【英】约翰·泰勒：《环境与贫困：中国实践与国际经验》，社会科学文献出版社2005年版，第12页。

④ 参见著名法学家江山先生的一段话："旧有的正义概念的核心是'分'，具体有分构的正义、交易的正义、合作有效性的正义，它们只能满足人域内部的秩序和公正需求；新兴的正义理念将缔造'人际'秩序的公平、合理，其核心是'合'，包括摄取的正义、多样性与复杂化的正义、同构守衡的正义、互养循环的正义。法律的进化取决于正义精神的进化，故弘扬一种'人在'与'自在'共享的正义概念，将是这个世界的福祉。"摘自江山：《再说正义》，载《中国社会科学》2001年第4期。

面对这样的社会现实，环境法的功能也应随着现实的需求而加以拓展，挖掘环境法的益贫功能正是社会发展的客观要求。"益"有利益、增进、好处之意。所谓"益贫"，即对贫困者有利益、有好处之意。"益贫功能"源自于经济学中倡导的"益贫式增长"（Pro-Poor Growth）理论。联合国与经济合作与发展组织于2001年将"益贫式增长"广义地界定为"有利于穷人的增长"；而它的严格定义则认为，益贫式增长不仅旨在减少贫困，同时增长的利益更多地流向穷人。① 环境法的益贫功能指的就是通过权力的配置、权利义务的分配实现对贫困主体等弱势群体的倾斜性保护，保障维护良好环境和减缓贫困之间相互促进的良性循环目的得以实现的功能。它包含两个层面的内容：其一是对贫困主体等弱势群体的倾斜性保护；其二是对贫困主体等弱势群体的利益增进。

环境法对贫困主体等弱势群体的倾斜保护是环境法之"权利本位"的功能彰显。什么是"法的本位"？"法律本位"一词最早见于1904年梁启超之《论中国成文法编制之沿革得失》一文，"夫既以权利为法律之本文，则法律者，非徒以为限制人民自由之用，而实意为保障人民自由之用"。② 一般说来，法律的本位存在"义务本位"、"权利本位"和"社会本位"之说。日本法学家牧野英一认为："历史上个人主义、自由主义的兴起和法律从义务本位过渡到权利本位是历史的进步，但是随着社会的发展，正义观念将转化为公平观念，个人主义、自由主义将发展为团体主义。"③ 就环境法的本位而言，目前学术界的研究主要集中在"权利本位"和"社会本位"的争论之上。正如上文关于环境法的"附魅"的论述，以社会利益之名侵害社会弱势群体的权益与环境法之正义价值追求是相违逆的。片面强调环境法的"社会本位"容易产生社会本位异化的可能性。鉴于此，笔者赞成环境法"权利本位"的观点。环境法的"权利本位"首要关注的便是

---

① 周华：《益贫式增长的定义、度量与策略研究——文献回顾》，载《管理世界（月刊）》2008年第4期。

② 梁启超：《论中国成文法编制之沿革得失》，载范中信选编：《梁启超法学文集》，中国政法大学出版社2000年版，第174页。

③ 【日】牧野英一：《法律上之进步与进化》，朱广文译，中国政法大学出版社2003年版，第95页。

权利公平问题。一个绿色的社会,在某种程度上,不仅要解决生态可持续性问题,而且要能保证和平与大部分时间的社会公正。① 可见,环境法所追求的是实质层面的公平正义。然而,"环境法以现实的不平等为基础来建立公平体系,在成人市场主体资源禀赋差异的前提下,给每个人以'相对特权',追求结果的大体公平,即以不公平求公平,在这种平等观下,财产和收入差距太大是不公平的,因而应该适当遏制"。② 鉴于此,环境法对贫困主体等弱势群体的倾斜保护这一似乎"不公正"的权利义务配置相反恰恰符合环境法实质正义价值的要求。

环境法对贫困主体等弱势群体的利益增进作用是其益贫功能的本质体现。从经济学的视角分析,穷人的收入增加率大于0,其增长并不能代表益贫,这是因为此时穷人的收入增长可能远远低于平均收入增长。同理,实现赋予贫困主体等弱势群体的权利、机会、能力等方面的利益增进、实现环境保护与增进公民权利的双赢才是环境法益贫功能的根本要求。尤其对于我国而言,温家宝总理就一再强调:"我们所做的一切都是让人民生活得更加幸福、更有尊严,让社会更加公正、更加和谐。"贫困问题的本质是权利剥夺以及权力视角下的制度不公;而"环境问题的真正原因是社会关系和社会结构的非正义性"。③ 两者的共同点都涉及社会公正问题。矫正失衡的利益分配格局,实现共生、共进,就必须从增进贫困主体等弱势群体的利益切入。

---

① Arne Naess: Deep Ecology for the Twenty – second Century, in George Sessions ed. Deep Ecology for The 21st Century, Shambhala, 1995, p. 467.

② 吕忠梅:《环境法的新视野》,中国政法大学出版社 2000 年版,第 223—225 页。

③ 李培超:《论环境伦理的"代内正义"的基本意蕴》,载《伦理学研究》2002 年第 1 期。

第三章 国(区)际环境法律/政策对贫困问题的应对

环境法应对贫困问题,不仅仅是一个理论上的命题,而且在实践中早已获得国(区)际环境法律/政策的认可。尽管具有环境保护作用的法律规范很早以前就已经出现,然而直至1972年斯德哥尔摩联合国人类环境会议召开之后才真正承认环境法的独立法律部门地位。而与此同时,贫困问题,人类的这一"老朋友"也走进了国际环境法的视野。《人类环境宣言》(1972)第4条关于"发展中国家的环境问题大半是由于发展不足造成的"论断将贫困与环境问题紧密地联系在一起。从斯德哥尔摩到里约热内卢,再到约翰内斯堡,屡次会议通过的宣言或申明都在发展的议题下将贫困问题与环境问题结合起来,警示我们高度重视"法律世界地平线下所隐藏的这个一般问题"的重要性。世界银行和亚洲开发银行等以消除贫困为终极任务的国际组织通过实践的洗礼也逐渐意识到,减缓贫困亦是环境政策可以大展拳脚的领域。以彻底解决环境问题为直接目的的环境法以及我们这些环境法学研究者们似乎应该问问自己:环境问题"真空带"真的存在吗?

第一节 国(区)际环境法应对贫困问题的发展进程

什么是法律世界地平线下可能隐藏的一般问题,以及它们所伴随的高度希望和史无前例的危机。①

——丹尼斯·罗伊德

---

① 【英】丹尼斯·罗伊德:《法律的理念》,张茂柏译,新星出版社2005年版,第269页。

一、贫困问题走进国（区）际环境法视野

贫困问题自始就存在于人类社会的发展历史之中，消除贫困、谋求发展是人类坚持不懈的梦想。而依据著名国际环境法学家亚历山大·基斯的观点，国际环境法的真正形成是20世纪60年代末，而在此之前，都只是零散的努力。例如，尽管许多关于渔业的国际条约在19世纪就已经签订，但其中保护措施的内容仅局限于将鱼种作为经济资源加以保护。不过，亚历山大·基斯却肯定了这些努力对后来国际环境法形成的奠基作用。他指出："从真正生态的角度来看，20世纪30年代开创了一个新时期。1933年和1940年的两个国际文件是今天的环境保护概念的先驱。其中第一个是1933年11月8日的《保护天然动植物的伦敦公约》……另一个重要文件是1940年10月12日的《保护美洲国家动植物和自然美景的华盛顿公约》。"① 然而，这些野生动植物保护公约实际上是非洲殖民化的结果。在殖民时期，作为殖民者的欧洲国家在他们的殖民地强制推行环境保护和发展政策法律。尽管这些政策法律在客观上具有生物多样性保护的价值，但是在那个时代这些政策措施都具有一个共同的目的，即确保欧洲殖民者利益至上。以《保护天然动植物的伦敦公约》（1993）为例，该公约具有建立国家公园、严格保护许多野生动物等保护性要求，但它只适用于非洲的大部分殖民地，而殖民国家的大城市却并不适用。此类公约的主要目的，正如有的国外学者一针见血地指出的那样，"（那一时期的——笔者注）野生动植物保护政策，主要集中保护供殖民精英们享受的物种，首先是为了供其打猎，其次是满足其审美享受"。② 可见，至少在20世纪40年代以前，贫困问题与环境问题彼此孤立地存在于社会意识和科学学科中，相互之间并没有任何交集。到了20世纪50年代，开始在具有环境保护内容的国际文件中找寻到对贫困问题的些微关注。1953年召开了第3届非洲野生动植

---

① 【法】亚历山大·基斯：《国际环境法》，张若思编译，法律出版社2000年版，第28页。

② Adams, W. M. (2004) Against Extinction. The Story of Conservation. Earthscan, London, UK.

物保护会议,该会议要求采取严格措施控制当地的打猎行为,并同时强调"这一建议措施是出于对非洲人自身利益的考虑,因为动物对他们而言是重要的食物来源"①。当然,并非那一时期所有的环保主义者都关注环境保护与当地利益之间的关系。通过建立自然保护地的方式保护野生动植物的国际环境保护政策排除或至少严格限制当地人使用野生资源。②

20世纪60年代末,对于发达国家而言,随着现代工业的迅猛发展,人类向环境排放的污染物大大超出了自然界的自净能力,频频爆发的污染事故严重威胁人们的生存发展;贫富差距的日益扩大及其与环境问题交织在一起而引起的社会动荡成为制约经济社会发展的最大障碍。其实,环境问题从一开始就是全球的。对于致力于发展工作的发展中国家而言,也意识到了生态环境保护的重要性。亚历山大·基斯在回顾国际环境法产生的历史时就曾指出:"有趣的是,尽管当时对于生物圈面临的危险,工业化国家与第三世界国家在认识上存在差距,但能够标志国际环境法初步发展的第二个事件却发生在非洲。1968年9月15日非洲国家元首和政府签署的《非洲保护自然界和自然资源公约》,取代1933年主要由殖民国家订立的伦敦公约。非洲公约因其全面的特点而成为一个典范,它涉及对土壤、水、动植物资源,实际上是对整个环境的保护和利用。"③ 正是基于对环境保护的共同关注,1968年12月3日联合国大会通过2398-ⅩⅩⅢ号决议,决定召开关于"人类环境"的世界大会。

1972年6月5日在瑞典首都斯德哥尔摩召开了有110多个国家参加的人类首次环境大会,并最后通过了《人类环境宣言》和《人类环境行动计划》。《人类环境宣言》(Declaration of the United States Conference on the Human Environment)由前言和26条原则共同组成。该宣言前言部分的原则4指出:"在发展中国家,环境问题大半是由于发展不足造成的。千百万人的生活远远低于像样的生活所需要的最低水平。他们无法取得充足的食物和

---

① Caldwell, K (1954) The Bukavu Conference. Oryx, 2, 234-237.

② Adams, W. M. (2004) Against Extinction. The Story of Conservation. Earthscan, London, UK.

③ 【法】亚历山大·基斯:《国际环境法》,张若思编译,法律出版社2000年版,第31页。

衣服、住房和教育、保健和卫生设备。因此发展中的国家必须致力于发展工作，牢记他们优先任务和保护及改善环境的必要。为了同样的目的，工业化国家应当努力缩小他们自己与发展中国家的差距。在工业化国家里环境一般同工业化和技术发展有关。"① 发展中国家的贫困问题作为开展环境保护的现实基础纳入国际环境法的话语体系中，从而走入国际环境法的视野。在这一阶段人类的认识中，环境保护是为了发展，发展处于优先地位。人类环境的两个方面，即天然的和人为的方面，对于人类的幸福和对于享受基本人权，甚至生存权利本身，都是必不可少的。② 可见，从国际环境法的形成之初就从来没有回避过涉及个人生存权利的贫困问题，同时将发展中国家作为一类特殊主体，充分重视其发展权的倾斜性保障。该宣言的第 11 条原则就指出："所有国家的环境政策应该提高，而不应该损及发展中国家现有或将来发展潜力，也不应该妨碍大家生活条件的改善。"③ 而该宣言的第 12 条原则便开始具有"共同但有区别的原则"的含义，它呼吁："应筹集资金来维护和改善环境，其中要照顾到发展中国家的实际情况和特

---

① "In the developing countries most of the environmental problems are caused by under-development. Millions continue to live far below the minium levels required for a decent human existence, deprived of adequate food and clothing, shelter and education, health and sanitation. Therefore, the developing countries must direct their efforts to development, bearing in mind their priorities and the need to safeguard and improve the environment. For the same purpose, the industrialized countries should make efforts to reduce the gap themselves and the development countries. In the industrialized countries, environmental problems are generally related to industrialization and technological development." See from "Declaration of the United Nations Conference on the Human Environment (The Stockholm Declaration)", Principle 4.

② "Both aspects of man's environment, the natural and the man-made, are essential to his well-being and to the enjoyment of basic human rights the right to life itself." See from "Declaration of the United Nations Conference on the Human Environment", Principle 1.

③ "The environmental poliies of all States should enhance and not adversely affect the present or future development potential of developing countries, nor should they hamper the attainment of better living conditions for all, and appropriate steps should be taken by States and international organizations with a view to reaching agreement on meeting the possible national and international economic consequences resulting from the application of environmental measures." See from "Declaration of the United Nations Conference on the Human Environment", Principle 11.

殊性,照顾他们由于在发展计划中列入环境保护项目的任何费用,以及应他们的请求而供给额外的国际技术和财政援助的需要。"①

尽管此后的整个 20 世纪 70 年代努力推进环境保护与发展之间的联系,1980 年由世界自然保护联盟(World Conservation Union,IUCN)、联合国环境规划署(United Nations Environment Programme,UNEP)和世界野生生物基金会②(World Wildlife Fund International,WWF)制定的《世界环境保护战略》(the World Conservation Strategy)却是第一份由环境保护主义者编制的旨在弥补环境保护与发展间鸿沟的有影响力的文件。③《世界环境保护战略》旨在实现以下 3 项目标:"(1)保护人类生存和发展所需的基本的生态进程和生命支持系统。关注的内容包括土壤再生和保护、养分循环,以及水质保护。(2)保存遗传多样性,它的保护取决于许多上述的生态进程及生命支持系统、保护和改善植物种植及动物饲养所需的育种项目以及微生物。与此同时也取决于科学和医学的进步、技术创新以及利用生物资源的产业的安全。(3)确保支持上百万农业社区以及主要产业发展的物种及

---

① "Resources should be made available to preserve and improve the environment, taking into account the circumstances and particular requirements of developing countries and any costs which may emanate – from their incorporating environmental safeguards into their development planning and the need for making available to them, upon their request, additional international technical and financial assistance for this purpose. " See from "Declaration of the United Nations Conference on the Human Environment", Principle 12.

② 世界野生生物基金会(Word Wildlife Fund International)即现在的世界自然基金会(World Wide Found for Nature, WWF)。该基金会成立于 1961 年 9 月 11 日,后因其意识到原有名称已无法再反映该组织的活动范围,而于 1985 年更名为现在的名称。

③ Robinson, J. (1993) The limits to caring: sustainable living and the loss of biodiversity. Conservation Biology, 7, 20 – 28.

生态系统的可持续利用。"① 尽管同样以环境保护为宗旨,但是《世界环境保护战略》并不赞成割裂环境保护与发展联系的极端环保主义者们的保护主张,并指出这些极端环保主义者们的保护主张"令他们自己被视为抵制所有发展……最终的结果并不是导致发展的终结,反而说服很多发展实践者们,尤其是发展中国家:环境保护不仅无关紧要而且有害、反社会"。② 世界环境保护战略试图通过强调两者联系的可能性以及大力主张两者之间并非必然相互排斥的观点弥补环境保护与发展之间的鸿沟。在该战略的提出者们看来,可持续发展理论可以作为一个桥梁使环境保护和发展之间相互依存在一起。此种承认环境保护与发展之间具有实质联系的观点在当时代表了一个新的起点,并且向环保主义者们和发展实践者们表明他们早先划分的领域已经发生了怎样的变化。除此之外,该战略的另外一个贡献在于第一次明确指出了原生贫困问题的存在,它指出:"发展中世界中的个人、集体和国家出于贫困的压力造成生境的破坏和生活资源的过度开发。"③ 世界环境保护战略所倡导的这些思想与理念对后来国际环境法应对贫困问题的发展产生了重要的影响。

---

① "The three main objectives of the WCS are: (1) to maintain essential ecological processes and life - support systems on which human survival and development depend. Items of concern include soil regeneration and protection, the recycling of nutrients, and protection of water quality; (2) to preserve geneti diversity on which depend the functioning of many of the above processes and life - support systems, the breeding programs necessary for the protection and improvement of cultivated plants, domesticated animals, and microorganisms, as well as much scientific and medical advance, technical innovation, and the security of the many industries that use living resources; (3) to ensure the sustainable utilization of species and ecosystems which support millions of rural communities as well as major industries. " See from "World Conservation Strategy: Living Rescource Conservation for Sustainable Development", IUCN, UNEP&WWF (1980).

② IUCN, UNEP&WWF (1980). " World Conservation Strategy: Living Rescource Conservation for Sustainable Development". IUCN, Gland, Switzerland.

③ "Individuals, communities and countries from the developing word out of poverty pressure cause habitat destruction and over - exploitation of living resoures. " See from " World Conservation Strategy: Living Rescource Conservation for Sustainable Development". IUCN, UNEP&WWF (1980).

二、发展议题下的相互融合与双赢

如果不存在深层原因或冲击的话,贫困状态可能依然不变而环境可能没有退化。① 权利剥夺和制度不公才是贫困的本源。土著民的生活在我们现代人看来是极其落后和贫寒的,在20世纪60年代和70年代的大部分时期的环境保护进程中,环境保护主义者们与土著民几乎没有互动。以拉丁美洲为例,规模较大的环境保护非政府组织(NGOs)倾向于通过与城镇的地方机构合作开展工作,似乎从来没有考虑过土著民。② 然而,随着20世纪80年代的环保运动中对人权及环境权益的日益重视,环保主义者们开始关注土著民的权利及其被强令迁出保护地的利益侵害及保护问题。事实上,土著民有着自己的幸福观,他们完全可以通过其传统的生产方式保护周围的环境资源。早在1975年召开的世界自然保护联盟大会就已经通过了关于将土著民的权利纳入国家公园或其他保护地设立的考虑范围的建议。③ 此项扎伊尔决议(Zaire Resolution)在1982年的第3届世界公园大会(World Parks Congress)上得到重申和强调,提议实施传统资源管理社区与保护地权力机构的协同管理机制。此外在20世纪80年代,确保当地人民从环境保护中得到利益的需求越来越受到认可。在有些地区,对此需求的认可甚至已经根深蒂固。例如,20世纪70年代中期在津巴布韦已经开始实施收益分享机制。④ 1985年世界野生生物基金会(现世界自然基金会,WWF)意识到有必要认真考虑保护地周围的贫困问题以及当地经济的发展问题,于

---

① 【英】D. 波尔思、J. 沃福德:《世界无末日:经济学、环境与可持续发展》,中国财经出版社1996年版,第326页。

② Chapin, M. (2004) A challenge to conservationists. World Watch, Nov/Dec, 17 - 31.

③ Holdgate, M. (1999) The Green Web: A Union for World Conservation, Earthscan, London, UK.

④ Child, B. (2003) Origins and efficacy of modern CBNRM practices in the Southern African region. In Local Commuities, Eqquity and Coservation in Southern Africa (eds W. Whande, T. Kepe&M. Murphree), pp. 33 - 39. Programme for Land and Agrarian Studies, University of the Western Cape, Cape Town, South Africa.

是推行其野生生物和人类需求计划①（Wildlife and Human Needs Programme）。在同一时期，其他综合性的环境保护和发展计划也在如火如荼地开展，尤其在南部非洲，包括津巴布韦的土著资源的公共区域管理计划（CAMPFIRE）以及赞比亚的卢安瓜资源综合管理计划，等等。

  1987年布伦特兰夫人领导的世界环境与发展委员会（WECD）在其研究报告《我们共同的未来》中第一次极为明确地将环境问题与贫困联系在一起。他们指出："一个以贫穷为特点的世界将永远摆脱不了生态的和其他的灾难。为满足基本需求，不仅需要那些穷人占多数的国家的经济增长达到一个新的阶段，而且还要保证那些贫穷者能得到可持续发展所必需的自然资源的合理份额。保证公民能有效地参加决策的政治体制以及国际决策中更广泛地实行民主将有利于这一公平原则的实现。"② 在他们看来，贫困问题不仅仅是环境保护实践面对的现实基础，而且是环境问题能否彻底解决的关键环节。此观点对此后国际环境法的发展具有重大的指导意义。1992年6月3日联合国环境与发展大会在巴西的里约热内卢召开，并产生了5个文件，分别是：《里约热内卢环境与发展宣言》及作为行动纲领的《21世纪议程》；此前就已拟定通过并在此次会议开放签字的《生物多样性公约》、《关于所有类型森林的管理、养护和可持续发展的无法律约束力的全球协商一致权威性原则宣言》和《气候变化框架公约》。

  《里约热内卢环境与发展宣言》（Rio Declaration on Environment and Development），又称《地球宪章》（Earth Chart），由27条原则组成。其原则1就开宗明义的宣告："人类是可持续发展的中心，享有与自然和谐的、健康生活的权利。"③ 与20年前的《人类环境宣言》（1972）最显著的区别在于《里约热内卢环境与发展宣言》（1992）以人为中心。新加坡国立大学法学

---

  ① 1985年，该组织促使国际社会延缓捕鲸行动，并争取在南极洲为鲸鱼建立了一个海洋保护区。

  ② 世界环境与发展委员会：《我们共同的未来》，王之佳、柯金良等译，吉林人民出版社1997年版，第10—11页。

  ③ "Human beings are the center of concerns for sustainable development. They are entitled to a healthy and prodective life in harmony with nature." See from "Rio Declaration on Environment and Development", Principle 1.

院教授、IUCN 环境法委员会南亚和东亚地区副主席 Koh Kheng – Lian 认为："这些公约［包括《里约热内卢环境与发展宣言》（1992）在内——笔者注］可以视为'第二代'环境法，因为它们在处理环境与人类的互动关系是以人为本。这种理念极其重要，因为消除贫穷是实现可持续发展的前提之一。"①《里约热内卢环境与发展宣言》（1992）的原则 4 和原则 5 在发展的议题下将环境保护和消除贫困融合在一起。原则 4 指出："为了实现可持续发展，环境保护应成为发展进程中不可分割的一部分而不能从中脱离来考虑"。② 而原则 5 紧接着要求："各国和各国人民应该在消除贫困这个基本任务方面进行合作，这是可持续发展必不可少的条件，目的是缩小生活水平的悬殊和更好地满足世界上大多数人的需要。"③

《21 世纪议程》（Agenda 21）是一份没有法律约束力、长达 800 页的旨在鼓励发展的同时保护环境的全球可持续发展计划的行动蓝图，它的基本思想是："人类正处于历史的抉择关头。我们可以继续实施现行的政策，保持着国家之间的经济差距；在全世界各地增加贫困、饥饿、疾病和文盲；继续使我们赖以维持生命的地球生态系统恶化。不然，我们就得改变政策。改善所有人的生活水平，更好地保护和管理生态系统，争取一个更为安全、

---

① Koh Kheng – Lian：《亚洲第一代环境法》，载《亚太地区第二代环境法展望——世界自然保护同盟/全球环境战略研究所/亚洲开发银行研讨会论文集》，邵方、曹明德、李兆玉译，法律出版社 2006 年版，第 22 页。

② "In order to ahieve sustainable development, environmental protection shall constitute an integral part of the development process and cannot be considered in isolation from it." See from "Rio Declaration on Environment and Development", Principle 4.

③ "All States and all people shall cooperate in the essential task of eradicating poverty as an indispensable reqirement for sustainable development, in order to decrease the disparities in standards of living and better meet the needs of the majority of the people of the world." See from "Rio Declaration on Environment and Development", Principle 5.

更加繁荣的未来。"① 可见，《21 世纪议程》（1992）将可持续发展的实现建立在消除贫困和环境保护这两大基石之上。该议程的第 3 章第 2 条明确提出："用可持续地方法管理资源时，重点主要在保存和保护资源的环境政策必须切实考虑到依靠这些资源谋生的人。否则，对贫困以及对保存资源和环境取得长期成功的机会都会产生不利影响。……因此具体的消除贫困战略必须考虑到确保可持续发展的各种基本条件。同时解决贫困、发展和环境问题的有效战略应当首先以资源、生产和人民为重点，应当包括人口问题、加强保健和教育、妇女的权利、青年、土著民和当地社区的作用以及民主参与有关改善管理的程序等。"② 由此可见，《21 世纪议程》（1992）特别强调了"同时处理发展、持续的资源管理和摆脱贫困"的必要性。

在里约热内卢会议（1992）上开放签署的《生物多样性公约》（Convention on Biological Diversity）是一项旨在保护地球生物资源的国际性公约。该公约于 1992 年 6 月 1 日由联合国环境规划署（UNEP）发起的政府间谈判委员会第七次会议在内罗毕通过，并于 1993 年 12 月 29 日正式生效。《生物多样性公约》（1992）在序言中明确要求各缔约国"进一步承认有必

---

① "Humanity stands at a defining moment in history. We are confronted with a perpetuation of disparities between and within nations, a worsening of poverty, hunger, ill health and illiteracy, and the continuing deterioration of the ecosystems on which we depend for our well-being. However, integration of environment and development conerns and greater attention to them will lead to the fulfillment of basi nedds, improved living standards for all, better protected and managed ecosystems and a safer, more prosperous future. No nation can achieve this on its own; but together we can - in a global partnership for sustainable development." See from "Agenda 21", Preamble 1. 1.

② "While managing resources sustainablly, an environmental policy that focuses mainly on the conservation and protection of resources must take due account of those who depend on the resources for their livelihood. Otherwise it could have an adverse impact both on poverty and on chances for long - term success in resource and environmental conservation. ……A specific anti - poverty strategy is therefore one of the basic conditions for ensuring sustainable development. An effective strategy for tackling the problems of poverty, development and environment simultaneously should begin by focusing on resources, production and people and should cover demographic issues, enhanced health care and education, the rights of women, the role of youth and of indigenous people and loal communities and a democratic participation process in association with improved governance." See from "Agenda 21", Chapter 3, 3. 2.

要订立特别的条款,以满足发展中国家的需要,包括提供新的和额外的资金和适当取得有关的技术,注意到最不发达国家和小岛屿国家这方面的特殊情况,承认有必要大量投资以保护生物多样性,而且这些投资可望产生广泛的环境、经济和社会效益;认识到经济和社会发展以及根除贫困是发展中国家第一和压倒一切的优先事务,意识到保护和持续利用生物多样性对满足世界日益增加的人口和粮食、健康和其他需求至关重要,而为此目的取得和分享遗传资源和遗传技术是必不可少的"。① 该公约第12条再次强调消除贫困对于发展中国家缔约国的意义,要求发达国家缔约国考虑发展中国家的特殊需求——经济和社会发展、根除贫困,② 并进一步要求发达国家缔约国按照第16条技术的取得和转让、第18条技术和科学合作和第20条资金的规定,提倡利用生物多样性科研进展,制定生物资源的保护和持续利用方法,并在这方面进行合作,③ 充分体现了共同但有区别原则指引下的制度安排。

《关于所有类型森林的管理、养护和可持续发展的无法律约束力的全球协商一致权威性原则宣言》(以下简称《关于森林问题的原则申明》)是人类社会第一个专门就森林的保护、管理和合理开发利用所达成的共识,具有非常重要的国际意义。与《生物多样性公约》(1992)对原生贫困问题的关注不同,《关于森林问题的原则申明》(1992)主要是针对避免产生次

---

① "Acknowledging that substantial investments are required to conserve biological diversity and that there is the expectation of a broad range of environmenta, economic and social benefits from those investments. Recognizing that economic and social development and poverty eradication are the first and overriding prorities of developing countries. Aware that conservation and sustainable use of biological diversity is of critical importance for meeting the food, health and other needs of the growing world population, for whih purpose access to and sharing of both genetic resources and technologies are essential." See from "Convention on Biological Diversity", Preamble.

② "The Contracting Parties, taking into account the special needs of developing countries", See from "Convention on Biological Diversity", Article 20.

③ "In keeping with the provisions of Article 16, 18 and 20, promote and cooperate in the use of scientific advances in biological diversity research in developing methods for conservation and sustainable use of biological resources". See from "Convention on Biological Diversity", Article 20.

生贫困问题的对策建议。该原则申明开宗明义地指出:"林业这一主题涉及环境与发展的整个范围内的问题和机会,包括社会经济可持续地发展的权利在内。……森林是经济发展和维持所有生物所必不可少的。"① 对林业和森林的此番定性充分表明该原则申明的态度,即在森林保护的过程中须避免对林业人口的生计造成重大影响,不可引发次生贫困问题。在这一思想认识的指导下,《关于森林问题的原则申明》(1992)作出了具体的对策建议,包括:原则2(d)提出,"各国政府应促进和提供机会,让有关各方包括地方社区和土著民、工商界、劳工界、非政府组织和个人、森林居民和妇女,参与制定、执行和规划国家森林政策";② 原则3(c)提出:"环境保护和社会与经济发展中所有与森林和林区有关的方面均应加以一体化和全面化";③ 原则5(a)提出,"国家森林政策应确认土著民、地方社区和森林居民,对他们的认同、文化和权利给予正当的支持。应为这些群体创造适当的条件,使他们在森林使用方面获得经济利益,进行经济活动,实现和保持其文化特征和社会组织,以及适当的生活水平和福利,包括通

---

① "The subjet of forest is related to the entire range of environmental and development issues and opportunities, including the right to socio – economic development on a sustainable basis". See from "Non – legally Binding Authoritative Statement of Principles for a Global Consensus on the Management, Conservation and Sustainable Development of All Types of Forests", Preamble (a).

② "Government should promote and provide opportunities for the participation of interested parties, including local communities and indigenous people, industries, labour, non – governmental organizations and individuals, forest dwellers and women, in the development, implementation and planning of national forest policies". See from "Non – legally Binding Authoritative Statement of Principles for a Global Consensus on the Management, Conservation and Sustainable Development of All Types of Forests", Principle 2 (d).

③ "All aspects of environmental protection and social and economi development as they relate to forests and forest lands should be integrated and comprehensive". See from "Non – legally Binding Authoritative Statement of Principles for a Global Consensus on the Management, Conservation and Sustainable Development of All Types of Forests", Principle 3 (c).

过土地永远使用安排，作为对森林进行可持续管理的奖励"；① 以及原则9（b）提出，"各国政府和国际社会应设法解决保存和可持续地利用森林资源的工作遭遇的阻力以及地方一级特别是经济和社会上依赖森林和森林资源的贫困都市和农村人口缺少其他选择等问题"②。

自从里约热内卢会议（1992）以后的整个20世纪90年代以来，消除贫困的问题显然成为国际环境法中不可忽视的内容之一。贫困主题的回归似乎向全世界宣示，极端环保主义的覆灭。在《里约热内卢环境与发展宣言》（1992）出台前后，许多环境保护国际公约都不同程度地对贫困问题给予关注。例如，1992年6月4日通过的《联合国气候变化框架公约》（United Nations Framework Convention on Climate Change）在序言中要求公约缔约国"申明应当以统筹兼顾的方式把应对气候变化的行动与社会和经济发展协调起来，以免后者受到不利影响，同时充分考虑到发展中国家实现持续经济增长和消除贫困的正当的优先需要"；③ 并且该公约在原则部分明

---

① "National forest policies should recognize and duly support the identity, culture and the rights of indigenous people, their communities and other communities and forest dwellers. Appropriate conditions should be promoted for these groups to enable them to have an economic stake in forest use, perform economi c activities, and adequate levels of livelihood and well-being, through, inter alia, those land tenure arrangements which serve as incentives for the sustainable management of forests". See from "Non-legally Binding Authoritative Statement of Principles for a Global Consensus on the Management, Conservation and Sustainable Development of All Types of Forests", Principle 5 (a).

② "The problems that hinder efforts to attain the conservation and sustainable use of forest resources and that stem from the lak of alternative options available to local communities, in particular the urban poor and poor rural populations who are economically and socially dependent on forests and forest resources, should be addressed by Governments and the international community". See from "Non-legally Binding Authoritative Statement of Principles for a Global Consensus on the Management, Conservation and Sustainable Development of All Types of Forests", Principle 9 (b).

③ "Affirming that responses to climate change should be coordinated with social and economic development in an integrated manner with a view to according adverse impacts on the latter, taking inti full aount the legitimate priority needs of developing countries for the achievement of sustained economic growth and the eradication of poverty". See from "United Nations Framework Convention on Climate Change", Preamble.

确提出了"共同但有区别原则",① 以照顾发展中国家对发展和消除贫困的利益诉求。再如,联合国环境规划署于 2001 年 5 月 22 日通过的《关于持久性有机污染物的斯德哥尔摩公约》(Stockholm Convention on Persistent Organic Pollutants) 第 13 条关于资金资源与机制的规定中明确指出,"在适当地考虑保护人类健康和环境需要的同时,应充分考虑到可持续的经济和社会发展以及根除贫困是发展中国家缔约方的首要的和压倒一切的优先目标"②。2002 年 8 月 26 日至 9 月 4 日召开的约翰内斯堡可持续发展首脑会议通过了《约翰内斯堡可持续发展宣言》(The Johannesburg Declaration on Sustainable Development),该宣言明确指出,经济发展、社会发展和环境保护是几个相互依存、相互增强的可持续发展支柱,这对于人类进入 21 世纪所面临和解决的环境与发展问题具有重要意义;③ 与此同时该宣言第 11 条指出:消除贫困和保护自然资源均是可持续发展的中心目标,也是可持续

---

① "The Parties should protect the climate system for the benefit of present and future generations of humankind, on the basis of equity and in accordance with their common but differentiated responsibilities and respective capabilities. Accordingly, the development country Parties should take the lead in combating climate change and the adverse effects thereof". See from "United Nations Framework Convention on Climate Change", Article 3 (1).

② "The extent to which the developing Parties will effectively implement their commitments under this Convention will depend on the effective implementation by developed country Parties of their commitments under this Convention relating to financial resources, technical assistance and technology transfer. The fact that sustainable economic and social development and eradication of poverty are the first and overriding priorities of the developing country Parties will be taken fully into account, giving due consideration to the need for the protection of human health and the environment". See from "Stockholm Convention on Persistent Organic Pollutants", Article 13 (4).

③ "Accordingly, we assume a collective responsibility to advance and strengthen the interdependent and mutually reinforcing pillars of sustainable development – economic development, social development and environmental protection – at local, national, regional and global levels". See from "The Johannesburg Declaration on Sustainable Development", Article 5.

发展的根本要求①。

在所有这些国际环境法文献中,尤其值得一提的是于1994年6月7日在巴黎通过的《联合国防治荒漠化公约》(United Nations Convention to Combat Desertification, UNCCD)。它作为《21世纪议程》框架下的三大重要国际环境公约之一,首先在序言中就对贫困与荒漠化的关系以及消除贫困的战略地位作出了明确说明。该公约提醒各缔约国"铭记荒漠化和干旱经由与贫困、健康和营养不良、缺乏粮食保障以及由移民、流离失所者和人口动态所引起的重大社会问题的相互关系而影响到可持续发展"②。可见,该公约在此肯定了贫困与荒漠化之间的正相关关系,将消除贫困问题纳入解决荒漠化的议题之中。同时该公约还在其序言中重申"可持续的经济增长、社会发展和消灭贫困是受影响的发展中国家、尤其是非洲国家的优先任务,对可持续能力目标的实现至关重要"③。不仅如此,《联合国防治荒漠化公约》(1994)最为突出的贡献在于,第一次明确地提出"把消灭贫困战略纳入防治荒漠化和缓解干旱影响的工作"④。在其关于非洲地区执行的附件1中,该公约又明确要求非洲国家缔约方承诺"把防治荒漠化和/或缓解干

---

① "We recognize that poverty eradication, changing consumption and production patterns, and protecting and managing the natural resource base for economic and social development are overarching objectives of, and essential requirements for sustainable development'". See from "The Johannesburg Declaration on Sustainable Development", Article 11.

② "Mindful that desertification and drought affect sustainable development through their interrelationships with important social problems such as poverty, poor health and nutrition, lack of security, and those arising from migration, displacement of persons and demographic dynamics". See from "United Nations Convention to Combat Desertification", Prologue.

③ "Conscious that sustainable economic growth, social development and poverty eradication are priorities of affected developing countries, particularly in Africa, and are essential to meeting sustainability objectives". See from "United Nations Convention to Combat Desertification", Prologue.

④ "Integrate strategies for poverty eradication into efforts to combat desertification and mitigate the effects of drought". See from "United Nations Convention to Combat Desertification", Part II. Article 4, 2 (c).

旱影响作为根除贫困努力的中心战略"①;并要求发达国家缔约方在对非洲地区国家缔约方进行援助时"要考虑采用以消除贫困作为中心的战略"②。在其关于亚洲地区执行的附件2中也作出了类似的要求,即"根据《公约》第10条,国家行动方案的总体战略应以参与机制为基础,并在将消除贫困战略纳入防治荒漠化和缓解干旱影响的努力的基础上,强调受影响地区的当地综合发展方案"③。除此之外,《联合国防治荒漠化公约》(1994)对发展中国家缔约方作出了倾斜性保护的具体安排,并规定了许多促成消除贫困与防治荒漠化双赢的具体措施,而这些措施也主要集中在对贫困地区贫困人口的权利与能力弥补方面。

在当前和今后很长一段时间内,如何应对全球气候变化所带来的挑战是国际环境法关注的热点。联合国气候变化专门委员会(Intergovernmental Panel on Climate Change, IPCC)最近得出结论:许多生态系统的恢复能力由于受到全球变暖及其他如森林火灾和水灾此类的相关气候的影响极有可能在本世纪超出极限;而与此同时最有可能发生的事是,最贫困国家中最贫困的群体由于其所处的地理位置、他们对环境灾害的脆弱性及其对生态

---

① "In accordance with their respective capabilities, African country Parties undertake to: (a) adopt the combating of desertification and/or the mitigation of the effects of drought as a central strategy in their efforts to eradicate poverty". See from "United Nations Convention to Combat Desertification", Annex I (Regional Implementation Annex for Africa). Article 4, 1 (a).

② "In fulfilling their obligations pursuant to article 4, 6 and 7 of the Convention, developed country Parties shall give priority to affected Afica country Parties and, in this context, shall: (a) assist them to combat desertification and/or mitigate the effects of drought by, inter alia, providing and/or facilitating access to financial and/or other resources, and promoting, financing and/or facilitating the financing of the transfer, adaptation and access to appropriate environmental technologies and know-how, as mutually agreed and in accordance with national policies, taking into account their adoption of poverty eradication as a central strategy". See from "United Nations Convention to Combat Desertification", Annex I (Regional Implementation Annex for Africa). Article 5, 1 (a).

③ "United Nations Convention to Combat Desertification", Annex II (Regional Implementation Annex for Asia). Article 4, 2.

系统服务的直接依赖性等原因所遭受的打击将是最大的。① 环境保护，尤其是生物多样性保护，既影响气候变化，同时也受到气候变化的影响。而环境保护又能够帮助穷人适应并减缓气候变化带来的影响，例如，通过自然资源保护抵御水灾。因此，在全球气候变化的背景之下，贫困问题与环境保护之间的联系会更加紧密。如何应对诸如"气候贫困"② 这样的新命题将是今后国际环境法需要进一步开拓与发展的领域。

第二节 "望远镜的另一端"：应对贫困问题的国（区）际环境政策

我们已经意识到，贫困问题是一直致力于解决环境问题的环境法"地平线下的一般问题"。然而，如果仅仅从这一个视角加以思考似乎还远远不够，美国法学家劳伦斯·M. 弗里德曼（Lawrence M. Friedman）就曾经告诫法学研究者学会从"望远镜的另一端"分析问题。环境法律和政策对于减缓贫困的贡献就是这"另一端的风景"。这样一些政策和实践活动经验来自以消除贫困为主要目标的世界银行和亚洲开发银行。它们的诞生都不是为了环境保护。然而，值得我们这些以彻底解决环境问题为目的的环境法研究者们思索的是：它们为何将环境政策纳入其工作"主流"以及它们致力于双赢的政策措施。

---

① IPCC（2007）Climate Change 2007: Climate Change Impacts, Adaptation and Vulnerability. Summary for Policymakers. Working Group II Contribution to the Intergovernmental Panel on Climate Change, Fourth Assessment Report. Intergovernmental Panel on Climate Change, Geneva, Switzerland. Http://www.ipcc.ch/pdf/assessment-report/ar4/wg2/ar4-wg2-spm.pdf.

② 依据清华大学胡鞍钢教授的定义："我们将气候贫困定义为基本生存环境的贫困。它是由于全球气候环境的变化导致自然条件恶劣，特别是自然灾害的贫乏，而造成人们基本生活与生产条件被破坏，基本生存权利被剥夺的贫困现象。"参见胡鞍钢为《气候变化与贫困——中国案例研究》（许吟隆、居辉主编）一书写的序《应对气候变化挑战，消除气候贫困人口》。查阅 http://www.oxfam.org.cn/userfiles/report/CC.poverty.report.pdf，访问时间：2010年12月25日。

一、世界银行应对贫困问题的环境政策

世界银行（World Bank）成立于 1945 年 12 月 27 日，1946 年 6 月开始营业。它仅指国际复兴开发银行（IBRD）和国际开发协会（IDA），近年来其所资助的项目和业务旨在支持低收入和中等收入国家实施其减贫战略，努力通过推进共享式和可持续全球化进程来应对全球性挑战，进而消除贫困，在关注环境的同时提高经济增长率，为个人创造机会并带来希望。① 然而，依据其诞生时《国际复兴开发银行协定》（1944）的约定，银行的宗旨包括"通过使投资更好地用于生产事业的办法以协助会员国境内的复兴与建设"、"促进外国私人投资"、"协助会员国提高生产力、生活水平和改善劳动条件"等。② 该宗旨以及协定全文只字未涉及环境问题及其保护。早期的世界银行一直试图通过对发展中国家的资本投资以实现加速该国经济增长的目的；自 20 世纪 80 年代以来世界银行的核心业务更加集中于消除贫困，并且从之前以投资为主导的发展观转而强调可持续发展。

在 20 世纪 70 年代以前，世界银行没有制定或实施任何环境政策。20 世纪 70 年代，随着在经济发展过程中环境问题的凸显，西方国家的一些民众和非政府组织也开始将"环境运动"的矛头指向世界银行，认为它援助的一些大型项目在执行过程中造成了对生态环境的破坏，并指责世界银行只重视发展，不注重环境保护，要求世界银行检讨自身政策，进行改革。③ 在此压力之下，世界银行于 1975 年发布了《项目环境发展的指导方针》

---

① 世界银行与世界银行集团（World Bank Group）不同，后者包括 IBRD、TDA 以及另外三个机构，即国际金融公司、多边投资担保机构和解决投资争端国际中心。了解更多具体内容参阅世界银行中文网，http：//web. worldbank. org/WBSITE/EXTERNAL/EXTCHINESEHOME/EXTFAQSCHINESE/0，contentMDK：21144474 ~ pagePK：98400 ~ piPK：98424 ~ theSitePK：3099031，00. html，访问时间：2010 年 12 月 25 日。

② "Articles of agreement of the international bank for reconstruction and development"，Article 1：Purposes.

③ O, Brien. Contesting Globle Governance：Multilateral Economic Institutions and Social Movements 117 （2000）.

(Guidelines on Environmental Developments of Projects),然而该指导方针由于缺乏强制性而一直未能得到较好地执行。1970年世界银行设立了环境保护办公室。该办公室成员的职责是审核并分析每项贷款的环境影响以确保所有项目都包括对其环境因素的考量。然而事实上当时没有人充分重视该办公室提出的建议或意见。20世纪80年代到90年代期间,世界银行增加了对环境事务的关注,制定了一些较为重要的环境政策。例如,1984年发布了世界银行工作中有关环境方面的申明,对其发展融资过程中的环境影响的严重性加以分析;1992年对其员工具有约束力的《业务政策》(Operational Policy)中包含环境政策以及有关环境评估的规定;1997年,世界银行首次阐明了保全政策的概念,而"保全政策提供了一个在发展决策中顾及环境和社会问题的机制"。①

2001年7月17日世界银行通过了《作出可持续承诺:世界银行的环境战略》,该战略的出台在世界银行环境政策的发展史上具有里程碑意义。此项环境保护战略所依据的一项认识是,以平衡兼顾经济增长、社会粘合力和环境保护为基础的可持续发展对于世界银行的核心目标,即持久地减少贫困来说,具有根本的意义。② 该战略的出台标志着世界银行对于环境政策的认识进一步深化:环境政策的作用不仅有助于减轻经济活动对于生态环境的危害,而且还能为提高人们的生活质量作出贡献。建立在这样一个全新认识的基础之上,世界银行指出:"《环境战略》的目标,就是促进人们把环境的改善作为发展和减少贫困战略及行动的基本内容之一。"③《世界银行环境战略》(2001)为其此后环境方面的行动确定了方针并指引了具体的行动方案。尽管世界银行的环境政策本身并不是国

---

① 环境和社会可持续发展网络,业务政策和国家服务处,世界银行:《保全政策:增进发展效力的框架讨论文件》,2002年,第2页。查阅世界银行网站,http://www-wds.worldbank.org/external/default/WDSContentServer/WDSP/IB/2006/01/25/000090341_20060125094210/Rendered/PDF/349550CHINESE0SafeguardsFrameworkPaper.pdf,访问时间:2010年12月25日。
② 环境和社会可持续发展网络,世界银行:《作出可持续承诺——世界银行的环境战略概述报告》,美利坚合众国印刷2001年,第6页。
③ 环境和社会可持续发展网络,世界银行:《作出可持续承诺——世界银行的环境战略概述报告》,美利坚合众国印刷2001年,第14页。

际环境法渊源,没有法律约束力,但在其资金杠杆的影响力之下,这些环境政策得以更切实地遵守和执行,在某些情况下甚至比国际环境法渊源更加有效。

世界银行环境政策的内容集中体现在其决策过程以及其保全制度的规定之中。世界银行意识到不同社会集团、不同国家的可持续发展观并不完全相同,在面对经济、环境和社会目标的取舍和平衡时,难免会出现因不同的价值判断而作出有差异的抉择。鉴于此,世界银行实践其旨在消除贫困的环境政策的工作首先就是帮助其客户国家确定该国的环境重点事项和挑战并为其就此采取的行动提供支持。可见,世界银行的环境政策是从地方的角度看待环境挑战,其环境保护策略和方案强调客户国家的环境状况以及资源对该国人民生产方式的影响。这一思想还体现在环境保护策略的贯彻过程中。《世界银行环境战略》(2001)就强调指出:"在贯彻注重贫穷问题的环境议程时,需要更多地强调全球环境挑战涉及的地方因素,重视减少全球共同环境退化对发展中国家造成的影响,并强调精心确定干预措施的目标,以便使发展中国家和地方社区受惠。"① 在世界银行看来,环境不是一个部门,也不是一个附加议题,因此它的环境政策要求在投资、方案、部门战略和政策对话中就把环境议题结合在内或将其纳入主流。世界银行的环境保全政策规定了业务必须遵守的强制性规定,包括:OP/BP 4.01 环境评估;OP/BP 4.04 自然生境;OP/BP 4.36 林业;OP/BP 4.09 病虫害治理;OD 4.30 非自愿搬迁;OD 4.20 土著民族;OP/BP 11.03 文化财产;OP/BP 4.37 水坝安全②。世界银行的保全制度是把环境和社会关注事项纳入发展政策、方案和项目的基本工具之一,规定了所有接受其资助活动都必须遵守的最起码要求。世界银行通过将环境投入和保全问题自下而上地纳入决策和项目周期的方式贯彻其环境政策(见下图)。

---

① 环境和社会可持续发展网络,世界银行:《作出可持续承诺——世界银行的环境战略概述报告》,美利坚合众国印刷 2001 年,第 19 页。
② OP: Operation Policy,指代的是世界银行的《业务政策》;BP: Bank Procedure,指代的是世界银行的《业务程序》;OD: Operation Direction,指代的是世界银行的《业务指示》。

第三章 国（区）际环境法律/政策对贫困问题的应对

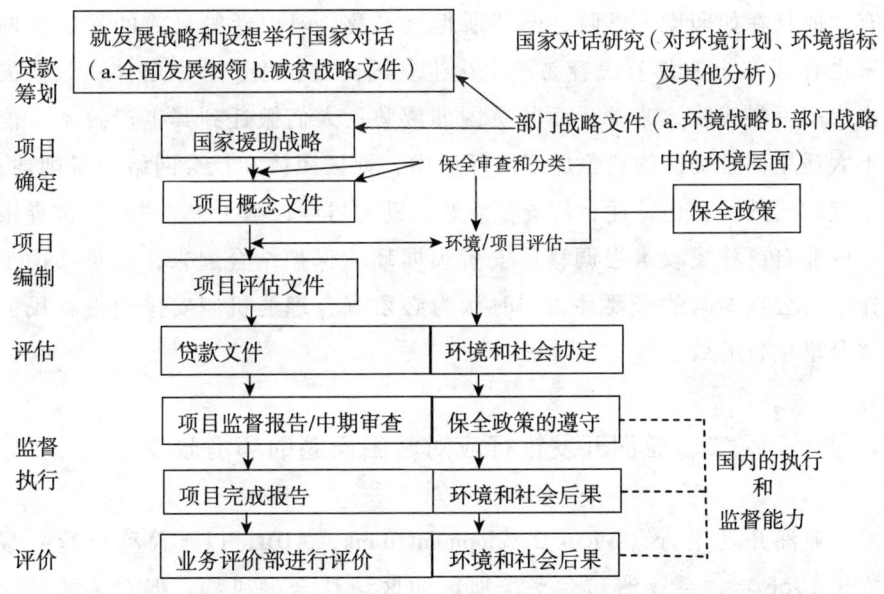

世界银行决策过程和项目周期中的环境和保全措施投入①

  在内容和对策措施方面，世界银行的环境政策对国内环境法的发展具有积极的借鉴意义。身陷原生贫困问题的主体有一个突出的特点是其对于生态系统和自然资源所提供的生产力和服务的严重依赖性，同时由于权利剥夺以及受制于知识、资金、技术等落后条件的可行能力欠缺，他们往往采取不可持续的方式开发资源从而进一步陷入恶性循环的旋涡。针对这一现实，世界银行的自然资源管理项目越来越多地依靠社区在项目设计和实施阶段发挥作用。世界银行在项目中赋予社区在管理其自然资源方面的权力，鼓励人们逐步采用更适合于具体条件和更可持续的方式来利用资源。这样做的结果是既对生物多样性给予了更多保护，也使当地人民获取更多收入并提高生活质量。诸如水利水电工程、设立自然或文化保护区此类的一些发展项目可能会造成非自愿移民。世界银行的专家曾在其研究报告中指出："（非自愿移民——笔者注）不仅在美国、日本、德国、法国、荷兰、加拿大等目前的发达工业国家的发展过程中

---

  ① 来源：环境和社会可持续发展网络，世界银行：《作出可持续承诺——世界银行的环境战略概述报告》，美利坚合众国印刷2001年，第26页。

有,而且在如印度、巴西、巴基斯坦、埃及、阿根廷等目前的发展中国家也有。"① 非自愿移民容易产生次生贫困问题:生产体系解体;人们失去生产资料或收入来源,面临贫困的威胁;人们搬迁到其生产技术可能不太适用而且资源的竞争加剧的环境中;社区团体和社会网络力量削弱;亲族被疏散;文化特性、传统权威及互助的可能性减少或丧失。② 世界银行的非自愿移民政策强调移民安置须同环境保护结合起来,以及移民工作中的公众参与的必要性,同时认为必须有合理的机制安排使得移民能够分享项目的效益。

二、亚洲开发银行应对贫困问题的环境政策

亚洲开发银行(Asian Development Bank, ADB,以下简称亚行)成立于1966年,系亚洲和太平洋地区的区域性金融机构。据有关资料统计,20世纪60年代,亚洲地区人均年收入仅为100美元,相当于拉丁美洲的三分之一,并大大低于非洲的人均收入水平,而人口却高达17亿,是非洲和拉丁美洲人口总和的三倍多。亚太地区是世界上最不发达的地区。③ 在这样历史背景条件下成立的亚行,一开始明确了其区域性银行的定位。作为亚太地区最大的区域性政府间开发金融机构,亚行的宗旨是通过发展援助帮助亚太地区发展中成员国家消除贫困,促进亚太地区的经济和社会发展。

从20世纪70年代起,国际社会开始关注工业化发展带来的全球环境污染问题,全球环境保护意识觉醒。对此,各个区域开发银行开始关注其业务工作中的环境污染问题,例如1976年美洲开发银行就率先对发展中国家的援助项目使用环境影响评价制度。从那时起亚行也开始关注地区环境污染和环境治理问题,认识到环境保护对于社会经济发展的重要意义,并

---

① 迈克尔·M. 塞尼:《移民与发展:世界银行移民政策与经验研究》,水库移民经济研究中心编译,河海大学出版社1996年版,第7页。
② World Bank, OP4.12, para.1.
③ 《亚洲开发银行》编写组:《亚洲开发银行》,中国金融出版社1989年版,第1页。

于 1979 年发表了名为"银行运行中的环境考虑"的报告。亚行在此份报告中明确要求:"所有亚行项目都应该涵盖环境保护的内容,为环境保护提供法律保障,以确保亚行发展项目的实施不会对自然环境造成危害或将对自然环境的危害降低到最低程度。"① 1980 年联合国环境规划署(UNEP)及世界银行等 10 家多边援助机构通过了《关于经济开发中的环境政策及实施程序的宣言》,该宣言建议签署机构将环境管理融入经济发展规划之中,亚行是亚太地区第一家签署该宣言的区域性经济机构。为了履行该宣言的要求,亚行制定了相应的环境保护指导方针:(1)建立规范化程序系统地监察亚行的发展项目,包括项目方针、程序和项目实施等,以使亚行发展项目对环境的负面影响降低到最低程度;(2)与其会员国政府和其他伙伴开展合作,使环境保护措施融于发展项目的制定和实施;(3)关注保护、恢复、管理与改善环境的项目建议书;(4)倡导合作开展对改进项目评估方法的研究,编写有关材料,为经济发展中的环境保护工作提供指南。② 据亚行的统计数据显示,截至 20 世纪 90 年代初,亚行的环境协助项目(包括建立环境保护制度、保护热带森林及物种、解决能源污染问题、农药、汽车尾气公害问题等)的总数超过 50 件;对具有环境效益项目的贷款金额从 80 年代早期的每年不足 0.1 亿美元上升到 1991 年的 5.5 亿美元;环境规划和评价已完全纳入了项目的规划、设计及执行中。③

然而事实证明,仅仅在经济援助项目中融入对环境保护的考量并不足以切断广大亚太地区贫困与环境问题之间的恶性循环。据统计资料显示,在 20 世纪 90 年代亚太地区的森林以每年接近 400 万公顷的速度消失;而毁林的原因主要是"出售原木、毁林造田、扩建新村和用作薪柴……贫穷也会导致森林的瓦解"④。可见,亚太地区广泛存在的贫困现象,贫困人口的生存性需求阻碍了环境保护目标的实现。尽管当时亚行等多边援助机构

---

① 王中伟:《国际可持续发展战略比较研究》,商务印书馆 2000 年版,第 442 页。
② 王中伟:《国际可持续发展战略比较研究》,商务印书馆 2000 年版,第 443 页。
③ 《亚洲开发银行》编写组:《亚洲开发银行》,中国金融出版社 1989 年版,第 40 页。
④ Annette Bingham:《亚洲开发银行的环境计划促进污染防治》,苗润生译,载《世界环境》1995 年第 2 期。

在亚太地区积极推广提高土地产量的"绿色技术","作为绿色革命的一部分,亚洲有些国家已经采用了这些技术。但是没有多少穷苦的家庭能获得好处"①。一直以来亚行环境政策的关注点集中在单纯确保其援助项目不对当地环境带来不利影响,但是经过实践检验却发现如果不将贫困问题与环境问题的解决联系起来,当地贫困的状况以及普惠于穷人的政策缺失往往令环境问题更加恶化。在这一思想认识的指导之下,亚行的环境政策在此之后有所转变。例如,在亚行2001年1月16日公布的水资源政策文件中就强调"贫困及缺乏水服务的人们应平等地得到水……在用水方面保证贫困阶层不被排除在外"②。

全面表达亚行环境政策发展的事件是,2002年11月8日亚行通过了一项新的环境政策,该政策中包括以下5点内容:(1)加强环境干预以消除贫困;(2)在经济增长方面更多考虑环境因素;(3)建立全球和地区生命支持系统;(4)建立合作关系;(5)亚洲开发银行运作过程中增加考虑环境因素。③亚行新环境政策的出台,标志着亚行将环境保护视为消除贫困不可或缺的工具之一,并且从强调"不对援助项目实施地的环境造成不利影响"的环境政策转变为"对援助项目实施地的环境和贫困状况产生有利影响"的环境政策。包括会员国环境机构设立、环境政策、战略及相关法律法规的建立在内的能力建设是亚行新的环境政策关注的重点。在旨在帮助巴基斯坦建设司法制度的"司法程序项目"中,《行长关于该项目的报告和建议》的环境部分就明确指出其目的"旨在确保环境法得到实施,其途径是建立法律中已经作出规定的环境法庭,并确保通过省环境局和省环境部消除任何利益冲突",④并同时强调"市民社会群体可以利用法律实施基金提高自己的环境意识以及实现自己的环境权"。⑤亚行的此类援助项目是对《里约热内卢环境与发展宣言》(1992)

---

① Annette Bingham:《亚洲开发银行的环境计划促进污染防治》,苗润生译,载《世界环境》1995年第2期。
② 丁民:《亚洲开发银行新的水政策》,载《水利发展研究》2001年第2期。
③ Asian Development Bank, Environment Policy (2002). pp. 8 – 9.
④ Asian Development Bank, Report and Recommendation of the President, at I.
⑤ Asian Development Bank, Report and Recommendation of the President, at II.

第三章 国（区）际环境法律/政策对贫困问题的应对

原则 10 的积极响应，即"（各国）应有效地利用司法和行政程序，包括赔偿和救济"。①

亚行对我国的援助项目中也有不少关于环境立法的技术援助。1994 年亚行为提高我国环境立法者的能力而资助项目"环境和自然资源保护委员会立法改革"，主要帮助我国修改《水污染防治法》和《环境管理法》，在此资助下全国人大于 1996 年 5 月通过了新的《水污染防治法》；亚行资助我国的第二个法律环境技术援助项目是"提高自然资源立法能力"，在该项目资助下修改完成的《土地管理法》于 1998 年 8 月由全国人大通过并于 1999 年 1 月 1 日生效；亚行资助的第三个技术援助项目是于 1998 年批准的"环境保护和自然资源保护省级立法"，该项目旨在帮助一百多个省级立法者依据 1998 年修订后的《土地管理法》修订地方有关立法；在这三个法律技术援助项目之后，亚行又批准了三个帮助我国提高环境立法能力的技术援助项目。② 亚行对我国法律技术援助项目的开展是对《里约热内卢环境与发展宣言》（1992）原则 11 的积极响应。该原则要求"各国应当制定有效的环境法"。③ 而且，据亚行驻我国的特派代表 Bruce Murray 介绍，帮助

---

① "Environmental issues are best handled with the participation of all concerned citizens, at the relevant level. At the national level, each individual shall appropriate access to information concerning the environmental that is held by public authorities, including information on hazardous materials and activities in their communities, and the opportunity to participate in decision – making processes. States shall facilitate and encourage public awareness and participation by making information waidely available. Effective access to judicial and administrative proceedings, including redress and remedy, shall be provided". See from "Rio Declaration on Environment and Development", Principle 10.

② 参见《亚洲开发银行与中国：法律和政策改革中的伙伴关系》（该文尚未发表），转引自 John A. Boyd：《从里约热内卢到约翰内斯堡：亚洲开发银行环境事件和政策的考察》，邵方、曹明德、李兆玉译，载《亚太地区第二代环境法展望——世界自然保护同盟/全球环境战略研究所/亚洲开发银行研讨会论文集》，法律出版社 2006 年版，第 51—52 页。

③ "States shall enact effective environmental legislation. Environmental standards, management objectives and priorities should reflect the environmental and developmental cntext to which they apply. Standards applied by some countries may be inappropriate and of unwarranted economic and social cost to other countries, in particular developing countries". See from "Rio Declaration on Environment and Development", Principle 11.

中国制定新的法律制度为底层贫困群体提供法律和司法服务是亚洲开发银行的中国法律制度战略的主要关注点之一。①

第三节 国（区）际环境法律/政策的若干启示

通过以上这些分析论证，我们不难发现无论是国（区）际环境法渊源还是不具有法律效力的国（区）际组织的环境政策都具有一个共同特点，即"以人为本"。"以人为本"是对传统人类中心主义理论的辩证超越。传统人类中心主义将人的主体价值引入了极端，但是它建立在尊重人的价值和尊严基础上的理论基石无疑是正确的。"以人为本"正是对传统人类中心主义的扬弃，在承认尊重自然的基础上尤其将人的生存价值作为终极关怀纳入其中。国（区）际环境法律和政策一再地向我们昭示布伦特兰夫人于20世纪作出的关于"没有一个包括造成世界贫困和国际不平等的因素的更为广阔的观点，处理环境问题是徒劳的"论断之真理性，并为国内环境法应对贫困问题带来了诸多启示。

一、贫困与不公：环境法无法回避的话题

当我们追溯环境法产生和发展的历史时，会发现具有环境保护作用的法律规范很早以前就已经出现。例如，公元前18世纪的《汉谟拉比法典》中就有关于牧场和林木保护的规定；而早在我国西周时期就已经出现禁伐的规定。然而，直到20世纪60年代，尤其是1972年斯德哥尔摩联合国人类环境会议召开以后，环境法作为一门独立的法律部门的地位才逐渐获得承认。而也是以1972年斯德哥尔摩联合国人类环境会议的召开为标志，贫困问题走入了国际环境法的视野。《人类环境宣言》（1972）开篇第1条

---

① 参见《亚洲开发银行与中国：法律和政策改革中的伙伴关系》（该文尚未发表），转引自 John A. Boyd：《从里约热内卢到约翰内斯堡：亚洲开发银行环境事件和政策的考察》，邵方、曹明德、李兆玉译，载《亚太地区第二代环境法展望——世界自然保护同盟/全球环境战略研究所/亚洲开发银行研讨会论文集》，法律出版社2006年版，第53页。

"人类环境的两个方面,即天然的和人为的方面,对于人类的幸福和对于享受基本人权,甚至生存权利本身,都是必不可少的",① 就将环境与人类生存紧密联系在一起。紧接着该宣言前言部分第4条进一步明确指出:"在发展中国家,环境问题大半是由于发展不足造成的。千百万人的生活仍然远远低于像样的生活所需要的最低水平。他们无法取得充足的食物和衣服、住房和教育、保健和卫生设备。因此,发展中的国家必须致力于发展工作,牢记他们优先任务和保护和改善环境的必要。"② 由此可见,国际环境法从一开始就没有回避贫困问题,而是将环境问题与贫困问题紧密联系在一起。

从斯德哥尔摩到里约热内卢,再到约翰内斯堡,在通过谈判制定的环境法文件中贫困与不公都与环境保护在发展的议题下结合在一起。1982年为了纪念斯德哥尔摩联合国人类环境会议10周年国际社会成员在肯尼亚首都内罗毕召开了人类环境特别会议。此次会议通过的《内罗毕宣言》(Nairobi Declaration) 告诫人类:贫穷和挥霍浪费都会因为导致人们过度地开发其环境而对环境造成威胁;并指出《联合国第三个发展十年国际开发战略》和建立新的国际经济秩序均属于旨在全球性努力扭转环境退化的主要手段。《里约热内卢环境与发展宣言》(1992)坚持"以人为本"的理念,原则4和原则5明确将贫困与环境问题的解决并提。该宣言原则4指出"为了实现可持续发展,环境保护应成为发展进程中不可分割的一部分而不能从中脱离来考虑";③ 而原则5极力呼吁"各国和各国人民应该在消除贫困这个基本任务方面进行合作,这是可持续发展必不可少的条件,目的是缩小生

---

① "Both aspects of man's environment, the natural and the man-made, are essential to his well-being and to the enjoyment of basic human rights the right to life itself". See from "Declaration of the United Nations Conference on the Human Environment", Article 1.

② "In the developing countries most of the environmental problems are caused by under-development. Millions continue to live far below the minimum levels required for a decent human existence, deprived of adequate food and clothing, shelter and education, health and sanitation. Therefore, the developing countries must direct their efforts to developmrnt, bearing in mind their priorities and the need to safeguard and improve the environment". See from "Declaration of the United Nations Conference on the Human Environment", Article 4.

③ "Rio Declaration on Environment and Development", Principle 4.

活水平的悬殊和更好地满足世界上大多数人的需要"①。《21世纪议程》（1992）认为消除贫困和环境保护是可持续发展实现的两大基石。《生物多样性公约》（1992）不止一次强调"经济和社会发展以及根除贫困是发展中国家第一和压倒一切的优先事务"，并在生物多样性保护措施安排上体现对发展中国家的倾斜保障。《联合国气候变化框架公约》（1992）明确承认了发展权和对付贫困的权利，其第3条第1款规定："缔约国应当根据公平原则和共同但有差别的责任原则以及自身的能力为人类和后代保护气候。"②《约翰内斯堡可持续发展宣言》（2002）将"大气、水体和海洋污染继续剥夺千百万人体面的生活"视为人类面临的挑战之一，并承诺建立的社会应"人人都必须享有尊严"。对贫困问题的关注同样存在于区际环境法中。以东盟地区的区际环境法文件为例。东南亚国家联盟（简称"东盟"）成立于1967年，从1977年开始开展地区环境合作。"建立清洁绿色的东南亚联盟，充分建立各种可持续发展机制以保障地区环境的保护、自然资源的可持续性以及当地人民生活质量的提高"③是该区域制定环境保护战略的指导思想。

综上所述，通过对国（区）际环境法渊源的考察，我们发现并没有环境法单一应对环境问题的"真空地带"，环境问题自始就是与贫困问题、社会不公等紧密结合在一起的附和问题。因此，环境法应对贫困问题就是实现彻底解决环境问题目标的题中应有之义。

二、减缓贫困：环境法可以有所作为的领域

国（区）际环境法律/政策不仅告诉我们环境法应对贫困问题的必然性，而且还进一步向我们揭示环境法能够对减缓贫困作出贡献。"人的需要经过社会关系的过滤和渗透，就表现为人的利益。需要产生利益，利益引

---

① "Rio Declaration on Environment and Development", Principle 5.
② "United Nations Framework Convention on Climate Change", Article 13 (1).
③ 转引自 Koh Kheng-lian：《地区生物多样性合作：东南亚国家联盟模式考察》，邵方、曹明德、李兆玉译，载《亚太地区第二代环境法展望——世界自然保护同盟/全球环境战略研究所/亚洲开发银行研讨会论文集》，法律出版社2006年版，第147页。

发动机，动机支配行为，行为导向利益目标。而当行为主体的利益目标实现以后，又会产生新的需要，派生新的利益需要，引发新的动机并支配新的行为，导向新的利益目标。"① 而"法是生成和成长于社会主体对现实和预期的社会关系主体的利益配置实际及其演变规律的认识与把握之中，并通过主权者将其成文化或实定化的"。② 贫困就表现为主体生存和发展利益的落空；而本质在于制度不公下的权利剥夺、利益分配失衡。而就环境问题而言，"人与人之间的关系是影响人与自然之间关系的更深层次的因素，虽然其影响是间接的，但却具有决定性的意义"。③ 可见，作为环境利益衡平工具的环境法能够通过公平地提供和分享环境服务来减轻造成贫困的环境因素，从而对减缓贫困出一份力。

《联合国防治荒漠化公约》（1994）一再强调"将消除贫困战略纳入防治荒漠化和缓解干旱影响的工作"，并进一步要求"于适当时加强相关的现有法律，如若没有这种法律，则颁布新的法律，并制定长期政策和行动方案，以提供一种扶持性环境"。④ 该公约关于非洲地区执行的附件一认可了环境保护措施对于缓解贫困的作用，第4条第1款（a）要求非洲国家缔约方承诺"把防治荒漠化和/或缓解干旱影响作为根除贫困努力的中心战略"。⑤ 而对于此承诺的践行，该公约附件同时给出了应对之策，第4条第2款（b）指出："（根据《公约》第4条规定的一般义务，非洲受影响国家缔约方应致力于）坚持并加强目前正在进行的实现进一步分权、资源使

---

① 王伟光：《利益论》，人民出版社2001年版，第152页。
② 李道军：《法的应然与实然》，山东人民出版社2001年版，第155页。
③ 曹明德：《从人类中心主义到生态中心主义伦理观的转变——兼论道德共同体范围的扩展》，载《中国人民大学学报》2002年第3期。
④ "In addition to their obligation pursuant to article 4, affected country Parties undertake to: (e) provide an enabling environment by strengthening, as appropriate, relevant existing legislation and, where they do not exist, enacting new laws and establishing long-term policies and action programmes." See from "United Nations Convention to Combat Desertification", Article 5 (e).
⑤ "United Nations Convention to Combat Desertification", Annex I (Regional Implementation Annex for Africa). Article 4, 1 (a).

用权以及加强公众参与的改革。"①

世界银行和亚行在其业务工作开展的过程中逐渐意识到：环境政策的作用不仅有助于减轻经济活动对于生态环境的危害，而且还能为提高人们的生活质量作出贡献。环境政策成为指导它们援助项目开展的不可或缺的方针，并且融入到它们工作的"主流"。世界银行的环境政策要求在投资、方案、部门战略和政策对话中均须把环境评估、环境保护方案以及保全政策结合在内，自下而上地将环境投入和保全问题纳入决策和项目周期。既是出于对环境法之于减缓贫困的贡献的正确性认识，又是对《里约热内卢环境与发展宣言》（1992）相关要求的积极响应，亚行对其成员国的援助项目中不少是关于环境立法的技术援助。例如，亚行就对我国《水污染防治法》、《土地管理法》的修订进行了技术援助。

环境法及其执行对于减缓贫困中的作用近些年来越来越受到国际社会的重视。例如，联合国环境规划署（UNEP）2008 年 9 月《精通环境法的政府高官编写第四个〈环境法发展和定期审查方案〉（蒙得维的亚方案四）会议报告》②中就明确要求在应对贫困问题方面需要实现的目标是"减轻造成贫困的环境条件，其中应考虑以公正地提供和分享环境服务来减少贫困，以及达到这个目的，确保环境法及其执行对减贫发挥作用，并确保将环境法和环境政策列入减贫战略的考虑之中"。为了实现这一目标，该报告要求采取以下行动："a. 进一步研究贫困与环境之间的关系，包括城市发展产生的污染对贫困人群造成的过分严重的影响、水质不达标、水量不足、缺乏安全饮用水和卫生服务、及沙漠化和干旱等问题；b. 研究环境保护和减贫之间关系的法律问题，包括在减贫方面已经取得成效的各项环境保护措施，并向各国政府、政府间组织及民间社会宣传这些研究的成果；c. 与各国及有关组织进行合作，分析和汇编已经实施的、确保环境条件促进贫困人群健康、营养和普遍福利的法律措施；d. 与各国及有关组织进行合作，对现有法律框架进行分析和汇编，要是没有这些法律框架可能会导致

---

① "United Nations Convention to Combat Desertification", Annex I (Regional Implementation Annex for Africa). Article 4, 2 (b).

② 该报告的详细内容查见：http://www.unep.org/law/PDF/MontevideoIV/Report - Chinese.pdf，访问时间：2010 年 12 月 26 日。

增加或减少所谓向贫困国家及国内贫困地区输出污染的可能性；e. 研究如何通过法律措施实施环境保护和减贫并将二者结合起来，包括支持关于贫困和环境的联合方案，该方案应是旨在确定解决发展中国家贫困人群环境关切的具体政策建议和实用性措施；f. 对比较本土化的、社区型的自然资源管理方法和可持续发展方法的法律要求和潜在价值进行评估，了解同一社会中的各个群体常常是以不同的方式经历各类环境问题。"

三、应对的贫困类型：来自国（区）际环境法律/政策的依据

尽管国（区）际环境法律/政策肯定了环境法对于减缓贫困的贡献，但是显然环境法既不是应对贫困问题的唯一途径，又不可能应对一切贫困问题。本研究在第一章中借助马克斯·韦伯的理想类型（ideal - type）方法论工具将环境法应对的贫困问题划分为原生贫困问题和次生贫困问题。原生贫困问题指的是一种既存的贫困，它由于与环境问题之间的紧密联系而成为环境法有可能应对的对象；次生贫困问题指的是在环境因子介入之后才转而从非贫困状态陷入贫困之中。通过对国（区）际环境法律/政策的分析，我们也验证了这两种类型贫困问题划分的合理性。

国（区）际环境法律/政策中关注的贫困问题大部分均系原生贫困问题。《人类环境宣言》（1972）前言部分第 4 条指出："在发展中国家，环境问题大半是由于发展不足造成的。"[①] 而此处"发展不足"之表述指的就是在环境恶化之前已然存在的贫困现象及其动态表现。《内罗毕宣言》（1982）断言的"会因为导致人们过度地开发其环境而对环境造成威胁"的贫困也属于一种既存的贫困现象。《生物多样性公约》（1992）以及《联合国气候变化框架公约》（1992）等专项领域保护公约对"经济和社会发展以及根除贫困是发展中国家第一和压倒一切的优先事务"的强调，并采用"共同但有区别原则"对各类缔约国的权利义务进行分配，都是出于对原生贫困问题的考虑。《联合国防治荒漠化公约》（1994）还对存在普遍原生贫困现象的非洲等区域作出了相应的特殊规定。而世界银行和亚行旨在消除贫困的环境

---

① "Declaration of the United Nations Conference on the Human Environment", Article 4.

政策所应对的绝大多数贫困问题也是原生贫困问题。

因环境恶化或环境保护措施而限制主体的生存及发展权益而引发的次生贫困问题，是环境法制定及执行过程中必须加以考虑和竭力避免发生的情势。因此，对此种类型贫困问题的应对大多体现在国（区）际环境法律/政策的原则和制度的设置之中。《关于森林问题的原则申明》（1992）第 5 条（a）明确要求各缔约国的"国家森林政策应确认土著居民、地方社区和森林居民，对他们的认同、文化和权利给予正当的支持。应为这些群体创造适当条件，使他们在森林使用方面获得经济利益，进行经济活动，实现和保持其文化特征和社会组织，以及适当的生活水平和福利，包括通过对土地永远使用安排，作为对森林进行可持续管理的奖励"；第 7 条（b）要求发达国家缔约方"应向那些有大片森林区并建立保护包括原始林在内的林区方案的发展中国家提供具体的财政资源。这些资源应明显地用在那些可以刺激经济活动和社会替代活动的经济部门"。该申明的上述要求都是力图避免次生贫困问题产生的具体措施与制度安排。再如，东盟的《遗产公园的选择及建立原则和标准》确立了"保护区之外的利益"（benefits beyond parks）原则，旨在保护当地居民的生存和发展利益，也是对次生贫困问题的关注。世界银行和亚行在消除原生贫困的主要宗旨之外，均将目光扩展到对于由于非自愿移民带来的次生贫困问题的关注上。

由此可见，国（区）际环境法律/政策应对的贫困问题就是这两类贫困问题。当然，由于贫困问题的多元性以及贫困与环境恶化之间联系的复杂性，本研究对于环境法应对的贫困问题的划分并不能与客观现实一一对应与还原，现实中还存在两者重合与交叉的模糊类型。原生贫困问题和次生贫困问题的划分只是为了理论研究的方便"理想化"地建构的分析模型。

四、国（区）际环境法律/政策应对贫困问题的若干原则与制度

国（区）际环境法律/政策不仅向我们昭示了环境法应对贫困问题的价值，而且采取了积极应对的措施与机制，其中很多代表了旨在"双赢"的先进理念，对于探讨国内环境法应对贫困问题的途径具有重要的借鉴意义。

（一）借鉴一：应对贫困问题的若干原则

"共同但有区别责任原则"是国（区）际环境法律/政策应对原生贫困问题时经常用到的一项原则。时至今日，围绕"共同但有区别责任原则"是否是国际环境法的一项基本原则的辩论尚未停歇。争论的焦点在于"区别责任原则"存在的合理性问题，即发展中国家认为全球环境恶化主要是发达国家造成因而主张发达国家需要承担主要的环境治理责任，而发达国家承认对全球环境治理负有责任却否认其是全球环境恶化的主要制造者。至少在笔者看来，1972年斯德哥尔摩联合国人类环境会议通过的《人类环境宣言》中最初对该原则的引入以及现在广泛存在于国（区）际环境法渊源中的"共同但有区别责任原则"是站在"联系世界贫困和国际不平等等因素在内的更为广阔的观点"的基础上提出来的，而不仅仅是一个环境治理责任的分配问题。

《人类环境宣言》（1972）前言部分第2条"保护和改善人类环境是关系到全世界各国人民的幸福和经济发展的重要问题，也是全世界各国人民的迫切希望和各国政府的责任"，① 倡导世界各国对环境保护的共同责任；该宣言同时赋予发展中国相对"特殊"的照顾，原则12明确规定，"应筹集基金来维护和改善环境，其中要照顾到发展中国家的实际情况和特殊性，照顾他们由于在发展计划中列入环境保护项目的任何费用，以及应他们的请求而供给额外的国际技术和财政援助的需要"②。《人类环境宣言》（1972）第一次对"共同但有区别原则"作出了较为明确的规定，而我们不难看出其"区别原则"的立足点在于发展中国家广泛存在的贫困问题及

---

① "The protection and improvement of the human environment is a major issue which affects the well-being of peoples and economic development throughout the world; it is the urgent desire of the peoples of the whole world and the duty of all Governments." See from "Declaration of the United Nations Conference on the Human Environment", Article 2.

② "Resources should be made available to preserve and improve the environment, taking into account the circumstances and particular requirements of developing countries and any costs which may emanate-from their incorporating environmental safeguards into their development planning and the need for making available to them, upon their request, additional international technical and financial assistance for this purpose." See from "Declaration of the United Nations Conference on the Human Environment", Principle 12.

发展需求。此后有越来越多的国（区）际环境法渊源适用这一原则应对世界贫困问题。例如，《生物多样性公约》（1992）序言中要求缔约国"进一步承认有必要订立特别规定，以满足发展中国家的需要，包括提供新的额外的资金和适当取得有关的技术"；①《联合国气候变化框架公约》（1992）第3条第1款规定："缔约国应当根据公平原则和共同但有差别的责任原则以及自身的能力为人类和后代保护气候。"② 除此之外，《联合国海洋法公约》（1982）、《联合国防治荒漠化公约》（1994）、《京都议定书》（1997）以及《卡塔赫纳生物安全议定书》（2000）等国际环境法渊源中均在联系世界贫困等问题的基础上将"共同但有区别责任原则"作为其指导原则。

"公平补偿原则"是国（区）际环境法律/政策应对次生贫困问题时经常用到的一项原则。以森林保护为例，森林是经济发展和维持所有生物生存必不可少的自然资源，同时具有经济价值和生态价值。然而，为了保护森林的生态价值而不得不限制人们对于其经济价值的索取，会给那些一直依靠森林谋求生存利益的人们带来经济压力，容易因此而致贫。关注次生贫困问题的《关于森林问题的原则申明》（1992）开篇就对这一问题作出了说明，该申明第（c）点指出："关于林业问题及其机会的审议应在环境与发展的整个范围内总体且均衡地加以进行，要考虑到包括传统用途在内森林的多种功能和用途和当这些用途受到约束或限制时可能对经济和社会产生的压力，以及可持续的森林管理可提供的发展潜力。"③ 对于应对这一问题的原则，该申明适用的就是"公平补偿原则"。《关于森林问题的原则申明》（1992）原则9呼吁："a. 国际社会应支持发展中国家为加强管理、保存和可持续地开发其森林资源而做的努力，要考虑到调整其外债的重要性，特别是因向发达国家净转移资源而加重外债，以及因森林产品、特别是加工产品进入市场机会改善而代替价值降低所产生的问题。在这方面，也应特别注意正在向市场经济过渡的国家；b. 各国政府和国际社会应设法

---

① "Convention on Biological Diversity", Preamble.
② "United Nations Framework Convention on Climate Change", Article 13 (1).
③ "Non – legally Binding Authoritative Statement of Principles for a Global Consensus on the Management, Conservation and Sustainable Development of All Types of Forests", Preamble.

解决保存和可持续地利用森林资源的工作遭遇的阻力以及地方一级特别是经济和社会上依赖森林和森林资源的贫困都市和农村人口缺少其他选择等问题；c. 国家所有类型森林政策的制定应考虑到森林部门外部的影响因素对森林生态系统和资源所施加的压力和要求，并应设法寻求处理这些压力和要求的跨部门手段。"而原则 10 更加直接地规定："应向发展中国家提供新的额外的财政资源，使它们能以可持续的方式管理、保存和开发森林资源，包括植林和重新造林，以及遏止砍伐森林和森林与土壤的退化。"原则 10 事实上规定的是对发展中国家的环境保护服务进行补偿。世界银行对于因设立自然保护区带来的非自愿移民的安置政策也体现了"公平补偿原则"的适用，而且在世界银行看来，这样的补偿的目的应是提高至少恢复非资源移民者的收入和生活水平。

（二）借鉴二：应对贫困问题的若干制度

综观国（区）际环境法律/政策应对贫困问题的制度措施，大体上可以归纳为以下两类制度措施：

第一类制度系特殊主体保护制度。从全球范围来看，相比起工业化发达国家，发展中国家总体而言更加贫困。面对这样的现实情势，国际环境法渊源一直将"发展中国家"（developing countries）作为一类特殊的主体给予倾斜保护。《人类环境宣言》（1972）原则 12 要求："应筹集基金来维护和改善环境，其中要照顾到发展中国家的实际情况和特殊性，照顾他们由于在发展计划中列入环境保护项目的任何费用，以及应他们的请求而供给额外的国际技术和财政援助的需要。"[①]《里约热内卢环境与发展宣言》（1992）原则 6 指出："发展中国家、特别是最不发达国家和在环境方面最易受伤害的发展中国家的特殊情况和需要应受到优先考虑。"[②] 再如，《生物多样性公约》（1992）序言中明确指出："进一步承认有必要订立特别规

[①] "Declaration of the United Nations Conference on the Human Environment", Principle 12.

[②] "The special situation and needs of developing countries, particular the least developed and those most environmentally vulnerable, shall be given special priority, International actions in the field of environment and development should also address the interests and needs of all countries." See from "Rio Declaration on Environment and Development", Principle 6.

定,以满足发展中国家的需要,包括提供新的和额外的资金和适当取得有关的技术。"① 《联合国气候变化框架公约》(1992)序言中也指出:"认识到各国应当制定有效的立法;各种环境方面的标准、管理目标和优先顺序应当反映其所适用的环境和发展方面的情况;并且有些国家所实行的标准对其他国家特别是发展中国家可能是不恰当的,并可能会使之承担不应有的经济和社会代价。"② 另外,土著民作为一类特殊的主体,其权利在国际环境法渊源中也受到特殊保护。《生物多样性公约》(1992)第8条(j)要求缔约国:"依照国家立法、尊重、保存和维持土著和地方社区体现传统生活方式而与生物多样性的保护和持久使用相关的知识、创新和做法并促进其广泛应用,由此等知识、创新和做法的拥有者认可和参与其事并鼓励公平地分享因利用此等知识、创新和做法而获得的惠益。"③

　　第二类制度系贫困主体的赋权制度。贫困,表面上反映的是一种收入(较)少的经济状况,而本质上是由于制度不公导致的权利剥夺及可行能力不足。赋权是弥补贫困主体可行能力不足的根本途径。国(区)际环境法律/政策应对贫困问题的具体制度安排上也是采取赋权的方式。赋权的具体制度包括:(1)自然资源的长期使用权。例如,《关于森林问题的原则申明》(1992)第5条(a)明确要求各缔约国的"国家森林政策应确认土著居民、地方社区和森林居民,对他们的认同、文化和权利给予正当的支持。应为这些群体创造适当条件,使他们在森林使用方面获得经济利益,进行经济活动,实现和保持其文化特征和社会组织,以及适当的生活水平和福

---

① "Convention on Biological Diversity", Preamble.
② "United Nations Framework Convention on Climate Change", Preamble.
③ "Each Contracting Party shall, as far as possible and as appropriate: (j) Subject to its national legislation, respect, preserve and maintain knowledge, innovations and practices of indigenous and local communities embodying traditional lifestyles relevant for the conservation and sustainable use of biological diversity and promote their wider application with the approval and involvement of the holders of such knowledge, innovations and practices and encourage the equitable sharing of the benefits arising from the utilization of such knowledge, innovations and practices. " See from "Convention on Biological Diversity", Article 8 (j).

利，包括通过对土地永远使用安排，作为对森林进行可持续管理的奖励"。① （2）管理与决策参与权。例如，贫困主体和社区的管理和决策的参与权可以说是贯穿《联合国防治荒漠化公约》（1994）全文的最为重要的制度之一。《联合国防治荒漠化公约》（1994）关于"（缔约国）国家行动方案"规定的第10条（f）明确要求："设法在地方、国家和区域各级让非政府组织和当地男女群众，特别是资源的使用者，包括农民和牧民及他们的代表组织，有效参与国家行动方案的政策规划、决策、实施和审查。"② （3）贫困和弱势群体的司法救济权。例如，亚行援助巴基斯坦的"司法援助项目"的环境部分就"旨在确保环境法得到实施，其途径是建立法律中已经作出规定的环境法庭，并确保通过省环境局和省环境部消除任何利益冲突"，③ 以及实现"市民社会群体可以利用法律实施基金提高自己的环境意识以及实现自己的环境权"④。

---

① "Non-legally Binding Authoritative Statement of Principles for a Global Consensus on the Management, Conservation and Sustainable Development of All Types of Forests", Article 5 (a).

② "United Nations Convention to Combat Desertification", Article 10 (f).

③ Asian Development Bank, Report and Recommendation of the President, at Ⅰ.

④ Asian Development Bank, Report and Recommendation of the President, at Ⅱ.

第四章 环境法应对贫困问题的基本原则

从理论层面而言，环境法应对贫困问题系从工业文明迈向生态文明的现实要求、系平衡多元利益冲突的"正义方舟"、系回应社会变迁的必然进路；从国（区）际环境法律/政策应对贫困问题实践的层面而言，减缓贫困问题是环境法可以大有作为的领域。面对贫困问题，在论证了环境法"有何用"之基础上，有必要进一步解释环境法之"如何用"以及"如何变化"。那些对法律规则具有指导作用、基础意义的法律原理和准则，称之为"法律原则"。法律原则具有综合性、稳定性，不仅对法的制定和实施具有指导意义，而且对法之变革具有导向作用。环境法应对贫困问题的指导性法律原则有哪些？是在既存原则中进行筛选，抑或包含对既存原则的拓展与改造，就是本章探讨的主题。

第一节 环境法应对原生/次生贫困问题的"普适性"原则

法律上的平等地位和平等对待中那个涉及的——对社会利益的公正分配，首先产生了一种应该保障每个人的自由和人格完整的法律的普遍意义。①

——哈贝马斯

---

① 【德】哈贝马斯：《在事实与规范之间——关于法律和民主法治国的商谈理论》，童世骏译，生活·读书·新知三联书店2003年版，第518—519页。

一、代内公平原则

代内公平，是相对于"代际公平"而言的一个概念，两者共同构成世界环境与发展委员会提出的可持续发展理论的内涵。代内公平，指的是同一代人不论国籍、种族、性别、经济水平和文化差异，在要求良好生活环境和利用自然资源方面，都享有平等的权利。① 可见，代内公平本质上就是法律上所指的公平。而公平原则正是法律应对贫困问题的首要原则。

（一）代内公平原则系环境法应对贫困问题之首要原则

法律是建立秩序的工具，但它不是单纯的工具，它所建立的秩序也不是抽象的秩序，它是为了达到特定目的的工具，是体现特定原则、理想的秩序。② 正义是法律构建秩序的价值目标，而公平则是现实化、具体化的正义。在柏拉图那里，公平就等同于正义，谓正义乃于一切正当之人、事物与行为完全公平之谓。③ 可见，公平是法律的基本价值和首要原则。在一个法律被人民看成保障公平的工具的社会里，法律最为繁荣。④

环境公平原则是环境法的基本原则，也是环境法的基本价值目标。所谓环境公平，实际上有两层含义：第一层含义是指所有人都应享有清洁环境而不遭受不利环境伤害的权利，第二层含义是指环境破坏的责任应与环境保护的义务相对称。⑤ 作为应对环境问题这一人类新的困境出现的环境法学，在寻找自身价值定位的过程中，尤其是学界的研究中，在环境公平的内涵上倾向于突破传统法律对公平的理解，许多学者认为环境公平不仅仅包括代内公平还包括代际公平，甚至还包括人类与其他物种之间的权利公平。本书不拟探讨环境公平的内涵，仅就环境法应对贫困问题的原则而

---

① 王曦：《国际环境法》，法律出版社1998年版，第106页。
② 沈宗灵：《现代西方法理学》，北京大学出版社1992年版，第322页。
③ 杨震：《法价值哲学导论》，中国社会科学出版社2004年版，第196页。
④ 【英】彼得·斯坦、约翰·香德：《西方社会的法律价值》，王献平译，中国法制出版社2004年版，第42页。
⑤ 洪大用：《环境公平：环境问题的社会学观点》，载《浙江学刊》2001年第4期。

言,特指强调人与人之间公平的代内公平,也就是一种社会公平。因而,本书提出的应对原则直接采用"代内公平"这一表述,而不用"环境公平"。

早在世界环境与发展委员会提出可持续发展理论之前,"可持续发展"作为一个明确的概念就已经出现了。它最早被提出是在1980年国际自然与资源保护联盟发布的《世界自然保护战略》中;而1981年美国世界观察研究所所长莱·布朗撰写并出版的《建设一个可持续发展的社会》一书使得"可持续发展"得以为世人所知。1987年世界环境与发展委员会向联合国大会提交的报告——《我们共同的未来》中对"可持续发展"的概念作出了界定,即"可持续发展指既满足当代人的需求,又不对后代人满足其需求的能力构成危害的发展"。① 这一概念在最一般意义上得到了广泛的接受和认可,并在学界引发了可持续发展研究热潮。

很多学者将关注点集中在"代际公平"的讨论上,而不屑于有关"代内公平"的话题。对"代际公平"的过分关注,甚至几乎将"代际公平"等同于可持续发展的研究思路可以说是本末倒置。尽管从字面意义上理解,"可持续发展"容易让人更多地联想起"代际公平",然而可持续发展真正的重心应该是"代内公平",而非"代际公平"。基于代际之间的继承性和延续性,"代内公平"无疑是"代际公平"的前提和基础。在当代人的基本生存诉求都无法得到满足的情况下,代际正义只不过是镜中花、水中月而已。并且这一点也得到世界环境与发展委员会的承认。他们在《我们共同的未来》中明确指出:"贫困本身是一种邪恶,而可持续发展则是要满足所有人的基本需求,向所有人提供实现美好生活的机会。……为满足基本需求,不仅需要那些穷人占多数的国家的经济增长达到一个新的阶段,而且还要保证那些贫困者能得到可持续发展所必需的自然资源的合理份额。保证公民有效地参加决策的政治体制以及国际决策中更广泛地实行民主将有利于这一公平原则的实现。"②

---

① 世界环境与发展委员会:《我们共同的未来》,王之佳、柯金良等译,吉林人民出版社1997年版,第52页。

② 世界环境与发展委员会:《我们共同的未来》,王之佳、柯金良等译,吉林人民出版社1997年版,第10—11页。

鉴于此，为了强调代内公平的重大意义，避免环境法领域中对公平原则的"代际"联想倾向，本书将"代内公平原则"作为环境法应对贫困问题（既包括原生贫困问题又包括次生贫困问题）的首要原则。代内公平原则，指的是采取各种措施确保每个人在要求良好生活环境和利用自然资源方面的平等权利，以及环境保护和责任的公平负担与分配。

（二）环境域内代内不公的表征

人际之间的代内公平具有不同的维度，包括国家间的代内公平、种族间的代内公平以及国家内的代内公平。而在环境资源占有、利用及其责任分担方面的不公尤为显著。

在环境语境下，国与国之间的代内不公主要表现为资源分配、利用方面的不公、环境负担的不正义以及污染物的转嫁问题。首先是资源分配的不公。从应然的角度分析，当代人总体上所能利用的环境资源份额应当公平地在当代人之间进行分配，然而现实却远非如此。环境资源的分配除了自然因素形成的不均衡以外，以经济为基础的能力差异、国际秩序的不平等也都导致了资源分配的失衡。而"资源分配不公平产生了许多问题。不公正的土地所有制结构会在最小块的土地上导致过度的资源开发，并对环境和发展两方面造成有害影响。从国际说，对资源的垄断控制会驱使那些没有参与垄断的人们过度开发稀少资源。开发者对获取'免费物质'能力的不同——地方性、全国性和国际性——是资源分配不公的又一表现"。[①] 其次是资源利用和消耗的不公。从全球来看，收入最高的那些国家人口占世界人口的1/5，却排放了全球53%的二氧化碳；而同样占世界人口1/5的贫困国家所排放的二氧化碳仅占全球的3%。尽管从表面上看毁林行为主要发生在发展中国家。据相关数据统计，发展中国家每年有1290万公顷热带森林消失，并且这些森林都极其珍贵。但是我们也必须看到，发达国家才是这些珍贵木材及纸张的真正消耗者。每年砍伐森林获取的木材或生产的纸张中一半以上都运往发达工业国家。最后，环境负担和污染物的不合理转嫁进一步加剧了国家之间的代内不公。虽然经济全球化给发展中国家

---

① 杨成湘、赵建军：《可持续发展中代内公平的必要性和稀有性》，载《理论研究》2008年第2期。

的经济发展带来了极好的机遇，但是与此同时也给发达工业国家制造机会凭借其优势地位掠夺发展中国家宝贵的自然资源。污染物的跨国转移可以说是资源掠夺的另一种表现形式。据联合国环境规划署（UNEP）的统计，工业发达国家产生的有毒废弃物占全球产生量的95%，1986—1988年两年间共有350万吨有害废物被运往亚洲、非洲和拉丁美洲。美国已经成为世界上最大的有毒废料输出国，每年要向境外倾倒200万吨以上的有毒废料；德国承认，每年要运送60万吨以上的危险废物到国外。①

环境资源占有、利用及其责任分担方面的不公也存在于一个国家内部。在西方工业发达国家，环境领域的代内不公曾以"环境正义运动"的形式受到广泛地重视。20世纪80年代，为了抗议美国国家环境保护局（EPA）拟在一个以非裔美国居民为主的社区附近设立国家填埋场处理多氯联苯的计划，该社区的居民联合开展了游行示威活动。在这一运动发生之后，美国国内开展了一系列针对少数民族和穷人社区环境问题的调查研究，研究结果表明美国国内的环境利益和负担分配存在明显不公。而事实上，此类不公在很多国家都存在。以我国为例，建立在区域之间、城乡之间贫富差距基础之上的代内不公尤为明显，甚至从某种程度上可以认为环境域内的代内不公实质上是贫富差距、制度不公在资源环境方面的反射。我国西部地区的自然资源一直以来是东部地区经济发展的动力源，尤其是西部地区丰富的矿产资源，但环境资源的不合理开发以及粗放式利用方式给西部地区的生态环境带来了严重影响；而从另一方面说，西部地区是我国大江大河的源头和生态环境的天然屏障，为了整体环境保护的需要多年来限制其发展利益需求，同时又由于补偿制度的缺失而导致西部地区的普遍贫困。在我国城乡二元体制结构之下，与城市相比更为贫困的农村往往沦为政策的盲区。环境治理投入的不均衡以及环境服务的不均等的共同作用，导致了我国农村普遍存在的贫困与环境问题之间的恶性循环。

通过对环境域内代内不公的表征的分析，我们不难发现：无论是以贫困和生态破坏之间绵延的恶性循环为表现的原生贫困问题，还是突出表现

---

① 陶锡良：《略论当代国际关系中的环境殖民主义》，载《国际关系学院学报》1996年第3期。

为环境负担不均衡的次生贫困问题，实质上反映出的均为环境利益（享受环境资源）和环境负担上的不公平，系一种环境法律政策失灵的表现。

（三）环境法代内公平原则之实现

公平是法律遵循的基本原则，是法律进行利益平衡的首要原则。公平原则代表着对某种程度的平等的追求。每个人的基本权利和尊严都应受到法律保障。凡法律视为相同的人，都应当以法律确定的方式对待。[①] 法律面前人人平等是公平原则的第一层次要求。每个人都应不受歧视地享有平等的机会；而通过再分配途径对于竞争中的弱者基本生活条件的保障是现代社会的正义要求。因而，机会平等和一定程度上的结果平等是公平原则的第二层次要求。

代内公平原则就是环境法所应遵循的公平原则，也是环境法应对贫困问题的首要原则。贫困问题虽然表现为一种经济现象，但是实质上反映的却是一种资源分配不公以及社会不公；而环境问题的实质也是人与人之间社会关系的失调；在我们应对环境问题以及环境法视阈下的贫困问题时有必要将之与社会公平紧密联系起来。无论是原生贫困问题、次生贫困问题还是环境问题，都是对人与人之间的平等关系的损害，以环境资源和环境权利义务的合理配置为中心进行理念重塑和法律制度构建应是环境法应对贫困问题，解决环境问题的必然选择。而代内公平原则则是社会公平的重要组成部分，是解决环境问题、应对贫困问题的基础指南。

作为环境法应对贫困问题，解决环境问题的首要原则，代内公平原则的实现应从以下几个方面着手：首先，权利平等是环境法分配有限的环境资源所需遵循的准则。任何人，无论其经济收入状况、所处阶层及种族等客观条件，在要求良好生活环境和利用自然资源方面都拥有平等的权利。环境法在对环境利益进行调整的过程中必须首先对这一平等的权利加以确认。同时在权利平等的实质实现方面，环境法还应遵循倾斜保护准则。这是因为，即使环境法确认了每个人在要求良好生活环境和利用自然资源方面的平等权利，然而由于贫困等因素所导致的可行能力的不足，如果没有

---

① 【美】E. 博登海默：《法理学——法律哲学与法律方法》，中国政法大学出版社1999年版，第281页。

相应的资金、技术等援助，贫困者以及其他弱势群体也无法现实的主张权利。因而，对其可行能力不足的特殊关照也是权利平等的题中应有之义。其次，共同但有差别以及补偿补贴也是环境法配置环境责任所需遵循的准则。环境保护在带来利益的同时也产生负担，尤其是对于尚在为生存而苦恼的主体而言，环境保护成为限制其谋求生存发展的"奢侈品"。地球上的每一个人都有保护生态环境的责任，但是这一责任的承担并不能简单地平均分配。环境法，基于对实质正义的追求，不应用简单的环境公共利益掩盖不同类型主体自由和个体权利诉求。最后，代内正义原则所追求的不仅仅局限于环境正义，而是一种社会正义。社会正义要求缩小贫富差距，要求消除贫困与剥夺，是环境正义实现的前提条件，也是环境法应对贫困问题使命的根本选择。正如日本著名学者户田清所指出的那样："所谓'环境正义'的思想是指在减少整个人类生活环境负荷的同时，在环境利益（享受环境资源）以及环境破坏的负担（受害）上贯彻'公平原则'，以此来同时达到环境保全和社会公正这一目的。"[①] 从上述定义可见，环境正义的实现是社会正义的题中应有之义，它的核心和关键正是"公平"。

二、国家责任原则

在现代社会中，生存权是每个人的基本人权，国家具有保障国民获得基本生存所需资料和能力的责任与义务，并对本国内的贫困者开展扶持和救济。国家在减缓贫困中的责任是无法回避的，其作用也是社会救济、私人救济无法比拟的。因此，国家责任原则是反贫困的基本原则。同样，每个人有获得适宜生存的清洁环境的权益，国家责任原则也是环境法解决环境问题的指导原则之一。那么，作为环境法应对贫困问题的基本原则，国家责任原则又应该如何进化与拓展？

（一）国家："守夜人"抑或"积极的干预者"

现今的我们生活在一个什么样的社会中呢？正如德国学者乌尔里希·

---

① 转引自韩立新：《环境问题上的代内正义原则》，载《江汉大学学报》（人文科学版）2004年第10期。

贝克所言：风险社会。具体而言，在发达的现代性中，财富的社会生产系统地伴随着风险的社会生产。相应地，与短缺社会的分配相关的问题和冲突，同科技发展所产生的风险的生产、界定和分配所引起的问题和冲突相重叠。① 伴随着工业化进程带来的环境危机，从全球来看，尤其在发展中国家，贫困问题与环境问题复杂地交织在一起。也就是说，"系统而言，从社会演化史角度来看，或早或晚，在现代化的连续进程中，'财富—分配'社会的社会问题和冲突会开始和'风险—分配'社会的相应因素结合起来"。② 尽管贝克是从国际的层面看待今日之社会现实，然而在一个国家内部，尤其是如我国一样的发展中国家内部，同样存在"财富—分配"问题与"风险—分配"问题的大量重叠。面对这样的社会现实，一国之政府应该扮演何种角色：是"守夜人"还是"积极的干预者"呢？

"守夜人政府"是亚当·斯密于1776年提出的观点，而这一观点来自他的"经济人"假说。在他看来，"每个人都在试图应用他的资本，来使其生产品能得到最大的价值。一般地说，他并不企图增进公共福利，也不知道他所增进的共同福利为多少。他所追求的仅仅是他个人的安乐，仅仅是他个人的利益。在这样做时，有一只看不见的手引导他去促进一种目标，而这种目标绝不是他所追求的东西。由于追逐他自己的利益，他经常促进了社会利益，其效果要比他真正想促进社会利益时所得到的效果为大"。③ 在"经济人"假设的基础上，亚当·斯密主张政府仅仅充当"守夜人"的角色，让市场这只"看不见的手"调节经济活动并配置社会资源。

伴随着1929年到1933年资本主义国家经济危机的爆发，崇尚绝对自由经济以及"市场万能"的理论破灭，国家干预理论取代了亚当·斯密的"守夜人"理论而备受推崇。凯恩斯是现代国际干预理论的奠基人。在他看来，"某些作为放任自由主义依据的抽象的和一般的原则在实际上也是站不

---

① 【德】乌尔里希·贝克：《风险社会》，何博闻译，译林出版社2004年版，第15页。

② 【德】乌尔里希·贝克：《风险社会》，何博闻译，译林出版社2004年版，第17页。

③ 【美】保罗·A. 萨缪尔森、威廉·D. 诺德豪斯：《经济学》（第12版），高鸿业译，中国发展出版社1992年版，第67页。

住脚的,仅能以一种看似优美的形式存在于人们的想象之中",① 而作为补救办法,应采用政府这只"看得见的手"去弥补市场这只"看不见的手"的缺陷,运用经济、政策手段积极地干预私人经济。此后的新自由主义理论更进一步强调,国家干预的目的在于对个人自由和权利的增进,在于对个人享有适当生活水平的能力的保障。目前几乎所有学者都不否认国家作为"积极的干预者"的角色定位。从经济学的角度强调的国家干预措施,在法学的语境之下就是一种国家责任。

(二) 作为法律应对贫困问题的国家责任原则

国家责任原则是现代法律应对贫困问题的基本原则,而该原则是在人类对抗贫困的实践活动中逐渐确立起来的。在1601年英国的《伊丽莎白济贫法》(又称"旧济贫法",相对于第一章提及的1834年颁布的《济贫法(修正案)》而言)颁布之前,国家并没有义务承担贫困的救助责任,当时贫困的救助主体大多是基督教会、寺院等慈善团体。正如英国历史学家阿萨·勃里格斯(Asa Briggs)所描述的那样:"迄今为止(指的是16世纪的英国——笔者注),表现最为突出的是教会,它通过各地的修道院及城市中的慈善组织,倘若不是有计划地、也是直接地以提供衣食的方式参与对穷人的周济,行会组织也有类似的行动。"② 不仅如此,出于将贫困视为社会不安定因素的认识,贫困甚至被当时的法律视为惩处的对象。1601年英国的《伊丽莎白济贫法》的颁布标志着国家开始介入贫困救济工作,英国开始通过国家立法的方式救济穷人。然而当时的救助带有歧视性的成分,同时由于受到亚当·斯密的政府"守夜人"理论的影响在实践中存在反复和摇摆。直至进入20世纪以后,"伴随着社会救助制度实践的深化,各国的社会救助政策也逐步由慈善恩惠的观念,变为国民权利与政府责任的观念;由教会或私人或地方政府办理的事务,转变为各级政府的重要职能",③ 对贫困救助的国家责任原则才完全得以确立,并被纳入各国的相关法律之中。

---

① 帅勇:《宏观经济学的奠基人》,河北大学出版社2001年版,第79页。
② 【美】阿萨·勃里格斯:《英国社会史》,陈叔平等译,中国人民大学出版社1991年版,第132页。
③ 江亮演:《社会救助的理论与实务》,台北出版社1990年版,第39页。

例如，1948 年英国的《国民救助法》、1935 年美国的《社会保障法》，等等。

现代国家之所以要以法律的形式确立社会救助的政府责任，是因为社会救助制度实际上就是一种国家强制性的权利和利益分配机制。① 应对贫困问题的国家责任原则的理论基础源于社会契约理论。政府最初是否建立在契约上，是休谟在其著名论文《论原始契约》探讨的一个问题。他认为回答是肯定的：考虑到人们的自然平等和政府的显著优点，政府的最初形式肯定得到了被统治者的同意；而且政府为我们提供了安全和便利的生活，它符合我们的利益这一事实，促使我们对其保持忠诚。② 因而国家政府统治的合法性来源于理性的人们的一致同意，而同意的基础就是通过建立一个"社会契约"。国家和政府作为每一个自由、平等的人同意的产物，天然地负有保障每一个立约人的生存与发展之不可推委的责任——人民服从统治是为了得到保护。③

（三）作为应对环境问题的国家责任原则

国家责任原则是环境法解决环境问题的必备原则。环境保护国家责任原则的基础在于国家作为公共服务提供者的角色职能。国家同时具备两种角色职能，其一是作为公共服务提供者的职责，其二是公共管理者的职责；国家对环境保护领域的干预与对经济领域的干预所扮演的角色并不相同，前者的角色定位是公共服务提供者，而后者的角色定位却是公共管理者。

环境保护国家责任原则的根本原因在于环境问题之"市场失灵"。市场机制的理论基石是亚当·斯密的"经济人"假设，认为对个人利益最大化的追求是每个市场竞争主体的行为准绳。在这一定位之下，市场机制在带来财富增长的同时也不可避免地造就诸如"公地的悲剧"此类的负面效应。从经济学的视角审视，环境保护是一种具有正外部性的公共产品，往往容易产生"搭便车"现象，即任何人都可以无条件地获得环境保护带来的积

---

① 王伟奇：《最低生活保障制度的实践》，法律出版社 2008 年版，第 12 页。
② 【美】休谟：《休谟政治论文选》，张若衡译，商务印书馆 1993 年版，第 132 页。
③ 赵迅：《社会契约视角下国家责任的理论论证》，载《法学杂志》2008 年第 3 期。

极效益。因此,在市场机制下,追求个人利益最大化的市场主体欠缺有效供给此种公共物品的动力,从而导致环境保护供给的严重不足。另外,市场竞争主体缺乏动机主动考虑社会利益,他们所追逐的永远是以最小的成本获取最大的利润。也就是说,如果没有外部的强制性作用,企业在生产中无偿地接受来自环境的大气、水等环境资源,而将未经处理的废弃物排入环境中被认为是理所当然的事。① 面对市场机制解决环境问题的种种失灵,国家的干预成为必然。

(四)作为环境法应对贫困问题的国家责任原则

身陷原生贫困问题和次生贫困问题的人,不仅仅是穷人,在环境资源利用以及环境权利义务配置上都处于弱势地位,可以说他们实际上是环境弱势群体。不少环境法学者都曾关注过这样一个特殊群体。例如,黄锡生教授就曾指出:"环境弱势群体是相对于经济、文化、政治弱势群体而言的,是指在自然资源利用、环境权利与生态利益分配与享有等方面处于不利地位的群体"。② 环境弱势群体利益的保护所涉及的是环境正义与公平、社会公正的实现问题。单纯的市场机制无法实现这一正义要求:

首先,单纯的市场机制调整存在环境信息不对称问题,即它无法提供对称的环境信息。对于处于社会弱势地位的贫困者而言,这一影响尤为明显。以在以城市贫困居民为主的社区附近建立化工企业厂房为例。作为市场竞争主体的化工企业,在国家法律政策不参与的情形之下缺乏足够的动力披露其所建厂房的环境影响,而作为厂房设立地的社区居民,尽管有了解该厂房设立可能带来的健康和环境影响的动因,然而由于贫困带来的可行能力和权利的剥夺,无论以个人的名义还是以社区集体的名义都缺乏获取相关信息的机会。加之化工厂所带来环境污染危害的滞后性或延时性,其潜在的环境风险在短时间内一般不易被察觉;同时在环境危害发生时也会因因果关系的不确定性而难以通过举证获得司法救济。可见,在单纯依

---

① 【日】岩佐茂:《环境的思想》,韩立新等译,中央编译出版社1997年版,第168页。

② 黄锡生、关慧:《试论对环境弱势群体的生态补偿》,载《环境与可持续发展》2006年第2期。

靠市场机制调节的情况下,"当交易的一方,通常指企业,占有大量的环境信息,而另一方,通常是个人和某一区域,占有少量环境信息时,相对于弱势的那一方,不确定性就得以产生,而这种不确定性必然导致低效和不公平的加剧"①。

其次,单纯的市场机制调节无法对环境污染带来的负外部性和环境保护产生的正外部性加以合理的分离与量化,往往导致环境负外部性的不加区分地均担以及环境正外部性所提供的环境利益的不合理分享。在此种情况下,单纯的市场调节无法提供环境权利义务的公正配置方案,也就不可能实现对环境弱势群体的公正保护。由此可见,为了给予环境弱势群体公正的保护,不能仅仅倚赖市场机制的作用,而必须有国家的干预。在法学的语境下,国家责任原则是环境法应对贫困问题的基本原则之一。

需要提请注意的是,本书所论述的作为环境法应对贫困问题的基本原则之一的国家责任原则,在内容及政策落实上务必强调对环境弱势群体之生存和发展利益诉求的考量。否则会适得其反,不适宜的环境法律政策倾斜会导致应对贫困问题的"政府失灵",反而产生更大的社会不公。以我国为例,长期以来我国政府这只"看得见的手"在环境污染防治的投入政策方面没有考虑环境弱势群体的利益需求,而是将防治投入更多地向经济发展状况相对高的城市倾斜。这一举措促进了城市的经济平稳发展,却进一步拉大了城乡之间的贫富差距,带来了更大的社会不公。正如潘岳副部长指出的那样:"中国农村还有3亿多人喝不上干净的水,1.5亿亩耕地遭到污染,每年1.2亿吨的农村生活垃圾露天堆放,农村环保设施少之又少。部分城市的环境改善以牺牲农村环境为代价,通过截污,城市的水质改善了,农村的水质却恶化了;通过简单填埋生活垃圾,城区面貌改善了,城乡结合部的垃圾二次污染却加重了。"②

三、公众参与原则

环境法应对贫困问题不仅需要国家干预,而且也需要包括贫困者及其

---

① 密佳音:《环境问题的"市场失灵"简论》,载《法制与社会》2009年第1期。
② 潘岳:《环境保护与社会公平》,载《绿叶》2004年第6期。

他弱势群体在内的公众的广泛与互动式参与,这是民主的本质要求。正如美国学者塞缪尔·亨廷顿和琼·纳尔逊曾经指出的那样:"政治参与就是平民试图影响政府决策的活动。第一,政治参与包括活动而不包括态度。第二,政治参与是指平民的政治活动,或者更确切地说,是指充当平民角色的那些人的活动,并由此把政治参与与政治职务区分开来。第三,政治参与只是试图影响政府决策的活动。这类活动的目标指向公共当局。因为公共当局通常被认为对于社会价值的权威性分配拥有合法的最终决定权。第四,政治参与包括试图影响政府的所有活动,而不管这些活动是否产生实际效果。第五,政治参与不仅包括行动者本人自发的影响政府决策的活动,而且包括行动者受他人策动而发生的影响政府决策的活动,前者称为自动参与,后者称之为动员参与。"① 可见,在任何一个民主的国家,凡影响公共生活的决定应由公众和权力机关联合作出;同时,不仅公众有主动参与决策的强烈意愿与途径,而且公众的这一权利需求由法律加以确认和保障。无论是对于贫困问题的应对,还是对环境问题的解决,对于公众参与公共决策的重要性已获得越来越多的认可。

（一）赋权:以人为本的反贫困理念

让我们首先简单回顾本书第一章关于贫困及其本源的界定。以收入看待贫困,是经济学家们最初对贫困的界定方式。随着认识的深入,研究者们逐步意识到:收入低下到无法满足最低生存的需要固然是贫困的典型表现形式,但是这一定义只说明了贫困的表象,并未触及贫困的本质。在现代社会中,仅仅依靠收入一定程度的增长并不能改变贫困人群的生活状况。诺贝尔经济学奖获得者阿马蒂亚·森的能力贫困理论将贫困定义从单维向多维转变。多维的贫困定义是以公共事业和能力为基础,包括健康、教育、安全、政治发言权等在内。从发生学的视角考察,利用"权利—权力"分析方法,贫困的第一层次本源在于权利的剥夺,而贫困的第二层次本源在于权力视角下的制度不公;同时需要进一步指明的是,贫困问题的第一层次本源和第二层次本源之间的关系是递进式的。

---

① 【美】塞缪尔·亨廷顿、琼·纳尔逊:《难以抉择》,汪晓寿等译,华夏出版社1989年版,第6页。

为什么需要赋权于贫困者？首先源于贫困的第一层次本源，即权利的剥夺，也可称为"褫权"（disempowerment）。依据约翰·弗里德曼的观点，褫权理论产生于贫困者自身的奋斗过程，以期争取保证在住、食、社会保障等方面的基本需要而涉及自我组织和政治斗争；并且在此语境下，褫权包括：（1）社会的褫权，即贫困者相对于他人而言无法获得生计所必需的资源；（2）政治的褫权，即贫困者在政治上既无明确的纲领又无发言权；（3）心理方面的褫权，即他们自觉毫无价值，消极地屈从于权威，且此类感情均已内化。① 弗里德曼的上述观点与阿马蒂亚·森在其著作《以自由看待发展》相同。在他们看来，赋权、让贫困者在决策中发出自己的声音才是解决之道。其次源于贫困的第二层次本源，即制度不公，它是贫困问题的深层次本源。因此，减缓贫困的突破口就是纠正制度不公，而这一点在政府作为公共决策的唯一制定者的情况下难以实现。正如阿马蒂亚·森所指出的那样，穷人们由于没有能力在正式的或非正式的制度框架内为自己争取到更有利于他们的条款，这导致他们的选择只能非常有限。因此，赋权就成为解决贫困者及其他弱势群体权利匮乏、参与不足的有效途径。

什么是赋权？世界银行对此进行了详细的解释，即"赋权是资产的扩充，穷人参与、谈判、影响、控制以及掌握影响他们生活的有责任的制度的能力。并且从获得信息权、参与权、问责以及地方组织能力四个方面具体标明赋权的内涵。赋权最显著的特征是，增加选择和行动的自由，它意味着增加人的权能，对影响其生活的资源与决定的控制。当人们行使其选择权时，他们就获得了控制自身生活的机会。发展权作为参与发展进程的权利不仅仅只是指包含一切权利的权利或一组权利的总和，它也是在发展进程中扩展能力或个人自由，提高福祉以及实现其价值的权利"。② 赋权，反映了对贫困者需求和利益的人文关怀，是一种以人为本的反贫困理念，是法律有效应对贫困问题的进路选择。

"赋权"的反贫困理念引入我国，并与我国扶贫实践的经验与教训结合

---

① 【美】约翰·弗里德曼：《再思贫困：赋权于公民权》，载《国际社会科学杂志》（中文版）1997年第2期。

② 姜素红：《弱势群体发展权的法理精神阐释》，载《求索》2006年第7期。

在一起，最终形成了我国目前推行的反贫困模式，即"参与式扶贫"。我国在 20 世纪 70 年代末期开始的反贫困行动一直是以政府为主导自上而下开展的，取得了一定成效，但同时也暴露了不少问题。曹洪民博士对我国政府主导型的反贫困模式的问题进行了总结，而在他看来，存在的一个重要问题就是"在很大程度上忽视了另一个接受主体，贫困人口对反贫困的参与作用"。① 而参与式扶贫强调以人为本的理念，即贫困者的主体性，认为只有贫困者自己最了解自己及自己家的问题和需求，直接让贫困者参与关系其利益的发展决策中，赋予其知情权和决策权。参与式扶贫的过程就是给贫困者赋权、提高贫困者能力的过程。

（二）参与：环境民主在环境法上的体现

公众参与原则是早已确认的环境法基本原则之一，它源于 20 世纪 60 年代末发端于西方发达国家的环保浪潮。《里约热内卢环境与发展宣言》（1992）原则 10 向全人类呼吁："环境问题最好是在全体有关市民的参与下，在相关级别上加以处理。在国家一级，每个人都应能适当地获得公共当局所持有的关于环境的资料，包括关于其在社区内的危险物质和活动的资料，并应有机会参与各项决策进程。各国应通过广泛提供资料来便利及鼓励公众的认识和参与。应让人人都能有效地使用司法和行政程序，包括补偿和补救程序。"② 可见，公众有效参与环境决策是解决环境问题的理想模式。

环境民主是环境法的基本理念之一，而公众参与原则是环境民主的实质表达。民主的理念要求包括贫困者及其他弱势群体在内的公众都有参与公共决策的权利。依据蔡守秋教授的观点，环境民主理念要求"一个社会的环境政策和环境资源法应该通过民主程序来制定。公众参与既是实现环境公平、环境民主和公民环境权的最佳途径，也是当代环境资源法的一项重要法律制度"。③ 从某种意义上说，环境法上的公众参与原则也是建立在赋权理念的基础之上，公众参与原则的基础是环境权理论。环境权是一种

---

① 曹洪民：《中国农村开发式扶贫模式研究》，2003 年中国农业大学博士学位论文，第 21 页。

② "Rio Declaration on Environment and Development", Principle 10.

③ 蔡守秋：《环境公平与环境民主——三论环境资源法学的基本理念》，载《河海大学学报》（哲学社会科学版）2005 年第 9 期。

生活在安全、舒适的环境中的权利。① 每一个人，无论所处的社会阶层、经济状况、民族种族，都享有免受污染以及在清洁的环境中生活的权利。因此，在一个民主国家中，对于涉及自身环境利益的信息，生活其中的个人享有知情权；对于环境事务公共决策，生活其中的个人享有参与权。

综上所述，公众参与原则是环境法应对贫困问题、解决环境问题，实现环境正义与社会公正的基本原则之一。为了明确环境法应对贫困问题之公众参与原则的内涵，需要回答以下三个问题，即"谁参与"、"参与什么"以及"如何参与"。首先，如何理解"公众"。《公众在环境事务中的知情权、参与决策权和获得司法救济的国际公约》（1998）中对"公众"作出如下界定，"公众是指一个或一个以上的自然人或者法人，根据各国立法和实践，还包括他们的协会、组织或者团体"。② 公众与公民，这两个概念类似却有所区别。公民是与国籍相联系的概念，指的是具有一国国籍的自然人；公众并不必然与国籍相联系，同时公众除了指代自然人之外，还包括协会、组织以及团体。而作为环境法应对贫困问题的基本原则之一，公众参与原则中的公众范围尤其强调包括贫困主体及其他弱势群体在内，赋予他们决策参与权，为他们基本利益需求的表达提供制度路径。其次，如何认识"参与什么"。总的来说，参与的范围是一切影响自身环境权益的决策事务。那么对于贫困者及其他弱势群体而言，生存性需求具有压倒一切的重要性，而有些环境保护决策由于没有融入对他们生存需求的人文关怀而导致社会不公正，因而对于可能影响当地居民的生存权益的环境决策尤其需要当地人民的有效参与。最后，如何参与呢，也就是参与的途径是什么呢？对于这个问题，主要从以下几个方面考虑，即（1）是直接参与还是间接参与；（2）是主动参与还是被动参与；以及（3）是不是一种合法参与。环境法应对贫困问题、解决环境问题所遵循的公众参与原则应该是

---

① 常纪文、杨朝霞：《环境法的新发展》，中国社会科学出版社 2008 年版，第 410 页。

② "'The public' means one or more natural or legal or legai persons, and, in accordance with national legislation or practice, their associations, organizations or groups". See from " Convention on Access to Information, Public Participation in Decision – Making and Access to Justice in Environmental Matters", Article 4.

一种合法参与、有效参与、深度参与以及互动的参与，而不应是对抗式的参与模式。环境法应采取相应措施确保公众、尤其是贫困者及其他弱势群体参与决策的合法路径以及救济保障机制。

第二节 利益共生：原生贫困问题的环境法应对原则

所有社会价值——自由和机会、收入和财富、自尊的基础——都要平等的分配，除非对其中的一种价值或所有价值的一种不平等分配合乎每个人的利益。①

——约翰·罗尔斯

一、生存优先、合理利用原则

原生贫困问题，指的是在环境问题出现之前就客观存在的从物质到内心体验、从社会经济状况到文化教育各个方面的综合性缺乏的现象；并且因为与环境问题之间的联系而成为环境法应对的贫困问题类型之一。原生贫困问题主要指的是一种绝对贫困。对于身陷原生贫困问题的人们而言，没有什么比生存需求的满足更为重要。生存需求是维持和延续生命的基本需要，它是由人的自然属性决定的。它所包含的诸如吃、穿、住之类的生理需要具有自然性和物质性。当人的温饱问题还没有解决时，一瓢水、一箪食是其最大的满足。当人的温饱稍加满足，其他欲望也就随之而生。这是人作为物种本性和文化本性的必然要求，谁也无法否认其合理性。②

古今中外的学者们都无一例外地表达过对生命的尊重。我国古代儒家学说的创始人孔子虽然倡导道德教化的重要性，但同时也承认对于广大老百姓而言，唯有基本的物质生活需要得到满足并且获得了实际利益的情况之下才会去注重仁义，正所谓"贫而无怨难矣"；而孟子"仁政"的基石

---

① 【美】约翰·罗尔斯：《正义论》，何怀宏、何包钢、廖申白译，中国社会科学出版社1988年版，第62页。
② 曾建华：《环境正义——发展中国家环境伦理问题探究》，山东人民出版社2007年版，第101页。

也在于首先解决百姓的温饱问题，即令"鳏寡孤独者皆有所养"。中世纪的神学家托马斯·阿奎那认为在特殊情况下人基于生存所需甚至可以不受社会一般制度和规则的束缚；在他看来，"如果一个人面临着迫在眉睫的物质匮乏的危险，而又没有其他办法满足他的需要，那么他就可以公开地或者用偷窃的办法从另一个人的财产中取得所需要的东西"。① 持有同样观点的还有思想家格劳秀斯；在他看来，"在极度必须的时候，关于诸物的使用的原理可复活为原始权利，这时候物的状态是共有的。为何？因为根据人类派生的一切财产法都是把极穷状态排除在外的"。② 尽管"饿极而偷不算偷"的逻辑值得商榷，但是从托马斯·阿奎那和格劳秀斯的观点中不难发现生存优先的理念确实得到了普遍认可。

生存权是表达贫困主体生存需求的权利诉求，它包括生命权和生命延续权。我们生活的环境是人类满足生存权益的基础支撑，"人类环境的两个方面，即天然的和人为的方面，对于人类的幸福和对于享受基本人权，甚至生存权利本身，都是必不可少的"。③ 我们为什么要进行环境保护？是因为人类害怕"地球上最后一滴水是人的眼泪"变为现实，是因为人类害怕生存权的丧失。即使是否定"人类中心主义"的生态中心主义者也不会否认：确保人类生存和发展的持续性系环境保护之基本目的。可见，从某种意义上可以说，环境保护也是对生存权的保障。就两者之间的关系而言，"硬绿派"代表人物彼得·休伯就曾大声疾呼"首先帮助邻居，然后保护自然"。④ 尽管对于这一观点笔者有所保留，因为随着全球环境危机日趋严重，环境保护刻不容缓；然而它代表的理念却值得重视：在保护自然的同时也必须保有对穷人基本需求和基本权利的关怀。1997年5月第51届联合

---

① 【意大利】托马斯·阿奎那：《阿奎那政治著作选》，马清槐译，商务印书馆1963年版，第143页。

② 转引自徐显明：《生存权论》，载《中国社会科学》1992年第5期。

③ "Both aspects of man's environment, the natural and the man-made, are essential to his well-being and to the enjoyment of basic human rights the right to life itself". See from "Declaration of the United Nations Conference on the Human Environment", Article 1.

④ 【美】彼得·休伯：《硬绿——从环境主义者手中拯救环境》，戴星翼、徐立青译，上海译文出版社2002年版，第102页。

国大会通过的《国际水道非航行使用法公约》在强调公平协调上下游之间的利益的同时特别指出对人类基本需求的优先满足。该公约第6条第2款规定:"如果对某一国际水道的各种非航运使用之间发生冲突,应参考第5—7条之规定加以解决,尤其需要顾及人的维持生命所必需之基本需求。"①

然而,生存优先原则的确认,赋予每个人平等地享有环境资源的机会,并不等于允许每个人享有随心所欲地利用环境资源的权利。地球环境是人类唯一的生活家园,一旦遭到覆灭性地破坏,任何人将永失生存的机会。从国际层面看,发展中国家,尤其是中国、印度这样人口规模大的国家;就我国国内而言,广大的贫困的农村地区,无一例外地面临"3P"问题,即人口(Population)—贫困(Poverty)—污染(Pollution),三者之间形成了恶性循环的怪圈。许多紧迫的生存问题就与人口增长、贫困和环境污染、生态退化紧密相关。尽管从源头来看,人们因生存所迫而破坏生态环境带来的环境问题与工业化带来的环境问题相比是小巫见大巫。但是这并不能作为人们,尤其是迫于生计的人们肆意利用自然资源的借口。适宜与清洁的环境,同样是生存权实现的必备要件。正如日本学者大须贺明指出的那样,"对健全而舒适的生活环境的保护,就成为生存权重要的基础性内容"。② 因此,面对原生贫困问题,我们既要坚持生存优先原则,同时也必须强调生态资源的合理利用原则,两者缺一不可。

合理利用原则,指的就是科学地利用土地、水流、森林、草地等各种生活生产所需的自然资源,使之能永续地、不间断地利用,提高自然资源的生产潜力。合理利用涵盖两层意思,一是利用,即赋予贫困者公平利用的权利;二是利用需合理,而合理的限度是为生存与发展所必需,且不能损害自然资源的可持续生产潜力。以下分别从这两个层面加以阐述:

(一)公平利用自然资源的权利

权利是法学的一个基本概念,它以利益为基础。从某种意义而言,环境权是环境资源分配的一种手段。环境权的设计思路在于通过平等地赋予

---

① "Convention on the Law of the Non‐Navigational Uses of International Watercourses", Article 6 (2).

② 【日】大须贺明:《生存权论》,林浩译,法律出版社2001年版,第195页。

环境资源利用主体权利的方式配置资源，从而实现分配正义之理念内核。而这一制度设计思路必须遵循公平利用的原则，即强调法律承认每个人平等地享有环境资源的机会、承认贫困主体及其他弱势群体与富裕及其他强势群体享有公平的环境利益；同时环境法为每个主体提供平等的实现权利的机会，尤其是倾斜性地保障贫困主体的权利实现之能力。同时需要指出的是，赋予每个人平等地享有环境资源的机会，并不等于允许每个人享有随心所欲地利用环境资源的权利。综观人类历史发展的进程，尽管存在由于生存所迫、能力不足破坏性地利用自然资源导致的环境问题，但很大程度上说，环境问题的严峻化的根源在于处于社会分层体系中的强势群体对环境资源控制权的滥用，即社会强势群体拥有资源控制权，这些权利集团才是人类真正侵害自然之原本价值的力量和危险性的根源。①

在国际环境法中，尤其是在国际水资源保护领域，公平利用原则已经是一项获得广泛认可的习惯国际法原则。追根溯源，美国最高法院在有关州级水资源利用争议的管辖中确立了公平利用原则。该原则的首次确立是在美国最高法院于 1902 年对 Kansas v. Colorado, 206 U. S. 46 一案②的判决之中；而在 1945 年的 Nebraska v. Wyoming, 325 U. S. 589 一案中，法院对其水资源分配的相关因素进行了确定，即"为了做出判断需要考虑诸多因素。尽管使用在先原则具有指导意义，然而除此之外的相关因素还包括自然和气候条件、若干河段水资源的消耗性利用、回流的特征和速率、既得使用之范围、蓄水的可获取性、水资源的浪费使用对下游地区的实际影响

---

① 汪劲：《环境法律的理念与价值追求——环境立法目的论》，法律出版社 2000 年版，第 27 页。

② 在 Kansas v. Colorado（1902）一案中，上游的科罗拉多州主张它对阿肯色河的所有水资源都享有权利，下游的堪萨斯州主张它对阿肯色河的正常流动享有权利，并且认为科罗拉多的分流对其领土所造成的损害违反了"运用自己的财产但不能破坏他人法律权利的根本原则"。美国最高法院在该案中适用了公平分配的联邦普通法准则，将其作为分配州际水资源的法律原则和解决州际水冲突的途径。法院认定处理州际关系的原则是它们权利的平等，并进一步认定科罗拉多州的利用是对其权利的合法行使，最终适用公平分配原则进行判处。自此以后，美国最高法院在州际水争端案中一贯地适用这一原则。X. Fuentes, The Criteria of the Equitable Utilization of International River, in British Year Book of International Law, 1996. p. 337.

以及下游收益之获取与上游之利益损害之间的关系，等等。这些因素指明了水资源分配的性质以及利益适当调整的必要性"。① 20 世纪 60 年代，这一美国国内法原则影响到美国和加拿大之间哥伦比亚河流域水资源利用条约体制的建构；《关于合作开发哥伦比亚河流域水资源的条约》中确立的对下游收益的公平分享原则即公平利用原则的具体体现。1966 年国际法协会（International Law Association, ILA）通过了《国际河流利用规则》（《赫尔辛基规则》），该规则第 4 条明确规定"每个流域国在其境内有权公平合理分享国际流域内水域和利用的水益"。②

（二）对自然资源的合理利用

那么，对于可行能力不足的贫困者，如何确保其在生活生产的过程中对资源的合理利用呢？首先，通过赋权与相应的制度安排，刺激他们合理利用和保护自然资源的主观能动性。为什么农户对于自家房前屋后种植的树木勤加保护，却迫于生计滥砍集体林场的树木呢？这就是我们熟知的"公地悲剧"③ 理论的现实折射。只有通过赋予贫困者自然资源的所有或使用权利，并通过相应的制度保证，方可激励他们合理利用自然资源、保护生态环境的积极性。其次，通过对贫困者的环境教育、资金和技术支持等措施，弥补他们利用自然资源的能力不足。最后，在当地生态环境和自然资源无法满足附近生活的贫困者的生存需求时，通过辅助他们寻求替代生计的措施，既满足贫困者的生存需求，拓展其发展能力，同时又能实现对环境的保护。

---

① Patricia A. Jones, Operationalising the International Water Law Rule of Equitable and Reasonable Utilization Regional and State Practice on the Columbia River, p. 13. See: file: ///E/Websites/iwlri/Document/Students Material/PatriciaJones/PJLLMDRAFT. Html, visited on Nov. 26, 2003.

② "The Helsinki Rules on the Uses of the Waters of International Rivers", Article 4.

③ 1968 年美国学者哈丁（Garrett Hardin）在《科学》杂志上发表了题为《公地的悲剧》的论文。在该文中，哈丁假设存在一个向一切人开放的牧场，如果每个人从一己私利出发，就会毫不犹豫地多养羊，这是因为养羊所获得的收益全部归自己，而草场退化的代价则由大家负担。当每一位牧民都这样思考的时候，就会产生"公地的悲剧"，即草场持续退化，直至最终无法再养羊。参阅 http://baike.baidu.com/view/316666.htm, 访问时间：2010 年 12 月 31 日。

二、倾斜保护原则

作为环境法应对原生贫困问题的倾斜保护原则,指的是在环境保护义务平等履行的前提下,环境法在权利义务的配置上对于贫困者的生存需求给与特殊的关照、相对倾斜的保护。该原则是环境法实质正义价值追求的根本体现。

我们先简单回顾第二章中关于正义的理论。法之正义有形式正义和实质正义之分。法律的形式正义要求法律应该不分轩轾地适用于一切人,不分贫富与贵贱。当然,这种正义也并非意味着无视任何个体的差异。法律的实质正义是正义的终极追求,即给每个人"其所应得"。然而,现实中往往存在这样的悖论,即在法律上越是追求形式正义之符合,在现实中由于不平等之"马太效应"反而愈加背离实质正义之要求,导致强弱差距进一步拉大,强者愈强而弱者愈弱,社会公正也就愈加难以实现。鉴于此,罗尔斯的正义理论提出了"差别原则"理论。差别原则的关注焦点旨在实现"适合于最少受惠者的最大利益"。因此,依据主体的不同条件有差别地对待,尤其是在贫富悬殊、强弱不均者之间有差别的分配,这样一种形式"不正义",反而符合实质正义之精神内核。

身陷原生贫困问题的贫困者就是罗尔斯口中的"最少受惠者",尤其在我们所处的"风险社会"之中,其弱势地位尤其凸显。风险社会理论的创始人乌尔里希·贝里就断言:"环境风险的第一定律是:污染与贫困形影相随。在最近的10年间(20世纪90年代到21世纪初——笔者注),贫困到处在加剧。联合国称,目前超过24亿的人口正生活在没有卫生设施的环境下,较前一个10年有显著增加;12亿人口没有安全的饮用水;差不多数量的人口没有足够的居住、健康和教育服务;超过15亿的人口正营养不良。这并不是因为没有食品,或者存在太多匮乏,而是因为不断加剧的对贫困的忽视和排斥。"[①] 而且,贫困者往往由于先天的或社会制度政策缺失等因

---

① 【德】乌尔里希·贝克:《世界风险社会》,吴英姿、孙淑敏译,南京大学出版社2004年版,第6页。

素无法实现自救。面对这一情形，环境法应依据罗尔斯的"差别原则"理论，通过倾斜保护原则的运用，对身陷原生贫困问题的贫困者的基本生存进行特别保护，对他们进行拯救。

倾斜保护原则并非目前才提出的新型原则。"共同但有区别责任原则"，这一早已运用于国际环境法中并得到广泛的认可的环境法原则，究其本质即为倾斜保护原则。共同但有区别原则，指的是各国对保护全球环境负有共同的但是有区别的责任。其中，共同责任是指国际社会的每个成员国都有义务去保护环境，不论各国的大小、贫富，保护地球生态环境是各国共同的责任。① 区别责任是指不同国家主要是发达国家和发展中国家承担有差别的责任。1972年斯德哥尔摩联合国人类环境会议通过的《人类环境宣言》第一次对"共同但有区别原则"作出了较为明确的规定。《人类环境宣言》（1972）前言部分第2条"保护和改善人类环境是关系到全世界各国人民的幸福和经济发展的重要问题，也是全世界各国人民的迫切希望和各国政府的责任"，② 倡导世界各国对环境保护的共同责任；该宣言同时赋予发展中国相对"特殊"的照顾，原则12明确规定："应筹集基金来维护和改善环境，其中要照顾到发展中国家的实际情况和特殊性，照顾他们由于在发展计划中列入环境保护项目的任何费用，以及应他们的请求而供给额外的国际技术和财政援助的需要。"③ 此后有越来越多的国（区）际环境法渊源确认了这一原则：《生物多样性公约》（1992）、《联合国气候变化框架公约》（1992）、《联合国海洋法公约》（1982）、《联合国防治荒漠化公约》（1994）、《京都议定书》（1997）以及《卡塔赫纳生物安全议定书》（2000）等均在联系世界贫困等问题的基础上将"共同但有区别责任原则"作为其指导原则。

共同责任确立的基础在于环境问题及其风险的共同性。正如乌尔里希·贝克所指出的那样："然而，与物质贫困相比，因为这些危险造成的第三世

---

① 王曦：《国际环境法》，法律出版社2005年版，第108页。

② "Declaration of the United Nations Conference on the Human Environment", Article 2.

③ "Declaration of the United Nations Conference on the Human Environment", Principle 12.

界的贫困化,对富裕的社会是具有传染性的。风险倍增促使世界社会组成了一个危险社区。'飞去来器效应'精确地打击那些富裕的国家,它们曾经希望通过将危险转移到国外来根除它们,却因此不得不进口廉价的食物。杀虫剂通过水果、可可和茶叶回到了它们高度工业化的故乡。极端的国际不平等和世界市场的相互联系使边缘国家的穷邻居来到了富裕工业中心的门槛外。他们成为国际污染的温床,就像狭窄的中世纪城市中穷人的传染病一样,是不会绕过那些世界社区的富裕邻居的。"① 从国际视野而言,依据金瑞林先生的观点,共同责任要求:(1)各国必须采取切实措施保护和改善本国管辖范围内的环境;(2)各国应当采取措施防止在其管辖范围内和控制下的活动对其他国家和国家管辖范围以外地区的环境造成损害,这是各国根据《联合国宪章》和国际法原则在国际环境关系方面应当承担的基本义务;(3)各国应广泛参与环境保护的国际合作;(4)各国应当在环境保护方面互相支持和援助。②

差别责任确立的基础在于两个方面:首先是从造成国际环境问题的历史方面来看,发达国家和发展中国家是有差异的。国际环境问题,主要是由发达国家工业化过程中对资源国的开发造成。据统计,世界上占人口总数1/3的发达国家消耗着绝大部分能量,但世界人口的2/3生活在发展中国家,他们平均每人的能量消耗只等于富裕地区市民的1/8③。就二氧化碳的排放量而言,发达国家的排放量占全球总排放量的75%。④ 其次是由于对于发展中国家而言,消除贫困和发展是目前它们压倒一切的优先考虑事项。当然,这并非能够成为发展中国家免除环境保护义务的借口,发展中国家与发达国家同样需要承担环境保护的国际义务。仅仅是鉴于发展中国家现实的迫切需要,在国际环境责任承担的大小、时限等方面对发展中国家适度倾斜,也就是一种倾斜保护。最后,发达国家相对于发展中国家而

---

① 【德】乌尔里希·贝克:《风险社会》,何博闻译,译林出版社1992年版,第49页。

② 金瑞林:《环境法学》,北京大学出版社2004年版,第364—365页。

③ 【美】芭芭拉·握德、勒内·杜博斯:《只有一个地球——对一个小小行星的关怀和维护》,《国外公害丛书》编委会译,吉林出版社2005年版,第11页。

④ 林灿铃:《国际环境法》,人民出版社2004年版,第181页。

言雄厚的经济实力和更加先进的技术能力，也适宜承担更大的国际环境责任，并为发展中国家提供必要的援助。

贫困问题不仅仅存在于国家之间，而且也广泛地存在于一个国家内部；在国内环境法中引入"共同但有区别责任原则"的实践就是建立倾斜保护原则，将之作为国内环境法应对原生贫困问题的基本原则之一。在每个人都有环境保护责任的基础之上，依据主体条件的不同进行有差别的区分；对于贫困者及其他弱势群体、贫困地区通过具体之法律制度将他们确定为一类特殊主体加以倾斜保护，尤其是对其生存利益的优先保护。当然，对其生存利益的优先保护并非是允许他们采取破坏自然资源的方式谋生，而是通过资金倾斜、制度配套等方式弥补其教育、资金以及技术方面的能力不足，或者采取替代生计的措施保障其生存利益之获取。简而言之，在保护环境的时候须对贫困者及其他弱势群体的切身利益加以特殊关怀与保护，即为倾斜保护原则的出发点和宗旨。

三、风险预防原则

在现代社会，科学技术突飞猛进的发展带来的现代性的另一面却是无处不在的风险，这些风险威胁着人们生存的安全和生活的安定。据记述，在19世纪，掉到泰晤士河里的水手并不是溺水而死，而是因吸进这条伦敦的"下水道"上恶臭和有毒的水汽窒息而死的。① 作为环境问题出现并日益严重的"消防员"身份出现的环境法学，在实践中意识到：若要想从根本上解决环境问题，事后补救是远远不够的，必须加强事前预防。因而，风险预防原则应运而生，成为环境法应对环境问题的一项基本原则。贫困者的脆弱性，使得他们在环境损害面前更加不堪一击，从这个意义上说，风险预防原则也是环境法应对原生贫困问题的基本原则。

风险预防原则是环境法的一项基本原则，是指在现实的环境损害发生前，预测行为的环境后果并采取措施制止可能对环境造成损害、引发环境

---

① 【德】乌尔里希·贝克：《风险社会》，何博闻译，译林出版社1992年版，第18页。

事故或者灾难的行为，防止或者防范环境风险。① 作为一个明确的法律概念，它最早起源于德国。20世纪60年代在德国出现了一种"实施差额"（implementation short falls）的观点，这种观点认定法律制度和环境政策的目标之间存在明显的脱节，而且这种脱节在法律制度和法律的实际适用中也存在。② 为了克服这种脱节导致的环境保护不力问题，在德国的环境保护相关法律中引进了风险预防原则。风险预防原则也获得了许多国际环境法文件的适用。《世界自然宪章》（1982）原则11提出"应控制那些可能影响大自然的活动，并应采用尽量减轻对大自然构成重大危险或其他不利影响的现有最优良技术，特别是（a）应避免那些可能对大自然造成不可挽回的损害的活动"，③ 被学者认为是最早引入风险预防原则的国际环境法文件。《里约热内卢环境与发展宣言》（1992）原则15关于"为了保护环境，各国应按照本国的能力，广泛适用预防措施。遇有严重或不可逆转损害的威胁时，不得以缺乏科学充分确实证据为理由，延迟采取符合成本效益的措施防止环境恶化"④ 的规定，也是风险预防原则精神的反映。《联合国气候变化框架公约》（1992）第3条第3款也对风险预防原则作出了规定，它指出："缔约方必须采取预防措施来预测、制止或尽量控制气候变化并缓和其负面影响。当存在'严重的或不可逆转的危害'的威胁时，缺乏足够的科学论证不应成为反对采取相应措施的理由，但同时也应考虑到针对气候变化所采取的政策和措施必须是符合成本效益的，这样才能以最小的代价

---

① 吕忠梅：《环境法原理》，复旦大学出版社2007年版，第101页。
② Paul L. Stein, "Are Decision-makers Too Cautious With The Precautionary Principle" See at http: www. ids. org. au/~cnevill/LawlinkNSWStein. htm (visited 29/08/2004).
③ "Activities which might have an impact on nature shall be controlled, and the best available technologies that minimize significant risks to nature or other adverse feefcts shall be used; in particular: (a) Activities which are likely to cause irreversible damage to nature shall be avoided". See from "World Charter for Nature", Principle 11 (a).
④ "In order to protect the environment, the precautionary approach shall be widely applied by States according to their capabilities. Where there are threats of serious or irreversible damage, lack of full scientific certainty shall not be used as a reason for postponing cost-effective measures to prevent environmental degradation". See from "Rio Declaration on Environment and Development", Priniple 15.

来确保全球的利益。"① 此外,《生物多样性公约》(1992)、《跨界水道和国际湖泊保护和利用公约》(1992)、《保护东北大西洋海洋环境公约》(1992)等都对风险预防原则作出了明确的规定。

从上述国际环境法文件关于风险预防原则的规定中,国外学者 David Santillo 等大致总结出该原则适用的四个要素:(1)损害应该避免;(2)科学研究在确定威胁时具有重要的作用;(3)预防危害的行动是最基本的,即使在缺乏因果关系的结论性证明之前;(4)所有的技术发展应当满足不断减少环境负担的要求。② 人类的生存与发展不可避免地需要利用自然资源,因而也就存在自然环境风险,风险预防原则的价值就在于防患于未然,即使没有确定的科学依据或因果关系证明,也能够在危害发生之前予以防范,至少使损害得以减轻。从这个意义上而言,风险预防原则是环境法上一个非常重要的原则,也无怪乎著名的环境法学者陈慈阳教授将该原则视为环境法的第一项基本原则。风险预防原则的真正实现,还需要具体法律制度的配合,鉴于此,吕忠梅教授提出了与风险预防有关的法律机制的基本框架,包括总体控制机制、生态预警机制、公众参与机制、行政控制机制以及市场调控机制。③

依据本书第一章关于贫困的分析,贫困并非单纯的经济问题,而是一

---

① "The Parties should take precautionary measures to participate, prevent or minimize the causes of climate hange and mitigate its adverse effets. Where there are threats of serious or irreversible damage, lake of full scientific certainty should not be used as a reason for postponing suh measures, taking into account that policies and measures to deal with climate change should be cost – effective so as to ensure global benefits at the lowest possible cost. To achieve this, such policies and measures should take into account different social – economic contexts, be comprehensive, cover all relevant sources, sinks and reservoirs of greenhouse gases and adaptation, and comprise all economic sectors. Efforts to address climate change may be carried out cooperatively by interests Parties." See from "United Nations Framework Convention on Climate Change", Article 3 (3).

② David Santillo (etc), "The Precautionary Principle in Practice: A Mandate for Anticipatory Preventative Action", in Carolyn Raffensperger and Joel A. Tickner (eds), Protecting Public Health & the Environment: Implementing the Precautionary Principle, Island Press, 1999. p. 40.

③ 吕忠梅:《环境法原理》,复旦大学出版社 2007 年版,第 116—117 页。

个多维的社会想象,涵盖经济、社会、内心体验等多个纬度。脆弱性分析最早运用于灾害学之中,20 个世纪 80 年代初,Robert Chambers 提出了脆弱性的"外部—内部"分析框架①,开始将脆弱性分析视角运用到发展研究中。② 此后,脆弱性成为贫困研究的关注点。何谓脆弱性? 世界银行对它作出了如下界定:"脆弱性是指个人或家庭面临某些风险的可能,并且由于遭遇风险而导致财产损失或生活质量下降到某一社会公认的水平之下的可能,脆弱性是贫困的特征之一。"③ 国内学者徐伟等人基于一个来自我国农村的面板数据,考察了农户拥有的社会网络和风险冲击以及它们之间的交互对于农户贫困脆弱性的影响,并得出如下结论:(1)家庭层面的社会网络能够显著的降低贫困脆弱性;(2) 户主的年龄、性别、教育程度、是否为干部这几个变量对于贫困脆弱性的偏效应显著,其中,户主的教育年限和是否为干部都能够显著的降低贫困脆弱性,这表明了以户主教育程度度量的人力资本和以户主是否为干部来度量的政治资本都能够降低贫困的脆弱性。④ 这一研究也充分说明了能力弥补与赋权对应对贫困问题,减轻贫困者脆弱性的重要意义。

由于贫困者的脆弱性,在环境风险面前,他们是何其的不堪一击。风险预防原则源自于人类现阶段所掌握知识的有限性,而在有限性的前提下,由于受教育程度、社会网络以及信息获取手段的差异,人们之间对于环境风险预防的信息存在不对称,尤其是贫困者及其他弱势群体存在弱势。在这种情况下,他们容易遭受信息蒙蔽而被迫承受风险转嫁带来的损失。鉴

---

① 1983 年,Robert Chambers 指出脆弱性包括外部因素和内部因素两个方面,外部因素是指一个人可能遇到的风险、冲击和压力等;内部因素是指没有防御能力,即缺乏应对外部因素带来损失的能力和机制,即脆弱性分析的内部—外部分析框架。参见唐丽霞、李小云、左停:《社会排斥、脆弱性和可持续升级:贫困的三种分析框架及比较》,载《贵州社会科学》2010 年第 12 期。

② Rober Chamber and G Conway. Sustainable rural livelihoods: Practical concepts for the 21st century. IDS Discussion Paper 296. Brighton, England: Institute of Declopment Studies, 1992. 转引自唐丽霞、李小云、左停:《社会排斥、脆弱性和可持续升级:贫困的三种分析框架及比较》,载《贵州社会科学》2010 年第 12 期。

③ 世界银行:《2000/2001 世界发展报告》,中国财政经济出版社 2001 年版。

④ 徐伟、章元、万广华:《社会网络与贫困脆弱性》,载《学海》2011 年第 4 期。

于此，风险预防原则及相关制度机制的建立，如环境风险信息披露机制等，能够对贫困者及其他弱势群体的利益给与一定的保障，从而彰显环境法的实质正义价值。因而，环境风险预防原则对于贫困者具有特别重大的价值，是环境法应对原生贫困问题所需遵循的原则之一。

第三节 利益共进：次生贫困问题的环境法应对原则

由于法律而造成的不公平，似乎会在三种情况下发生：第一，倘若一个案子在某些方面没有依据法律本身所定的原则裁判，法律上的不公平就会发生。举例来说，法律可能会允许一人加害或侵犯他人，却不许对方享受任何补偿的权利。这种判决，虽然在道德上可能被（即使是法院本身）认为不公平，在法律上却很公平；第二，法律没有被人按照它所要求的公正态度去实施；第三，法律虽然被人按照它的内容非常公正地实施，可是它本身，若用衡量法律规定中实质正义的价值系统来判断却不公平。①

——丹尼斯·罗伊德

一、保护优先、合理补偿原则

1987年出版的《我们共同的未来》向我们展示了全球环境问题的图景："每年有600万公顷具有生产力的旱地变成无用的沙漠，它的总面积在30年内将大致等于沙特阿拉伯的面积。每年有1100多万公顷的森林遭到破坏，这在30年内将大致等于印度的面积。这些森林的很大部分将变成不能支持定居在那里的农民的低质农田。在欧洲，酸沉降破坏了森林、湖泊以及各国的艺术和建筑遗产，它还可能使大片土壤酸化以致达到不可恢复的地步；矿物的燃烧将二氧化碳排入大气之中，造成了全球气候逐渐变暖，这种'温室效应'到21世纪初可能将全球平均气温提高到足以改变农业生产区域、提高海平面使沿海城市被淹以及损害国民经济的程度；其他工业

---

① 【英】丹尼斯·罗伊德：《法律的理念》，张茂柏译，新星出版社2005年版，第102—103页。

气体有耗竭地球臭氧层的危险，它将使人和牲畜的癌症发病率急剧提高，海洋的食物链将遭到破坏；工农业将有毒物质排入人的食物链以及地下水层，并达到无法清除的地步。"① 二十多年后的今天，世界环境与发展委员会的预言竟一一兑现：在气候变化的威胁之下，浪漫的马尔代夫群岛也有被淹没之虞；气候难民的规模将越来越大。生态环境一旦破坏，将难以恢复，长此以往，人类也将无法生存。原生贫困问题因关涉基本生存权利的保障，采取的应对原则是强调生存优先，但同时要求对自然资源的合理利用。相形之下，次生贫困问题，应对的宗旨是杜绝因环境保护而产生新的贫困，在此情形下，环境问题对生存的威胁性和紧迫性更为突出，因而它的应对原则首先是强调保护优先。

次生贫困问题，简言之，就是由"环境"（指的是环境问题或环境保护）导致的贫困。究其本质，次生贫困问题触及的是环境利益的公平分享。环境法应对次生贫困问题的关键在于：在强调环境保护优先的前提下，如何实现环境利益的公平分享以及对"特别牺牲者"丧失的机会与发展权益的合理补偿。生态环境资源具有双重属性，一方面它具有经济属性，系人类生存的基础条件以及社会发展的物质基础；另一方面它具有生态属性，对生态系统功能的维持具有积极意义。相对于人类日益增长的对物质和良好生态环境的需求而言，环境资源是一种稀缺资源；环境资源的稀缺性并非由于环境资源的绝对匮乏，而是由于社会的悲剧性选择造成的。任何国家在环境资源的双重属性（经济属性和生态属性）面前，绝不会将整个环境资源全部用于生态维持之用途，而排除对其经济价值的利用，它往往采取的是多用途分配模式。如果我们将对于环境资源在用途上的分配称为"一级分配"，那么环境资源的分配还涉及十分重要的另一个领域，即在不同主体之间的分配，我们可以称之为"二次分配"。采取什么样的标准进行不同主体之间的环境资源分配，反映的是不同价值诉求间的博弈；划分的结果使某些人享有利益而另一些人承受不利益，取决于一个社会的基本价值观。"二次分配"总是带有某种悲剧性，"社会通过一些制度设计和技术

---

① 世界环境与发展委员会：《我们共同的未来》，王之佳、柯金良等译，吉林人民出版社1997年版，第3页。

措施把环境资源分配或有或无（这是一种极端状态）、或多或少地分配给不同的主体。因此，稀缺和苦难并非只是社会被动接受的产物，相反它们也是由社会主动选择的后果，至少其最后也会被视为社会内在深层本质的固有部分而得到接受"①。

由于我国历史上有着深厚的农耕传统，扎根于土地的农民具有生态维护的意识和环境友好的耕种技术，因贫困导致的环境问题远没有进入工业化进程后污染带来的环境问题突出和明显。然而，就我国而言，次生贫困问题更为严重。生态贫困，即因生态环境的脆弱和极度退化而导致的贫困问题。如果我们把我国的贫困分布与我国的生态脆弱地带②进行联系研究，我们就会发现两者之间具有高度相关性。我国生态脆弱地带的分布具有明显的边缘性，即分布在西部、西部与中部、中部与东部的过渡带或边缘地带，还有一部分居住在中国与外国的周边地带，这些地带的生态环境都十分脆弱。国内学者们经研究发现，在这些划入生态脆弱地带的国土面积中，约有76%的县是贫困县，占贫困县总数73%；在生态敏感地带的耕地面积中，约有68%的耕地面积在贫困县内，占贫困县耕地总面积的74%；在划入生态脆弱区地带的人口中，约有74%的人口生活在贫困县内，占贫困县总人口的81%。③ 在生态脆弱地带生活的人们，他们的贫困主要是由于恶劣的生态环境导致的，系一种生态贫困。因此，应对此类次生贫困问题，须要首先坚持保护优先原则，通过法律制度、政策配置将贫困的生态脆弱

---

① 吕忠梅、刘超：《资源分配悲剧性选择中的环境权——从环境资源分配角度看环境权的利益属性》，载《河北法学》2009年第1期。

② 关于生态脆弱地带（也称生态敏感地带）的研究始于20世纪60年代。当时国内外部分学者开始从生态学角度入手对边缘地带进行研究，从而提出了生态脆弱地带的概念。生态脆弱地带一般认为有两层含义：一是指介于两种或两种以上具有明显差异性的生态环境之间的过渡或交错地带；二是指生态环境的变化将引起土地生产力的明显下降乃至消失，进而导致经济严重衰退的地带。它最为显著的特征是：（1）气候变化大，在相同的时间内，它的气候变动率超过其他地区；（2）生态环境的稳定性较差，在同样的影响力下，它的环境变动要远远超过其他地区；（3）生态环境恢复功能低、自调节能力明显低于其他地区。参见麻朝晖：《我国的贫困分布与生态环境脆弱相关度之分析》，载《绍兴文理学院学报》2003年第1期。

③ 李周、陈若梅、高岭：《中国贫困山区开发方式和生态变化关系的研究》，山西经济出版社1997年版，第1—2页。

地带的扶贫与生态环境保护和改善工作统一起来。

我国还存在另一类次生贫困问题，即因环境保护、限制发展的原因丧失或减少发展机会而导致的贫困，也就是他们"用贫困守护我们的生态家园"。这一类次生贫困问题往往存在于大江大河的源头等对整体生态环境具有天然屏障功能的区域内。生活在这些区域内的人们，为整体生态环境的保护而丧失或减少了自身发展机会，在没有充分、合理补偿的情形下，导致自身的贫困，系环境保护之"特别牺牲者"。对于此类次生贫困问题的应对，环境法须在保护优先的前提下，强调生态资源的公平利用以及环境利益的公平分享；特别强调通过对环境保护付出"特别牺牲者"利益的弥补、对失衡利益的矫正以实现公平公正。目前，在政策层面上，我国已经高度关注并在合理补偿原则思想的指引下应对此类次生贫困问题。《中华人民共和国国民经济和社会发展第十二个五年规划纲要》第十九章明确提出实施主体功能区战略，并指出主体功能区的发展方向为城市化地区、农产品主产区和重点生态功能区。该纲要特别强调"（在十二五期间）基本形成适应主体功能区要求的法律法规和政策，完善利益补偿机制"。此外，《中国农村扶贫开发纲要（2011—2020年）》中也强调"建立生态补偿机制，并重点向贫困地区倾斜"。

二、受益者补偿原则

受益者补偿原则，或者称为"受益者支付原则"（Beneficiary Pays Principle），它"规定高质量或得到改善的环境的受益者应该补偿资源使用者各种费用，包括维持生态平衡、环境服务以及由不能带来市场效益、不能被所有人享用的特性所带来的费用；它强调与正的非市场收益相关的附加成本必须得到偿还"[①]。该原则的确立最初源于经济学中的科斯定理。科斯定理（Coase theorem）是由罗纳德·科斯（Ronald Coase）提出的一种观点，认为在某些条件下，经济的外部性或曰非效率可以通过当事人的谈判而得

[①] 【美】Anil Markandya, Renat Perelet, Pamela Mason, Tim Taylor：《环境经济学辞典》，朱启贵译，上海财经大学出版社2006年版，第25页。

到纠正,从而达到社会效益最大化;对此定理流行的说法是,只要财产权是明确的,并且交易成本为零或者很小,那么,无论在开始时将财产权赋予谁,市场均衡的最终结果都是有效率的,实现资源配置的帕累托最优。①意大利经济学家 V. 帕累托提出的"帕累托最优"理论是指导资源分配的一个十分有用的原理。所谓"帕累托最优"(Pareto Optimality),是指在不使任何人境况变坏的情况下,不可能再使某些人的处境变好;而"帕累托改进"(Pareto Improvement),是指一种变化,在没有使任何人境况变坏的情况下,使得至少一个人变得更好。② 可见,"帕累托最优"所要求的是一种"无人受到损害"的状态。然而,在现实的资源分配过程中往往难以实现其最优状态,任何一项资源分配难免会出现一部人获得利益而另一部分人受到损害的状况。面对这一现实,福利经济学理论中主张采用"补偿原则"加以纠正,即由受益一方弥补受到损害一方的利益损失,通过这一补偿的方式使得受到损害一方的受损情况不再进一步恶化,甚至能够对其受损状况加以改善,仍旧保持社会总福利的增长趋势。

受益者补偿原则,作为环境法应对次生贫困问题的原则,其理论价值在于:"特别负担"由"特别受益"进行补偿。联系上述"保护优先,合理补偿原则"的讨论,"合理补偿"是从受补偿主体的视角进行设定,而"受益者补偿"则是强调补偿主体。受益者是负担补偿责任的主体之一,主要对因环境保护、限制发展等原因丧失或减少发展机会而导致的次生贫困的受偿主体进行补偿。太晓霖和洪尚群在《环境问题中受益者和受害者关系动态初步分析》一文中指出:"任何环境问题不是孤立存在的,均对社会系统产生间接或者直接的作用和影响,均对人类群体产生影响,间接地将人群分化为受益者、受害者和未受影响者三大类群";而"在一般情况下,受益群体一方始终存在所谓公推的代言人——利益代表,而受害群体一方往往没有代言人,其受损害利益无人代表和保障"。③ 现实中,可行能力不足并具有高度脆弱性的贫困者最易成为"受害者"。这是因为:穷人是社会

---

① 参阅 http://baike.baidu.com/view/882.htm,访问时间:2010 年 12 月 31 日。
② 参阅 http://baike.baidu.com/view/98065.htm,访问时间:2010 年 12 月 31 日。
③ 太晓霖、洪尚群:《环境问题中受益者和受害者关系动态初步分析》,载《云南环境科学》2002 年第 4 期。

分层体系中的弱势群体,他们是环境问题的直面者,但是他们却被排除在社会主流话语体系之外;相对而言,社会强势群体拥有资源控制权,他们以"环境公益"的借口,将环境权利与义务主体笼统的归结为"全人类"这一泛化的概念,如此一来,不存在"特别负担"与"特别受益",又何谈补偿?可见,受益者补偿原则的确立对于环境法应对次生贫困问题的重要意义。

"受益者补偿"不仅仅是一个经济学领域适用的原理,国际环境法中早已广泛采用该原则,用以均衡环境权利义务配置,并实现社会公正。《关于森林问题的原则申明》(1992)就确定了"公共补偿原则"。原则9呼吁:"a. 国际社会应支持发展中国家为加强管理、保存和可持续地开发其森林资源而做的努力,要考虑到调整其外债的重要性,特别是因向发达国家净转移资源而加重外债,以及因森林产品、特别是加工产品进入市场机会改善而代替价值降低所产生的问题。在这方面,也应特别注意正在向市场经济过渡的国家;b. 各国政府和国际社会应设法解决保存和可持续地利用森林资源的工作遭遇的阻力以及地方一级特别是经济和社会上依赖森林和森林资源的贫困都市和农村人口缺少其他选择等问题;c. 国家所有类型森林政策的制定应考虑到森林部门外部的影响因素对森林生态系统和资源所施加的压力和要求,并应设法寻求处理这些压力和要求的跨部门手段。"① 而原则10更加直接地规定:"应向发展中国家提供新的额外的财政资源,使它们能以可持续的方式管理、保存和开发森林资源,包括植林和重新造林,以及遏止砍伐森林和森林与土壤的退化。"② 原则10事实上规定的是对发展中国家的环境保护服务进行补偿。

从国内环境法的层面而言,我们不能以"为了大多数人的长远利益"为借口而心安理得地无视贫困者及其他弱势群体的切身利益,或者是限制

---

① "Non-legally Binding Authoritative Statement of Principles for a Global Consensus on the Management, Conservation and Sustainable Development of All Types of Forests", Principle 9.

② "Non-legally Binding Authoritative Statement of Principles for a Global Consensus on the Management, Conservation and Sustainable Development of All Types of Forests", Principle 10.

其生存与发展权益而导致他们丧失勉强维持生存的机会，这不仅不符合实质正义之要求，而且就伦理角度而言也与"公正"的要求相悖逆。为了纠正此种社会不公正状态，确立受益者补偿的原则无疑是最好的选择，从而最终实现在不损害个别人、尤其是脆弱群体现有利益的基础上增进全社会包括生态利益在内的总体福利。

三、养护者受益原则

养护者受益原则系环境法的基本原则之一，旨在通过这一经济激励原则调动社会主体从事环境资源养护之积极性，以避免"公地悲剧"的发生以及实现环境利益的公平分享。从环境法应对次生贫困问题的视角而言，养护者受益原则对于实现环境法之益贫功能具有重要意义。

何谓"养护者受益原则"？它是指通过采取各种措施确认并保障从事包括治理污染、植树造林、改善植被、自然生态环境恢复的自然人、法人或其他组织获得相应报酬或其他经济利益的权利。养护者受益原则是"养护"行为和"受益"权利的有机结合。"养护"与"保护"之间在逻辑前提方面存在明显差异："保护"是对现有状态的维持，以现存之环境状况完整又运行良好为逻辑前提；而"养护"系对现有状况的保养与修复，以现存之环境状况存在诸如污染、荒漠化或沙化等问题，需要加以恢复为逻辑前提。也正是在这一逻辑前提的基础之上，才存在"受益"权利的合法性。受益权的确认和保障的基础在于养护行为对生态环境的实质改善之结果，而反过来利益的获取又成为推动社会主体主动、积极养护生态环境的助力器，引导人们的行为迈向生态环境优化并借以实现生态文明。

养护者受益原则不仅对于生态环境的恢复与改善具有积极作用，而且有利于环境法益贫功能的实现。次生贫困问题的本质根源在于环境利益分享不公；而避免次生贫困问题的发生是"同构守衡的正义、互养循环的正义"的要求。面对这样的社会现实，环境法的功能也应随着现实的需求而加以拓展，挖掘环境法的益贫功能正是社会发展的客观要求。环境法的益贫功能指的就是通过权力的配置、权利义务的分配实现对贫困主体等弱势群体的倾斜性保护，保障维护良好环境和减缓贫困之间相互促进的良性循环目的得以实现的功能。它包含两个层面的内容：其一是对贫困主体等弱势群体的倾斜性保护；其二是对贫困主体等弱势群体的利益增进。环境法对贫困主体等弱势群体的利益增进作用是其益贫功能的本质体现。养护者受益原则在确保对生态环境的养护的同时促进了养护主体经济利益的增进，避免了次生贫困问题的产生，是一项致力于双赢的环境法基本原则。

  近年来，国际社会以及国内的消除贫困战略逐渐将环境保护纳入其中，作为消除或减轻贫困的战略工具。《联合国防治荒漠化公约》（1994）在其关于非洲地区执行的附件 1 中明确要求非洲国家缔约方承诺"把防治荒漠化和/或缓解干旱影响作为根除贫困努力的中心战略"。[①] 世界银行的非自愿移民政策强调移民安置须同环境保护结合起来，以及移民工作中的公众参与的必要性，同时认为必须有合理的机制安排使得移民能够分享项目的效益。亚洲开发银行于 2002 年 11 月 8 日通过的新的环境政策也着重强调"加强环境干预以消除贫困"。国际实践经验证明，环境法能够对减缓贫困作出贡献，而养护者受益原则就是实现环境法益贫功能的重要指导原则。具体到我国，目前也在尝试将环境保护与扶贫战略结合起来。西部地区的退耕还林、荒漠化治理等一系列生态治理工程的实践证明：生态治理对于减缓当地农民的贫困问题具有成效，亟须进一步推广以实现贫困主体的收益增进以及环境可持续性的双赢。

---

  ① "United Nations Convention to Combat Desertification", Annex I (Regional Implementation Annex for Africa). Article 4, 1 (a).

第五章 环境法应对贫困问题的制度选择

何谓"制度"?在制度经济学的视阈下,"人类的相互交往,包括经济生活中的相互交往,都依赖于某种信任。信任以一种秩序为基础。而要维护这种秩序,就要依靠各种禁止不可预见行为和机会主义行为的规则",①而这些规则就是"制度"。制度经济学旨在实现经济运作的制度化和规范化。与此类似,法律就是期冀通过将经济生活和社会生活的运转制度化、规范化而形成一种秩序。因而,成文法的表现形式往往都是体现为制度的设计与安排。然而,法律有善法与恶法之分。用什么办法来解决作为制度的法律之不足呢?就是要靠作为方法的法律和作为理念的法律来弥补。②环境法应对贫困问题的正当性,就是强调环境法对弱势群体利益的关怀与保障,它在法律实践中转化为一类通俗的问题:符合什么理念与价值要求的法律制度才是正当的,而它们又具体是哪些制度?

第一节 环境法应对贫困问题的制度选择路径

法律绝不可能发布一种既约束所有人同时又对每个人都真正最有利的命令,法律在任何时候都不能完全准确地给社会的每个成员作出何谓善德、何谓正确的规定。人类个性的差异、行为的多样化,所有人类事务无休止的变化,使得无论是什么艺术在任何时候都不可能制定出可以绝对适用于

---

① 【德】柯武刚、史漫飞:《制度经济学——社会秩序与公共政策》,韩朝华译,商务印书馆2000年版,第3页。

② 江平:《法律:制度·方法·理念》,载《中国党政干部论坛》2005年第3期。

所有问题的规则。①

——柏拉图

一、应对贫困问题的制度选择逻辑起点

减缓贫困,是环境法可以大有作为的领域;为了实现这一目的,环境法应该从什么逻辑起点出发进行制度选择与构建是对策分析的基础与前提。

包括法学在内的社会科学研究的逻辑起点是什么呢?马克思、恩格斯从社会历史的宏观背景下分析思考所得出的结论是——"人",而且是"有经验的、现实的个人"②。马克思与恩格斯指出:"全部人类历史的第一个前提无疑是有生命的人类存在。因此,第一个需要确认的事实就是这些个人的肉体组织以及由此产生的个人对其他自然物的关系……任何历史记载都应当从这些自然基础以及它们在历史进程中由于人们的活动而发生的变更出发。"③ 马克思主义法学认为法律的核心问题是"人","人"系法律的本体依据;"当别人加在他身上的外部强力就是他自己加在自己身上的外部强力时,法律的存在才是一种合乎人性的存在"④。可见,从马克思主义法律思想来看,在法律的制定和法律制度的选择上,"人"处于根本性的位置。

许多国内外法学研究者也持有相同或类似的观点。美国法理学家约翰·麦·赞恩就曾指出:"社会本能导致了永远与人同在的根深蒂固的倾向性,向其同伴的行为看齐,取悦于与其每日相处的同伴以及被后者所取悦的欲望。这种倾向极为简单,却绝对是一切社会动物的指导规则。它是一

---

① 【古希腊】柏拉图:《政治家》,转引自【美】E.博登海默:《法理学:法律哲学与法律方法》,中国政法大学出版社2004年版,第11页。

② 【德】马克思:《〈政治经济学批判〉导言》,载中共中央马克思恩格斯列宁斯大林著作编译局编译:《马克思恩格斯全集》(第二卷),人民出版社1995年版第1页。

③ 【德】马克思、恩格斯:《德意志意识形态节选》,载中共中央马克思恩格斯列宁斯大林著作编译局编译:《马克思恩格斯全集》(第一卷),人民出版社1995年版,第67页。

④ 【德】马克思、恩格斯:《神圣家族》,载中共中央马克思恩格斯列宁斯大林著作编译局编译:《马克思恩格斯全集》(第二卷),人民出版社1995年版,第229页。

切法律的基础。"① 国际法与宗教关系领域最著名的先驱人物哈罗德·伯尔曼（Harold J. Berman）也这样告诉世人："法律不只是一整套规则，它只是在进行立法、判决、执法和立约的活生生的人。它是分配权利与义务，并据以解决纷争，创造合作关系的活生生的程序。……法律能够为社会提供一种结构，一种完型，它需要维持内部的聚合，它一贯与无政府状态为敌。"② 国内法学研究者胡玉鸿认为："只有将人作为法学研究的逻辑起点，才能够真正彰显人的主体地位，也才能使法律真正成为保障人的自由的制度建置。"③ 因此，作为部门法的环境法，在应对贫困问题的制度配置时的逻辑起点也应是"人"。正如詹姆斯·M. 布坎南所言："只有个人才能作出选择和行动，集体本身不选择也不行动，把集体当做进行选择而提出的分析是不符合通行的科学准则的。社会总体仅仅被看做个人作出选择和采取行动的结果。"④

社会科学的研究必须以"人的类型"为研究的出发点，当然也是它的归结点，没有人的社会是不存在的，没有一定人的类型为对象的社会科学也是不可能有任何意义的。⑤ 那么，作为环境法应对贫困问题的制度选择逻辑起点的"人"的类型是什么呢？本书从詹姆斯·S. 科尔曼的社会学选择理论的方法论立场出发将之抽象为"理性人"。"理性人"的基本内涵为："对于行动者而言，不同的行动会产生不同的效益，而行动者的行动原则就是为了最大限度地获取效益，而这种'效益'并不只是局限于狭窄的经济领域中，它还包括政治的、社会的、文化的、情感的等众多内容。其价值取向不一定是经济目的或自私自利，也可以包括利他主义、社会公平、

---

① 【美】约翰·麦·赞恩：《法律的故事》，刘昕、胡凝译，江苏人民出版社1998年版，第22页。
② 【美】哈罗德·伯尔曼：《法律与宗教》，梁治平译，中国政法大学出版社2003年版，第38页。
③ 胡玉鸿：《法学方法论导论》，山东人民出版社2002年版，第353页。
④ 【美】詹姆斯·M. 布坎南：《宪法秩序的经济学与伦理学》，朱泱、毕洪海、李广乾译，商务印书馆2008年版，第214页。
⑤ 杨春学：《经济人与社会秩序分析》，上海人民出版社1998年版，第1—2页。

爱国主义等价值观。"① "理性人"假说不同于经济学领域内的"经济人"假说。所谓"经济人",就是"不知疲倦地并在所有情况下都极力追求其效用最大化的人"②。自利和理性是"经济人"的本质特点;另外,"经济人"在追求自身利益最大化的同时会无意识地产生增进社会公共效益的积极结果,当然这只有在有良好的法律和制度保证的前提下才得以发生。而"理性人"更强调人对于自我行为选择和调节的能力。正如詹姆斯·S. 科尔曼所强调的:"理性行为是为达到一定目的而通过人际交往或社会交换所表现出来的社会性行动,这种行动需要理性地考虑对其目的有影响的各种因素。"③ 可见,"理性人"与"经济人"的最大区别在于:自利并非前者的必然选择,而对于后者却是唯一动因。

詹姆斯·S. 科尔曼的"理性人"假说对于分析身陷原生贫困问题和次生贫困问题主体的行动决策具有指导意义。在科尔曼看来,个体行动的动因在于获得利益(不仅仅包括私利,还可能包括非私利的其它利益),并在此基础上将个体的行动划分为不同的类型,包括:"a. 个体为了满足个人利益而控制其能够从中获利的资源;b. 个体控制能使其获利最多的资源;c. 个体控制着能使自己获利的资源,但是却对这种控制实行单方转让。"④ 从"理性人"的角度,为了生存而破坏性地利用自然资源是穷人的理性选择。正如上文提到的那位越南河静居民的心里话:"我们知道砍伐树木会造成水土流失,生产木炭会导致森林大火,但是我们别无选择,因为我们没有吃的,我们必须开发森林。"⑤ 另外,在生存和发展的权益无法维系的情况下放弃环境保护的努力也是个体的理性选择。以我国的退耕还林工程为例。于 1999 年试点、2002 年正式启动的退耕还林工程是迄今我国规模最

---

① 【美】詹姆斯·S. 科尔曼:《社会理论的基础》,邓方译,社会科学文献出版社 1999 年版,第 15—20 页。
② 【德】乔治·恩德勒等主编:《经济伦理学大辞典》,王森洋等译,上海人民出版社 2001 年版,第 198 页。
③ 【美】詹姆斯·S. 科尔曼:《社会理论的基础》,邓方译,社会科学文献出版社 1999 年版,第 21 页。
④ 周长城:《科尔曼及其社会行动理论》,载《国外社会科学》1997 第 1 期。
⑤ 【美】迪帕·纳拉扬等:《呼唤变革》,姚莉等译,中国人民大学出版社 2003 年版,第 64 页。

大、投入最多、涉及群众最多的生态建设工程；工程区遍布我国25个省市及新疆建设兵团，主要集中在中西部地区，涉及我国一半以上的贫困县和90%的贫困人口①。退耕还林工程设计了一个5—8年的补助期限，在此期限之内由国家无偿向退耕的农户提供补助（包括粮食、现金以及种苗费用）以保障农户的收入水平。然而，如果没有一个长效的补偿机制或替代生计的安排，5—8年的补助期满之后，农户可能会因为生计所迫而选择返耕。

法律制度的构建过程实质上是一个利益衡量的过程，一个不同利益集团、利益主体的矛盾冲突和博弈的过程。耶林主张"权利的基础是利益"；马克思也曾明确论断"人们奋斗所争取的一切，都同他们的利益有关"。而以个体为基础，边沁指出："每个人总是追求他所认为的幸福。所以，立法者的职责是在公共利益和私人利益之间造成调和。"② 由此可见，环境法在应对贫困问题（原生贫困问题和次生贫困问题）的制度选择时应以"理性人"为逻辑起点，在对每个人基本权利和尊严尊重和保障的基础上，通过以人为本的制度安排影响个体的理性选择，实现环境保护和扶贫的双赢。

二、应对贫困问题的制度选择目标体系

环境法对贫困问题的应对，突破了传统上以单纯解决环境问题为己任之理念局限，体现了环境法对贫困者及其他弱势群体的人文关怀。宗旨与目标的确定是指引环境法应对贫困问题时进行制度选择的依据。

（一）环境法的实质正义价值是环境法在应对贫困问题时进行制度选择的根本追求

正义是社会制度的首要价值，正像真理是思想体系的首要价值一样。③正义可分为形式正义和实质正义两大类。在社会制度运行的过程中，形式

---

① 吴国清等：《评估表明我国退耕还林工程进展顺利》，查阅新华网，http://news.xinhuanet.com/newcenter/2004/01/06/content_1262975.htm，访问时间：2011年1月2日。

② 罗素：《西方哲学史》（下卷），马元德译，商务印书馆2006年版，第329页。

③ 【美】约翰·罗尔斯：《正义论》，何怀宏、何包钢、廖申白译，中国社会科学出版社1988年版，第8页。

正义应该具有优先的地位，因为任何社会目标的最终实现首先应当从制度本身的实现入手，只有在民主的环境下，一项制度本身对于社会上每一个人都是平等的和一视同仁的，才能避免人们对该项制度的形式公正性的怀疑，才能使该制度具有原初的、表面上的正义，使人们对该项制度的服从具有最基本的合理性。① 每个人都被平等的对待，社会给予每个人的机会都是均等的。然而，这种过程的公平却因为每个人禀赋、环境以及社会政策等影响因子的不同而无法实现结果的公平，甚至会导致贫富严重不均等不公正现象的出现。鉴于此，人们开始呼唤实质正义，以期实现正义的最终诉求。

法律的实质正义价值应该包括以下三层含义，即社会强势群体、强势者的权力与过度膨胀的利益需求应得以抑制和平衡；私权利，尤其是基本的生存和发展权利，应该得到充分的尊重和保护；包括贫困者在内的弱势群体的利益应得到特殊关切与保障。上述价值追求并非仅仅针对宪法、经济法以及劳动与社会保障法之类部门法，环境法又何尝不是如此？环境是一个整体，人类不是"万物的尺度"。在这一思想的指引下，环境法似乎越走越远，内部争论不断：后代人权利论、动物权利论、生态中心主义等。这些思索固然无可厚非，然而，环境法的价值定位到底在哪？环境法的实质正义追求至少表现为：我们需要关心下代人的生存环境，需要呼吁动物福利保障，但我们更不能容忍部分人用贫困守护我们的自然环境！

因此，环境法的实质正义价值就要求在应对贫困问题的制度选择和构建上确保公众环境利益诉求的平衡。尤其针对贫困者等弱势群体，通过制度设计为他们的利益表达和实现提供渠道和保障。同时，积极促进国家环境行政的民主化，通过合理的法律制度促使决策和执行部门能够在包括环境资源在内的公共资源配置中充分考虑贫困者的需求，并对为环境保护作出"特别牺牲者"进行补偿。

（二）实现利益共生与共进是环境法在应对贫困问题时进行制度选择的基本目标

马克思曾说："人们奋斗所争取的一切，都同他们的利益有关。"立足

---

① 白杨：《经济法对实质正义的实现》，载《重庆科技学院学报》（社会科学版）2010年第14期。

个体层面而言，由于每个人，或者说不同社会阶层的人的需求和幸福观不同，人与人之间存在多样的利益需求。然而，生存利益是每个人最基本的诉求。在满足了基本生存需求之后，继而产生发展的需求、体面生活的需求，等等。而环境利益呢，人们对舒适而清洁的环境的追求，首先是涵盖在生存需求基础上的利益追求，即我们生活的环境应足以让我们生存下去；在满足了这一需求的基础上，继而开始对优美环境的追求。从大的角度，利益还可以分为三大类，即个人利益、公共利益和社会利益。多元主体拥有更加多样化的利益，而且利益之间会产生冲突与矛盾。

法学家耶林认为，法律的最高任务是平衡各种利益。利益是权利的基础，是法律产生的原因。正如亚里士多德所指出的："要使事物合于正义（公平），须有毫无偏私的权衡。法律恰恰正是这样一个中道的权衡。"[①] 随着现代社会工业化的飞速发展，我们还来不及好好体味工业化带给我们的完美幸福，"环境危机"这一魔鬼就如影随形地降临到我们身边。在传统法学应对不利的情况下，产生了环境法这一新兴的法律部门。环境法的价值定位，是学界一直争论的主题。解决环境问题，是环境法的主要目标，也是环境法存在的价值基础。然而，环境问题仅仅代表人们的环境利益需求吗？显然不是，环境问题之所以复杂，正是因为它涉及的多元利益抉择与冲突更加复杂与尖锐。生存利益与环境利益、环境利益与发展利益，都是环境法需要权衡并协调的利益关系。从这个意义上说，环境法不仅需要解决环境问题，还需要应对与环境问题密切联系的贫困问题。

生存利益与环境利益之间就本质而言并不存在冲突，在基本生存都得不到保证的情况下，对优美的环境的追求简直就是奢谈，但是对支持基本生存的生态环境利益的确保也是一种生存利益。两者之间不仅不冲突，而且能够实现共生。环境法应对贫困问题的制度构建的基本目标之一就是实现两者的和谐共存。环境利益与发展利益之间往往存在矛盾，然而我们同时也须看到，两者能够在可持续思想的引领下实现竞争与协调中的共进，这正是环境法应对贫困问题的另一个基本目标。

[①] 【古希腊】亚里士多德：《政治学》，吴寿彭译，商务印书馆1997年版，第159页。

三、应对贫困问题的制度选择基本理念

为了实现环境法之实质正义价值追求、实现多元利益的共生与共进,环境法在应对贫困问题的制度选择时需要从以下三个基本理念方向展开。

(一) 从宏观决策层面上统筹环境保护与扶贫问题

尽管在贫困与环境问题之间的具体关系这一论题上尚存在较多争议,但是两者之间无论在宏观层面还是在微观层面都存在联系的观点却得到承认。处于贫困状态的穷人由于没有任何资产,其维持生计的来源往往是质量不佳而且脆弱不堪的自然资源。不仅如此,穷人的贫困从本质上说是由于权利受到剥夺以及制度的不公正,因而他们对这些自然资源的权利也十分脆弱。贫困带来资金、技术的缺乏以及受教育的不足。居住在农村的穷人,在没有足够耕地同时又得不到其他耕地的情况下,为了生存,只能去开发陡坡上易受侵蚀的土地以及具有水土保持价值的森林;为了取暖,在无力购买其他燃料的情况下,穷人以非持续的速率砍伐树木。居住在城市的穷人,由于资金匮乏,地价低廉的被污染的区域可能是他们唯一住得起的地方。正如1987年出版的《我们共同的未来》中所指出的那样:"世界许多地区处于恶性循环之中:穷人为了每天的生存而被迫过度使用自然资源,而环境的恶化使他们进一步贫困化,使得他们的生存更加困难和无保障。"[①]

从穷人的角度而言,他们也是环境恶化的最大受害者。穷人往往居住在环境质量较差的地区。穷人缺乏迁离这些区域并采取防御措施免于暴露在环境污染之下的能力。受教育水平低下增加了他们的脆弱性。与之联系的政治边缘化降低了他们获得环境保护以及享受诸如安全饮用水、洁净的空气、污水和垃圾处理此类的基础服务设施的机会。城市棚户区通常暴露在受污染的空气、受污染的水源以及危险固体废物面前。农村失地或地少的农民为了生存被迫居住在边际区域,耕种着贫瘠的土地。无论居住在陡峭的山坡、干旱或半干旱的土地上,还是居住在河流中的三角洲,他们都

[①] 世界环境与发展委员会:《我们共同的未来》,王之佳、柯金良等译,吉林人民出版社1997年版,第31页。

不得不遭遇滑坡、土壤退化、干旱或洪水等灾害。《我们共同的未来》（1987）一书中在论及非洲、印度和拉丁美洲的旱灾以及亚洲、部分非洲和拉丁美洲安第斯山地区的水灾时，得出分析结论："这种灾害的受害者大部分是穷国的穷人，那里，自给自足的农民开垦了那些勉强可以用的土地，这使他们的土地更易受到水灾旱灾的危害。"①

因此，环境问题与贫困问题之间存在紧密的依存和循环关系，无论是抛开贫困问题单纯地解决环境问题还是无视环境问题一味地解决贫困问题的企图都将落空；环境法在应对贫困问题的制度选择上应注重确保从宏观层面上讲环境保护与扶贫统筹规划与决策。在这一方面，世界银行和亚洲开发银行给国内环境法的应对措施提供了很好的示范。

（二）对特殊主体的倾斜保护

法律实现的基本途径是通过对主体利益的分析与平衡以及权利义务在主体之间的分配；而公平和正义是法律的价值追求。环境法应对贫困问题的基本途径和价值追求也概莫能外。特殊主体保护制度是国（区）际环境法律/政策应对贫困问题时广泛采用的制度措施。从全球范围来看，相比起发达国家，发展中国家总体而言更加贫困；国际环境法应对贫困问题视角下的特殊主体即为"发展中国家"。例如，《人类环境宣言》（1972）原则12要求："应筹集基金来维护和改善环境，其中要照顾到发展中国家的实际情况和特殊性，照顾他们由于在发展计划中列入环境保护项目的任何费用，以及应他们的请求而供给额外的国际技术和财政援助的需要。"② 再如，《联合国气候变化框架公约》（1992）序言中也指出："认识到各国应当制定有效的立法；各种环境方面的标准、管理目标和优先顺序应当反映其所适用的环境和发展方面的情况；并且有些国家所实行的标准对其他国家特别是发展中国家可能是不恰当的，并可能会使之承担不应有的经济和社会代价。"③

---

① 世界环境与发展委员会：《我们共同的未来》，王之佳、柯金良等译，吉林人民出版社1997年版，第35—36页。

② "Declaration of the United Nations Conference on the Human Environment", Principle 12.

③ "United Nations Framework Convention on Climate Change", Preamble.

在环境法应对贫困问题的视角下,并非一切贫困主体都能成为其倾斜保护的主体范围,只有原生贫困问题和次生贫困问题涉及的贫困主体才能成为倾斜保护之特殊主体。通过比较不难发现此类特殊主体具有一个共同的特征,即他们都是生活环境受到侵害的穷人,都是在自然资源获取、环境权利义务分配以及环境利益分享方面处于弱势的主体;他们并非几个,而是具有团体性;他们是环境恶化的最大受害者,具有脆弱性。鉴于此类特殊主体的特点,本书将之界定为"环境弱势群体"。环境弱势群体就是环境法应对贫困视角下的特殊主体。环境弱势群体并不完全等同于弱势群体,他们是一类特殊的弱势群体。所谓弱势群体,系指"一个在社会资源分配上具有经济利益的贫困性、生活质量的低层次性和承受力的脆弱性的特殊社会群体"。[1] 环境弱势群体之经济利益的贫困性、生活质量的低层次性以及承受力的脆弱性均与环境权利义务的不公平配置以及环境利益的不合理分享有关。因此,并非所有的弱势群体都是环境弱势群体,环境弱势群体仅仅其中的一部分。环境弱势群体可行能力不足,在环境权益的表达和实现、环境资源的获取等方面都无法与社会强势群体抗衡,他们是环境问题的直面者,但是他们却被排除在社会主流话语体系之外。相对而言,社会强势群体拥有资源控制权,"这些权利集团才是人类真正侵害自然之原本价值的力量和危险性的根源"[2]。因此,环境法通过制度选择将环境弱势群体作为一类特殊主体予以倾斜保障,是实质正义的要求,也是应对贫困问题的制度基石。

(三) 环境善治

自20世纪80年代末以来,环境善治理论日益成为环境问题治理与环境保护决策中的流行话题。《里约热内卢环境与发展宣言》(1992)原则10明确要求:"环境问题最好是在全体有关市民的参与下,在相关级别上加以处理。在国家一级,每个人都应能适当地获得公共当局所持有的关于环境的资料,包括关于其在社区内的危险物质和活动的资料,并应有机会参与

---

[1] 沈立人:《中国弱势群体》,民主与建设出版社2005年版,第22页。
[2] 汪劲:《环境法律的理念与价值追求——环境立法目的论》,法律出版社2000年版,第27页。

各项决策进程。各国应通过广泛提供资料来便利及鼓励公众的认识和参与。应让人人都能有效地使用司法和行政程序，包括补偿和补救程序。"① 该原则的规定包含了国际社会对环境善治理念的基本内容；而环境善治理念正是伴随着世界环境运动的高涨而发展起来并获得公认。20世纪60年代环境治理的手段主要依靠政府主导的命令与控制；此后随着"政府失灵"的体现，基于市场的经济刺激措施也逐渐成为环境治理的基本手段；从20世纪80年代末至今，在环境治理结构模式方面更加强调以信息公开、公众监督和公众参与为核心的环境善治理念。随着环境善治理念的广泛传播与认可，出现了一系列具体体现该理念的专门国际条约。1998年通过的《公众在环境事务中的知情权、参与决策权和获得司法救济的国际公约》就是国际上首部专门规定公众环境决策参与权的公约。

环境善治理念对于环境法应对贫困问题也具有积极的指导意义。环境法应对贫困问题不仅需要国家干预，而且需要包括贫困者与弱势群体在内的公众的广泛与互动式参与，这是民主的本质要求。世界银行就在这一方面的实践提供了许多启示。世界银行的自然资源管理项目越来越多地依靠社区在项目设计和实施阶段发挥作用。世界银行在项目中赋予社区在管理其自然资源方面的权力，鼓励人们逐步采用更适合于具体条件和更可持续的方式来利用资源。这样做的结果是既对生物多样性给予了更多保护，也使当地人民获取更多收入并提高生活质量。在"精英立法"的制度机制下，贫困者及其他弱势群体的利益难以在环境资源的分配过程中获得体现与表达。因此，唯有通过构建有效的制度体系，使包括贫困主体及其他弱势群体的公众参与到决策中来，才能符合环境法所追求的实质正义价值要求。

第二节 以"赋权"为中心的应对贫困问题基本制度

穷人们由于没有能力在正式的或非正式的制度框架内为自己争取到更有利于他们的条款，这导致他们的选择只能非常有限。因此，赋权就成为

---

① "Rio Declaration on Environment and Development", Principle 10.

解决贫困者及其他弱势群体权利匮乏、参与不足的有效途径。

一、自然资源物权制度

除非一个人自愿挨饿，我们可以说，饥饿现象基本上是人类关于食物所有权的反映。……一个人避免饥饿的能力依赖于他的所有权，以及他所面对的交换权利映射。①

——阿马蒂亚·森

（一）自然资源物权制度概述

人类社会的发展离不开自然资源的开发利用，因此任何国家都不可能回避关于自然资源权益的归属问题。如何界定自然资源？著名的环境与资源保护法学家蔡守秋教授认为："自然资源是自然形成的可供人类利用的一切物质和能量的总称。"② 自然资源具有自然性、有限性、经济性及生态性等特点。诸如土地、森林、草原以及矿藏等自然资源既具有经济价值又具有生态价值；自古以来，人类更多地依赖自然资源的经济价值以谋求或改变自己的生存状况。随着人类生产力的发展，自然资源的有限性和稀缺性日益受到人们的重视；尤其是对于主要依靠自然资源获取生存利益的穷人而言，自然资源的获取权利及可利用状况对于他们的生存发展休戚相关。尽管如此，为了私利滥用及破坏自然资源的现象愈演愈烈，"公地的悲剧"屡见不鲜。就其原因，在没有明晰的产权划定的情况下，依靠各自为政的单项自然资源立法，无法实现对自然资源的持续利用及有效保护。大批经济学家和法学家的研究成果以及国外的实践经验证明，设立自然资源物权制度是明晰产权的必然选择。

在民法领域中，物权指的是对特定物占有、支配、使用并享受利益、排除他人干涉的权利的总称。"物"之概念源自罗马法，其基于这样一个问

---

① 【印度】阿马蒂亚·森：《贫困与饥荒——论权利与剥夺》，商务印书馆2001年版，第1—4页。
② 蔡守秋：《环境资源法教程》，高等教育出版社2004年版，第273页。

题而产生，即将那些外部世界的标的置于人的主宰和经济处置之下。① 作为物权客体之"物"须具有以下特性：（1）特定性；（2）稀缺性；及（3）有用性。那么自然资源能否成为物权客体之"物"呢？这是设立自然资源物权制度的基础。自然资源长期作为生产资料在人类生产过程中发挥作用，因而具有有用性；同时因为其有限性而具有稀缺性的特点。然而，自然资源是否具有特定性，能否被特定化，一直是学者们争论的焦点。持否定观点的学者依据德国民法典的观点将"物"等同于"有体物"，从而否认自然资源的"物"之属性。而长期从事自然资源物权制度研究的黄锡生教授认为：随着经济的发展，人们开始更加注重物所包含的价值，应对其特定性放宽要求；特定性并不必然指代实体的特定性，凡是人们可以通过现有的计算方法、模拟手段、资料对一定时空内的物之大概经济价值作出评估的特性都可以称为特定性；在此分析基础上看，自然资源的特殊之处并不与特定性相悖。②

尽管学者们常常提及"自然资源物权"，但是其概念尚不明确，学者们的观点也不尽相同。③ 学界对"自然资源物权"定义有意无意地忽略的根本原因在于其与民事物权之间的差异令其难以准确界定。民事物权具有以下特性：（1）在权利性质上属于私权，遵循私权自治原则；（2）更注重客体"物"之经济价值；（3）在权利内容上包括4大权能，即占有、使用、收益及处分；（4）强调使用的排他性和自由处分权。比较而言，由于自然

---

① 【意】朱塞佩·格罗素：《罗马法史》，黄风译，中国政法大学出版社1994年版，第111页。

② 黄锡生、杨熹：《设立自然资源物权之初探》，载《重庆大学学报》（社会科学版）2007年第2期。

③ 例如，周珂教授的"自然资源物权化"（与"自然资源物权"不完全等同）的观点。他认为："自然资源物权化是指在尊重自然资源的自然属性和经济规律的基础上，通过国内立法赋予自然资源物权人依法或者依合同取得、在法律规定的范围内按照自己的意志支配法定自然资源、享受其利益并排除他人干涉的特定民事权利的过程。"剧宇宏认为："自然资源权的内容不仅仅包括早期的对与自然资源的占有、使用、收益和处分，还包括后来用于对自然资源的保护、改善、合理、利用和可持续开发利用。"参阅周珂、翟勇、阎东星：《中国和平崛起与自然资源物化》，载 http://www.jcrb.com/zyw/n452/ca326160.htm；剧宇宏：《论自然资源权》，载武汉大学环境法研究所网站，http://www.riel.whu.edu.cn/，访问时间：2011年1月4日。

资源之经济性和生态性双重属性的特点,在资源可持续利用的宗旨和前提下,自然资源物权难以满足民事物权的全部特性。自然资源物权人在占有、使用、支配自然资源,行使权利的同时还必须履行对其生态利益之保全的义务;同时自然资源物权人的自由转让权利也是受到约束的,从增进公共利益和公众福祉的角度出发,国家采取转让登记等措施适当干预以确保新的自然资源物权人对其合理开发利用十分必要。设立自然资源物权制度对于环境保护以及与环境问题解决相关的贫困问题的意义在于明晰产权,因此,在这一前提下,基于自然资源物权与民事物权的差异,本书主张将"自然资源物权"界定在"用益物权"的范围之内,并在此基础上设立自然资源物权制度;这一权利性质定位对于我国自然资源物权制度设立尤为重要。

用益物权,不同于担保物权,指的是"以支配物的利用价值为内容的物权"①;与后者侧重于物之交换价值不同,前者侧重于物之使用价值。自然资源用益物权指的是权利人对自然资源占有、使用和收益的权利总称;它是自然资源所有权的衍生。具体就我国而言,在我国依据相关法律的规定,② 自然资源属于国家和集体所有,具有团体本位和社会性。也就是说,在我国的法律体系中,自然资源物权作为一个属概念,与非自然资源物权相其区别,两者共同构成整个物权体系。自然资源物权涵盖自然资源所

---

① 申卫星、傅穹、李建华:《物权法》,吉林大学出版社1999年版,第27页。
② 例如,《中华人民共和国宪法》(2004修正)第9条第1款规定:"矿藏、水流、森林、山岭、草原、荒地、滩涂等自然资源,都属于国家所有,即全民所有;由法律规定属于集体所有的森林和山岭、草原、荒地、滩涂除外。"《中华人民共和国民法通则》(1986)第81条规定:"国家所有的森林、山岭、草原、荒地、滩涂、水面等自然资源,可以依法由全民所有制单位使用,也可以依法确定由集体所有制单位使用,国家保护它的使用、收益的权利;使用单位有管理、保护、合理利用的义务。国家所有的矿藏,可以依法由全民所有制单位和集体所有制单位开采,也可以依法由公民采挖。国家保护合法的采矿权。公民、集体依法对集体所有的或者国家所有由集体使用的森林、山岭、草原、荒地、滩涂、水面的承包经营权,受法律保护。承包双方的权利和义务,依照双方的权利和义务,依照法律由承包合同规定。国家所有的矿藏、水流,国家所有的和法律规定属于集体所有的林地、山岭、草原、荒地、滩涂不得买卖、出租、抵押或者以其他形式非法转让。"《中华人民共和国物权法》(2007)第48条规定:"森林、山岭、草原、滩涂等自然资源,属于国家所有,但法律规定属于集体所有的除外。"

权与自然资源用益物权；然而与非自然资源物权不同的是，我国自然资源所有权的主体具有特定性，因此自然资源物权制度的设立主要围绕自然资源用益物权展开。我国这样一种自然资源物权制度模式，既保证了人们利用自然资源之经济价值的权利，也通过国家或集体所有权人的适当干预确保对其生态价值的维护，最终实现资源的可持续利用和社会的健康发展。

（二）自然资源物权制度设立原则

自然资源既是人类赖以生存发展的生产资料，又是生态系统健康运行的基础支撑。因而自然资源物权制度对于贫困问题和环境问题的解决都具有积极作用。为了双重目标之实现，在自然资源物权制度设立时应遵循以下原则：

1. 利用与保护并重原则

生态文明是一种新的生存和发展理念，它强调人与自然和人与人（社会）之间的和谐共生；它并非单方面地强调自然的权利以及人与自然的和谐关系类型，而是在"自然—人—社会"的整体价值观的指导之下最大限度地实现人与自然和人与人（社会）的和谐共生。自然资源具有有限性，而人类社会的需求具有无限性，两者之间存在尖锐的矛盾冲突。为了解决这一矛盾，自然资源物权制度的设立需要同时兼顾自然资源的经济价值和生态价值，实现物权之"绿化"。因此，利用与保护并重原则是自然资源物权制度设立过程中必须遵循的基本原则，实现经济效益、生态效益和社会效益的统一。

利用与保护并重原则要求对自然资源使用人的权利进行生态限制，即要求权利人在不损害他人对资源合理利用的前提下，在生态环境可容许的范围内进行开发利用活动；要求权利人以可持续的方式开发利用自然资源从而确保资源的永续利用能力，即使对于可再生的自然资源，也确保在其维持其再生能力的基础上开发利用；要求权利人在利用的同时附加履行自然资源保护义务。

2. 平等享有原则

平等与公平是正义的核心理念；环境资源的平等配置和享有是实现环境正义的本质要求。正如日本学者户田清所云："所谓'环境正义'（environmental justice）的思想是指在减少整个人类生活环境负荷的同时，在环境利益（享受环境资源）以及环境破坏的负担（受害）上贯彻'公平原则'（equity principle），以此同时达到环境保护和社会公正这一目的。"①部分人用贫困守护我们的地球；以及为最基本的生存需求而陷入贫困与环境退化的恶性循环，这样的权利义务配置方法无论如何也不是正义的。生存需求是维持和延续生命的基本需要，它是由人的自然属性决定的。生存权是表达贫困主体生存需求的权利诉求。生存权包括生命权和生命延续权。我们生活的环境是人类满足生存权益的基础支撑，"人类环境的两个方面，即天然的和人为的方面，对于人类的幸福和对于享受基本人权，甚至生存权利本身，都是必不可少的"②。为了生存所需，每个人均有利用自然资源的平等权利；在自然资源物权制度设立时，平等享有原则是必须遵守的基本原则。

平等享有原则要求对每个公民公平地利用自然资源并享有其利益的确认和保证；尤其是对于那些由于生存所需而又同时被排除在权力体系之外的贫困者及其他弱势群体而言，他们的自然资源利用和利益获取权应获得特别保障。在确保权利平等的基础上，平等享有原则还要求确保自然资源物权获取方面的机会公平。英国学者马歇尔就认为："民事权利和政治权利的融合，它不只是试图消除社会最底层中穷人的苦恼，而且要致力于纠正社会政治和经济不平等的分配模式，将机会平等的正义原则提上了议程；"③ 强调"无论在社会处于什么位置，每个人都有资格过一享受一种积极而丰富的生活，都有权获得合理的收入"④。就我国的具体国情而言，平等享有原则还要求在自然资源物权制度设立时关注区域公平和城乡公平，实现自然资源利益的公平分享。

---

① Robyn Eckersley, Environmentalism and Political Theory: Toward an Eccentric Approach. Albany: State University New York Press. 1992: 57.

② Both aspects of man's environment, the natural and the man - made, are essential to his well - being and to the enjoyment of basic human rights the right to life itself. "Declaration of the United Nations Conference on the Human Environment", Article 1.

③【英】T. H. 马歇尔：《公民权与社会阶级》，刘继同译，载《国外社会科学》2003 年第 1 期。

④【英】安东尼·吉登斯：《社会学》（第四版），超旭东等译，北京大学出版社 2003 年版，第 432 页。

(三) 自然资源物权制度应对贫困问题之价值

自然资源物权制度赋予每个公民公平地享有自然资源及其利益的权利，有利于实现给予"每个人其所应得"之实质正义；尤其是对于那些迫于生存压力，却被排除在权力话语权之外的主体而言，具有积极意义。贫困的权利分析方法的提出者是阿马蒂亚·森。在他看来，"饥饿是指一些人未能得到足够的食物，而非现实世界中不存在足够的食物"；① 权利的匮乏才是加剧饥荒和贫困的根源，而诸如自然灾害之类的客观因素仅仅只是引起或加剧饥荒或贫困问题。穷人需要利用自然资源以谋求生存；然而强势群体往往从自身利益出发，以保护人类共同的环境利益的正义之名，一味地指责穷人的破坏自然资源的行为并通过法律的安排禁止其诸如砍伐树木之类的行为，哪怕这些行为的出发点仅仅是为了生存。以这样的价值观体系主导建立的环境法从表面上看符合"应对环境问题，保护环境"的目的和价值，却从本质上偏离了作为法律对实质正义的价值追求：给每个人其所应得。环境法只有在环境利益分配的过程中重视对贫困者的生存权益的优先考虑，方才符合正义的根本要求。因此，只有通过自然资源物权制度的设立赋予贫困者平等享有自然资源及其利益的权利，才能彰显环境法在环境利益分配的过程中重视对贫困者的生存权益的优先考虑，以及对个体基本需求和基本权利的人文关怀。

二、社区共管制度

经济需要的紧迫性加强了而不是减弱了政治自由的迫切性。……对环境问题的更加知情的、更受重视的公共讨论，不仅对环境有好处，还对民主制度本身的健康和运作也是重要的。②

——阿马蒂亚·森

---

① 【印度】阿马蒂亚·森：《贫困与饥荒——论权利与剥夺》，王宇、王文义译，商务印书馆2009年版，第1页。

② 【印度】阿马蒂亚·森：《以自由看待发展》，任颐、于真译，中国人民大学出版社2002年版，第150—158页。

(一) 社区共管制度概述

社区，英文"community"（包含社区与共同体双重含义），通常指的是以一定地理区域为基础的社会群体。理查德·森丁（Richard. Sundeen）指出："社区具有以下3个特征，即a. 社会互动；b. 共同的区域；以及c. 共同的契约。"[1] 本纳德·杰克（Benard. Yack）进一步作出详细解释，他认为社区的特征为："a. 组成共同体的个体在一些重要方面具有差异性；b. 共同体的成员分享某种共同的东西；c. 共同体成员所从事的活动与其共享有关；d. 共同体的成员之间存在维系的纽带。"[2] 所谓"社区共管"，是指共同体成员共同参与有关共同体公共利益的决策和执行、管理公共事务的活动；是迈向"善治"的必由之路。从这个意义上说，"共管"比"参与"所包含的权限更大；社区共管制度的理论基础是公民治理理论；公民治理理论是对政府治理模式的创新，是民主参与进一步发展的产物。政府是"为了满足政治集团的内部利益以及行使统治权力而设立的机制和制度安排"，[3] 它在进行公共决策的同时具有自利性，即为统治阶级服务。而对公共利益，唯有从社区共同体层面来看，才具有实际价值；并且它能够通过共同体成员的集体协商产生。可见，社区共管模式更有利于社区共同利益的实现及满足公共服务之供给。

无论对于环境问题的解决，还是贫困问题之减缓，均不仅需要国家干预，而且需要包括贫困者与弱势群体在内的公众的广泛与互动式参与，这是民主的本质要求。就扶贫领域而言，尤其在我国，参与式扶贫受到越来越多的认可。为了获取社会资源，不同利益主体展开持续的博弈。由于能力与机会的不均等，一部分强势群体能够顺利实现其价值，并将其利益合法化；而另一部分弱势群体的利益被忽视和否定。排除包括贫困主体及其他弱势群体在内的广大公众参与的"精英立法"，由于没有来自"穷人的

---

[1] Richard Sundeen, "Coproduction and Communities", Administration & Society, 1985, 16 (4). pp. 387–402.

[2] Bernard Yack. The Problems of a Political Animal. London: University of California Press Ltd., 1993. p. 29.

[3] 国际行动援助中国办公室编译：《善治：以公民为中心的治理》，知识产权出版社2007年版，第8页。

声音"而欠缺对其利益和权利的人文关怀,将势必导致社会不公。参与式扶贫强调以人为本的理念,即贫困者的主体性,认为只有贫困者自己最了解自己、自己家的问题和需求,直接让贫困者参与关系其利益的发展决策中,赋予其知情权和决策权。参与式扶贫的过程就是给贫困者赋权、提高贫困者能力的过程。就环境保护领域而言,尤其在自然资源保护领域,环境正义要求的是环境利益公正的分配,涉及的是社会强势群体和贫困者及其他弱势群体之间不对等关系之纠正。在"精英立法"的制度机制下,贫困者及其他弱势群体的利益难以在环境资源的分配过程中获得体现与表达。因此,唯有通过构建有效的制度体系,使包括贫困主体及其他弱势群体的公众参与到决策中来,才能符合环境法所追求的实质正义价值要求。

在自然资源保护领域,社区共管制度是广受认可的并经实践证明行之有效的环境保护制度措施。以森林资源保护为例。传统的森林资源管理模式将社区群众排除在森林生态系统之外,割裂了森林自然生物群落、森林自然物理环境与社区群众之间的交互作用关系,违背了系统论和生态系统动态平衡之思想,同时限制了社区群众的切身利益,不仅不利于森林资源的健康保护,而且有违以人为本的法律思想。《关于森林问题的原则申明》(1992)第2条(d)明确要求各缔约国:"应促进和提供机会,让有关各方包括地方社区和土著居民、工商界、劳工界、非政府组织和个人、森林居民和妇女,参与制定、执行和规划国家森林政策。"① 参与式社区共管制度的实施,使得社区组织、农户都参与到有关切身利益的自然资源管理决策中,政府不再唱独角戏;将孤立的生态系统演变为开放式的、健康的以及可持续的经济社会生态系统;确保了社区成员成为森林资源利用和保护的真正"主人",共享自然资源保护的惠益。可见,社区共管制度作为一种新型的自然资源管理和保护模式,有利于实现自然资源的永续利用以及人与自然、人与人之间的和谐共生。

---

① 联合国环境与发展大会文献汇编:《关于森林问题的原则申明》,国家环境保护局译,中国环境科学出版社1992年版。

（二）社区共管制度应对贫困问题之价值

实际上，社区共管制度从产生之初就不是一项以环境保护为唯一目的的制度措施，而是为了减缓社区成员的生存、发展利益与环境保护冲突、兼顾环境保护和扶贫双重效益的制度安排。国（区）际环境法律/政策中经常采用"社区共管制度"作为在自然资源保护同时应对贫困问题的对策措施。例如，《关于在国家一级保护文化和自然资源遗产的建议》（1972）就要求："将要采取的保护和保存措施与该地区的公众联系起来，并呼吁他们提供建议或给予帮助，尤其是在对待和监督文化和自然遗产方面。"①《生物多样性公约》（1992）第8条（e）要求："在保护区域的邻接地区促进无害环境的持久发展以谋增进这些地区的保护。"② 社区共管模式也是世界银行环境政策执行中经常采用并获得不错效果的制度措施。在实践中，世界银行的自然资源管理项目越来越多地依靠社区在项目设计和实施阶段发挥作用。世界银行在项目中赋予社区在管理其自然资源方面的权力，鼓励人们逐步采用更适合于具体条件和更可持续的方式来利用资源。这样做的结果是既对生物多样性给予了更多保护，也使当地人民获取更多收入并提高生活质量。作为环境法应对原生贫困问题的制度措施之一，在设立和执行的过程中，应注重确保贫困主体的政治经济权利之实现机会，通过充分赋权和协商，消除分歧和冲突，实现双赢共生的目的。

在我国，社区共管制度就是在这样的背景之下产生的：截至2004年我国约建立了1500多个自然保护区，由于这些自然保护区大多建立在偏远的山区，其建立在一定程度上剥夺了当地原本贫困居民的自然资源使用权，影响了当地居民的生存和发展权益之满足。自20世纪90年代以来，我国的一些自然保护区就在实践中摸索采用社区共管模式减缓当地居民的生存、发展权益与环境资源保护之间的矛盾。云南是我国社区共管探索和实践最早的省份之一。③ 在20世纪90年代中期，荷兰政府资助云南省思茅等地自

---

① 查阅 http://baike.baidu.com/view/4213519.htm，访问时间：2011年1月10日。
② "Convention on Biological Diversity", Article 8 (e).
③ 蔺汝涛：《社区共管在云南生物多样性管理中的作用》，载《西南林学院学报》2005年第3期。

然保护区尝试基于社区的资源共管模式;福特基金会和全球环境基金(Global Environment Facility, GEF)资助云南大围山自然保护区进行社区参与的资源共管试点;世界自然基金会也在云南省白马雪山自然保护区进行资源共管试点,① 探索当地社区参与自然保护区及其周边资源管理的模式。②

---

① 白马雪山自然保护区是我国生物多样性最为丰富的保护区之一,同时也是我国最为贫困的地区之一。尽管这里是保护区,但同样受到对其资源所进行的非持续利用的威胁。1999年,世界自然基金会发起一系列旨在加强保护区管理、减缓保护区与当地社区之间冲突,并通过增强当地村民自我发展及资源管理能力来提高当地村民生活水平的项目。2000年,WWF通过开展一系列参与性保护区管理计划研讨会及提供前期社会经济调查研究成果,支持白马雪山保护区编制第一个参与性保护区管理计划。该管理计划于2001年春季提交到全球环境基金审批。WWF目前在白马雪山保护区中的6个社区开展工作,通过帮助当地村民加强持续性的自然资源管理能力来提高他们的生活水平。2000年,WWF组织了包括有森林生态学家、保护区管理人员和当地村民共同参与的行动研究项目,对白马雪山地区集体林的管理状况来进行调查、评估。这些由当地社区直接管理的集体林占保护区森林面积的50%—60%。运用参与性方法,社区村民自己分析他们目前的状况,确定存在的问题和解决的办法。在加强森林资源管理的同时,村民还关注其他主要资源的管理问题或自我管理能力的局限,诸如社区饮水、家庭畜牧业发展、农作物产量、燃料短缺、卫生与健康等。保护区的工作人员具体参与、管理在这些社区开展的资源评估及项目活动,这些活动增进了他们同社区的关系。参与行动研究项目的社区选举出自己的管理委员会以加强森林资源的保护,同时对社区森林资源管理方面的村规民约进行补充和完善。其中的两个项目在将部分现在利用的山林进行封山育林,并且邀请当地有名的活佛来念经封山。项目还帮助确定技术援助的资源——主要是依靠当地现有的资源,目前很多项目活动已经开展。节柴灶具,使用更少的薪柴,使房屋变暖,也省下妇女们不少砍柴的时间,同时免受烟熏火燎之苦,用石头建造的固定牛棚取代了临时性的木棚,药品周转箱帮助村民解决兽医药品的周转费用,卫生健康知识的培训特别关注妇女和儿童的保健需求,供水项目解决了村社人畜饮水困难并增加了土地灌溉面积。参阅世界自然基金会中国网站,http://www.wwfchina.org,访问时间:2011年1月10日。

② 李小云、左停、靳乐山、【英】约翰·泰勒:《环境与贫困:中国实践与国际经验》,社会科学文献出版社2005年版,第29—30页。

第三节 以"补偿"为中心的应对贫困问题基本制度

追求社会财富以及权利、权力、义务和责任的公平分配，是人类自古以来的理想社会形态。"分配正义"的概念是亚里士多德最早明确提出的。在亚里士多德看来，"分配性的公正，是按照所说的比例关系对公物的分配，分配正义的规定是面对现实的。它探求的是实际生活中的正义准则，研究人类的行为、品德和政治、经济的关系，使其显示出强烈的现实性色彩。人类社会结成的目的是为了某种福利，而分配公正有关于公民福利，影响着他们的生活"①。可见，对环境保护"特别牺牲者"的利益补偿以及对环境侵权损害之利益填补，是合乎正义的环境法应对贫困问题之道。

一、生态补偿制度

环境公平性考察的是环境利益和负担的社会分配问题。一个能够公平地分配这些利益和负担的社会首先从表面上看就是不公平的。②

——戴斯·贾丁斯

（一）生态补偿制度概述

生态补偿，作为一种环境经济措施，旨在实现外部成本内部化；作为一种法律制度，依据杜群教授的定义，它是指："国家或社会主体之间约定对损害资源环境的行为向资源环境开发利用主体提供利益补偿性措施，并将所征收的费用或补偿性措施的惠益通过约定的某种形式转达到因资源环境开发利用或保护资源环境而自身利益受到损害的主体以达到保护资源的

---

① 【古希腊】亚里士多德：《尼各马克伦理学》，苗力田译，中国社会科学出版社1990年版，第204页。
② 【美】戴斯·贾丁斯：《环境伦理学》，林官明、杨爱民译，北京大学出版社2002年版，第270页。

目的的过程。"① 首先，需要明确的是，无论在民法中，还是在行政法中，"补偿"和"赔偿"是两个经常出现的术语，然而，它们却是两个不相同的术语，不可混淆。在民法中，"赔偿"即指损害赔偿，与损害行为相联系；而"补偿"则暗含在民事主体的交易活动中，例如买卖活动中，买方交付货物，卖方支付对价，而该对象实质上就是对买方的一种补偿。② 在行政法中，"赔偿"是与行政违法行为相联系的概念，例如，"公务员违法执行职务行使公权力之结果，致人民权利受到损害者，苟无应归责于被害人之事由，国家对该损害应负赔偿责任"；③ 而"补偿"不同，它是指"行政机关基于公益的目的，合法实施公权力，致人民之生命、身体或财产遭受损失，而由国家予以适当补偿之制度"④。其次，从广义而言，生态补偿包括两类补偿：其一是对自然的补偿，即对资源环境生态服务功能的补偿；其二是对"特殊牺牲者"的补偿，即对为了生态重要区域或价值的保护而限制自身生存和发展利益满足者的补偿。对自然的补偿，除了生态保护工程设施建设的直接投资以外，还包括对提供生态服务者的补偿；这一部分补偿更接近于国外的生态补偿概念，即"环境服务付费"（Payment for Environmental Services，PES）。最后值得一提的是，生态补偿模式包括两类：一类是以政府为主导的补偿模式，也就是通过财政转移支付的方式提供补偿，其中包括"政府直接向提供生态系统服务的农村土地所有者及其他环境服务提供者的补偿；在国外，此类补偿主要是针对农户的地役权出让的补偿"；⑤ 另一类是市场补偿模式，也就是一种民事补偿，并且作为生态服务的购买方是在没有任何社会管理动机的前提下发生的自愿补偿。

生态补偿制度的经济学理论基础是外部性（externality）理论。著名的经济学家马歇尔（Marshall，A）最早提出该理论，指出："可以将因扩大

---

① 杜群：《生态补偿的法律关系及其发展现状和问题》，载《现代法学》2005年第5期。
② 曾世雄：《损害赔偿法原理》，中国政法大学出版社2001年版，第10页。
③ 翁岳生：《行政法》（下），中国法制出版社2002年版，第1550页。
④ 翁岳生：《行政法》（下），中国法制出版社2002年版，第1669页。
⑤ 任世丹、杜群：《国外生态补偿制度的实践》，载《环境经济》2009年第11期。

任何货物的生产规模而导致的经济后果划分为两种情形:一种是依赖于该产业的发达所产生的经济后果,另一种是依赖于从事该产业的企业自身的资源、组织及经营效率带来的经济后果。前者称为'外部经济',后者称为'内部经济'。"① 概言之,外部性就是指:"它使得根本就没有参与做出(直接地或间接地)导致某一事件的决定的人获得可察觉的利益(注:正外部性),或者蒙受可察觉的损失(注:负外部性)。"② 外部性在生态环境的服务价值及环境保护服务方面的体现包括:(1)生态富源地的生态效益辐射效应;(2)对生态脆弱地保护的生态改善效应;然而由于长期以来对生态效应价值的认识不足,从某种程度上可以断定外部性正是环境问题产生的根本原因。"具有正外部性的生态环境未能得到有效的补偿,导致了生态资源效应远远大于其收益,甚至收益连成本都弥补不了;各地,尤其是那些落后的边缘地区和生态功能区,人们守着富裕的生态资源却过着贫困落后的生活,丧失生态环境保全的积极性。"③ 生态补偿制度安排就是对生态环境的服务价值及环境保护服务外部性的纠正。

  作为环境法的一项法律制度,生态补偿制度同样具有坚实的法学理论基础。正如李爱年教授所指出的:"生态补偿制度的法学理论基础在于解释为何国家需要用法律手段来调节生态补偿相关主体间的利益关系以及法律为何规定对导致生态功能减损的自然资源特定开发利用者收费、对生态功能的提供者和特别牺牲者给予经济的和非经济形式的回报和弥补。"④ 生态补偿制度的法学理论基础包括环境权理论、环境正义理论以及可持续发展理论,其中对于本书选题具有直接重要意义的是环境正义理论。日本学者户田清认为:"所谓'环境正义'(environmental justice)的思想是指在减少整个人类生活环境负荷的同时,在环境利益(享受环境资源)以及环境

---

① Marshall. A. Principles of Economics. London: Maemillan, 1920, 8'edn. p. 266.
② 詹姆斯·E.米德:《效率、公平与产权》,施仁译,北京经济学院出版社 1992 年版,第 302 页。
③ 胡仪元:《生态补偿的理论基础再探——生态效益外部性视角》,载《理论探讨》2010 年第 1 期。
④ 李爱年:《生态效益补偿法律制度研究》,中国法制出版社 2008 年版,第 79 页。

破坏的负担（受害）上贯彻'公平原则'（equity principle），以此同时达到环境保护和社会公正这一目的。"① 环境公平原则同时包括机会公平和结果公平两个方面；生态补偿制度就是通过损失增益补偿机制实现环境利益的分配正义，进而实现社会正义。

（二）生态补偿制度应对贫困问题之价值

部分人用贫困守护我们的地球，以及为最基本的生存需求而陷入贫困与环境退化的恶性循环，这样的权利义务配置方法无论如何也不是正义的。总体上看，生态补偿制度通过对失衡的环境权利义务关系的矫正实现环境正义，进而实现社会正义。生态补偿制度就是受益者补偿原则和养护者受益原则指导下的制度安排。经济学中指导资源分配的"帕累托最优"原则要求分配的结果达到一种"无人受到损害"的状态。然而，在现实的资源分配过程中往往难以实现其最优状态，任何一项资源分配难免会出现一部人获得利益而另一部分人受到损害的状况。面对这一现实，福利经济学理论中主张采用"补偿原则"加以纠正，即由受益一方弥补受到损害一方的利益损失，通过这一补偿的方式使得受到损害一方的受损情况不再进一步恶化，甚至能够对其受损状况加以改善，仍旧保持社会总福利的增长状况。从法学的视角分析，我们不能以"为了大多数人的长远利益"为借口而心安理得地无视贫困者及其他弱势群体的切身利益，或者是限制其生存与发展权益而导致他们丧失勉强维持生存的机会，这不仅不符合实质正义之要求，而且就伦理角度而言也与"公正"的要求相悖逆。为了纠正此种社会不公正状态，由受益者进行补偿无疑是最好的选择。养护者受益原则指的是通过采取各种措施确认并保障从事包括治理污染、植树造林、改善植被、自然生态环境恢复的自然人、法人或其他组织获得相应报酬或其他经济利益的权利；旨在通过这一经济激励原则调动社会主体从事环境资源养护之积极性，以避免"公地的悲剧"的发生以及实现环境利益的公平分享。国外学者汉尼（Hanley）于1995年发表关于农业公共物品供给原则的研究报告，并在该报告中通过实证调查得出结论："'养护者受益原则'已经在一

---

① Robyn Eckersley, Environmentalism and Political Theory: Toward an Eccentric Approach. Albany: State University New York Press. 1992: 57.

第五章 环境法应对贫困问题的制度选择

些地方付诸实施,而'受益者补偿原则'却很少被采用。即使有的项目向受益者征收补偿,但多为单要素补偿;而且,仅考虑部分受益者。"[1] 从环境法应对贫困问题的视角,首先是解决贫困问题,然后才是彰显环境法之益贫功能,因而实现受益者补偿原则是生态补偿制度亟须解决的主要问题之一。

"环境服务付费"(PES)这一生态补偿方式,将生态环境保护服务作为一种替代生计,帮助贫困者在环境保护的同时维持、甚至提高收入水平,并且摆脱对自然资源环境的绝对依赖而带来的恶性循环。世界银行的《作出可持续承诺:世界银行的环境战略》(2001)中明确指出:环境保护战略所依据的一项认识是,以平衡兼顾经济增长、社会粘合力和环境保护为基础的可持续发展对于世界银行的核心目标,即持久地减少贫困来说,具有根本的意义。[2] 该战略的出台标志着世界银行对于环境政策的认识进一步深化:环境政策的作用不仅有助于减轻经济活动对于生态环境的危害,而且还能为提高人们的生活质量作出贡献。建立在这样一个全新认识的基础之上,世界银行指出:"《环境战略》的目标,就是促进人们把环境的改善作为发展和减少贫困战略及行动的基本内容之一。"[3] 可见,世界银行的环境保护战略也间接承认了 PES 对减缓贫困问题的价值。关于 PES 对于参与的贫困者的经济收入和非经济收入的影响,国外学者通过对包括我国的退耕还林还草工程在内的不少国家的 PES 项目[4]的实证考察,最终得出结

---

[1] N. Hanley, H. Kirkpatrick, Z. Simpon, et al. "Principle for the provision of public goods from agriculture: Modeling moorland conservation in Scotland." Land Economics, 1995, 74 (1): 102 – 103.

[2] 环境和社会可持续发展网络,世界银行:《作出可持续承诺——世界银行的环境战略概述报告》,美利坚合众国印刷2001年,第6页。

[3] 环境和社会可持续发展网络,世界银行:《作出可持续承诺——世界银行的环境战略概述报告》,美利坚合众国印刷2001年,第14页。

[4] 如哥斯达黎加奥萨半岛的生态补偿项目以及墨西哥的森林水文服务补偿项目等。参见 Stefano Pagiola. Payments for Environmental Services in Costa Rica. Ecological Economics, 2008 (4). pp. 712 – 724. Kosoy N, Corbera E, Brown K. Participation in Payments-for Ecosystem Services: Cases Studiesfrom the Lacandon Rainforest Mexico. Geoforum, 2008 (6). pp. 2073 – 2083。

论：（1）大多参与项目的环境保护服务的贫困者的收入都有所增加，且就环境保护提供者之间的横向比较来说，低收入的贫困者的收入增加状况比其他较好收入者好一些；①（2）PES项目对参与项目的环境保护服务的贫困者也有积极影响。例如，在Pinampiro的水域保护补偿项目中，在高地（Highland）生活的贫困家庭中，30%的贫困者接受了食品、药物和教育等非直接经济补偿。②

二、环境侵权损害社会化救济制度

自由的价值对每个人来说却是不一样的，有些人具有较大的权威和财富，因此具有达到他们目的的更多的手段。然而，较少价值的自由是得到了补偿的。……对较少的自由价值的补偿和对不平等自由的补偿这两者不能混为一谈。如果两个原则一起被采用，那么社会基本结构就要被安排来最大限度地提高在一切人享有的平等自由的完整体系中的最少受益者的自由价值。这确定了社会正义的目的。③

——约翰·罗尔斯

（一）环境侵权损害社会化救济的理论基础

环境侵权，指的是"因产业活动或其他人为原因导致生态环境的污染或破坏，并对他人的人身权、财产权、环境权益或公共财产造成损害或有损害之虞的事实"④。与传统侵权行为相比，环境侵权行为具有特殊性，系一种新型侵权行为：（1）传统侵权行为具有直接性，侵权人容易确定，而环境侵权行为具有间接性，加害行为往往不是直接作用于受害人，而是通过

---

① Stefanie engel, Stefano Pagiola, Sven Wunder. Designing Payments for Environmental Services in Theory and Practice: An Orvierview of the Issues. Ecological Economics, 2008 (4). pp. 663 – 674.

② Sven Wunder, Montserrat Alban. Decentralized Payments for Environmental Services: the Cases of Pinampiro and Profafor in Ecuador. Ecological Economics, 2008 (4). pp. 685 – 698.

③ 【美】约翰·罗尔斯：《正义论》，何怀宏、何包钢、廖申白译，中国社会科学出版社1988年版，第202—203页。

④ 王明远：《环境侵权救济法律制度》，中国法制出版社2001年版，第13页。

"环境"这一媒介间接造成损害,因而给侵害人的确定带来困难;(2)传统侵权行为的侵权人大多具有过错,而环境侵权行为一般与经济活动相生相伴,侵权者并不具有主观过错;(3)传统侵权行为与损害结果之间的因果关系直接、明确,而环境侵权行为与损害后果之间因果关系往往因为损害结果的滞后性与累积性而导致难以确定。概言之,环境侵权行为的特殊性主要表现在其社会性上:环境侵权行为引发的纠纷和影响具有社会性,并日益演变成为严重的社会问题。例如,20世纪80年代国际上发生的八大公害事件,① 均引发了严重的社会问题。因此,对于环境侵害法律责任理念也应与传统侵权损害法律责任理念不完全相同。

传统侵权损害法律责任的理念源于对侵权行为的复仇和谴责。格劳秀斯就曾对"刑罚"作出这样的界定:"(刑罚)因为所为的一种恶而承受的一种恶之施加。"② 而这一种复仇又"被权威通过报应吸收进法律的实施之中"③。同时,传统侵权法律责任的主要目的还在于对侵权者的谴责,也就是说对侵权者的惩罚措施是"国家代表其公民的利益表达对此类行为的否定"④。然而,由于环境侵权行为的无过错性或正当性以及后果的社会性的特点,仅仅依据复仇和惩罚、谴责的理念设定侵权法律责任、对环境侵权损害进行救济,显然无法完全"回复正义"。因此,环境侵权损害之救济应采取社会化救济途径,它"不在于对具有'反社会性'行为的制裁,而在

---

① 具体而言包括:1979年3月28日,美国三里岛核电站事故导致部分放射性物质外泄;1984年11月19日,墨西哥液化气爆炸事故,导致1000多人死亡、4000多人受伤、1000多幢房屋毁损、30000人无家可归;1984年4月26日,苏联切尔诺贝利核电站事故,大量放射性物质外泄,造成31人死亡、237人受放射性严重伤害、13万居民紧急疏散;1986年11月1日,欧洲莱茵河污染事故;1987年9月28日,巴西放射性污染事故,造成3人死亡、20多人患放射病,200多人受害;1989年3月24日,美国阿拉斯加石油污染事故;1989年6月3日,苏联乌拉尔地区油管爆炸事故,炸毁两辆旅客列车,400多人死亡、60000多人受伤,周围环境遭受严重污染。

② P. Bean, Punishment: A Philosophical and Criminological Inquiry, Oxford: Martin Robertson, 1981. p. 5.

③ E. Hang, Punishment Criminals: Concerning A Very Old and Painful Question, New York: Basic Books, Inc. Publishers, 1975. p. 10.

④ E. Hang, Punishment Criminals: Concerning A Very Old and Painful Question, New York: Basic Books, Inc. Publishers, 1975. pp. 11 – 12.

于对危险事故所致之不幸损害之合理分配"①。环境侵权救济社会化就是要求实现惩罚功能与损害填补功能的结合。

"侵权损害救济社会化"的定义尚不确定,但是《牛津法律大辞典》对侵权法作用的解释间接地肯定了社会化救济途径的必要性,即"从社会的角度看,侵权法的作用在于将一个人所遭受的损失转移到被认为是造成这一损失或应对这一损失负有责任的人的身上;在某种程度上,侵权法的作用就是将一个人所承受的损失扩及到一个企业甚至整个社会"②。环境侵权损害救济的社会化,作为侵权损害社会化的具体体现,依据我国民法学家王利明教授的观点,指的是"将环境侵权所发生的损害视为社会损害,通过高度设计的损害填补制度,由社会上多数人承担和消化损害,从而使损害填补不再是单纯的私法救济,及时、充分地救助受害人,维持社会稳定"③。也就是说,环境侵权损害救济社会化的关注点在于"援引损失补偿之原理对损害加以填补,以符合公平正义之原则要求"④。

(二)环境侵权损害社会化救济应对贫困问题之价值

穷人往往居住在环境质量较差的地区。里奇(Leach)和莫恩斯(Mearns)两位学者曾指出:"所有不发达国家总人口的20%还处于'赤贫'状态,有结果显示其中60%的人生活在'生态脆弱的地区'。这些地区指的是农村的农业潜力低下的区域和城市的棚户区。"⑤ 穷人缺乏迁离这些区域并采取防御措施免于暴露在环境污染之下的能力。受教育水平低下增加了他们的脆弱性。与之联系的政治边缘化降低了他们获得环境保护以及享受诸如安全饮用水、洁净的空气、污水和垃圾处理此类的基础服务设施的机会。城市棚户区通产暴露在受污染的空气、受污染的水源以及危险固体废物面前。农村失地或地少的农民为了生存被迫居住在边际区域,耕种着贫

---

① 钭晓东:《论环境法功能之进化》,科学出版社2008年版,第128页。
② 【英】David M. Walkker:《牛津法律大辞典》,李双元译,法律出版社2003年版,第863页。
③ 王明远:《环境侵权救济法律制度》,中国法制出版社2001年版,第124页。
④ 李震山:《行政法导论》,台湾三民书局1999年版,第469—470页。
⑤ Leach, Melissa, and Robin Mearns, 1991: Poverty and Environment in Developing Countries: An Overview Study. Institute of Developing Studies, Sussex, UK. Processed.

瘠的土地。无论居住在陡峭的山坡、干旱或半干旱的土地上，还是居住在河流中的三角洲，他们都不得不遭遇滑坡、土壤退化、干旱或洪水等灾害。总而言之，贫困者往往更多地暴露在环境污染中，患病的风险更大，但是他们又由于可行能力剥夺而具有脆弱性，他们支付不起因环境侵权行为带来病痛的医疗费用，因而环境侵权行为对他们的影响更大。

罗尔斯在论述其主要关于收入和财富分配的第二个正义分配原则时强调"虽然财富和收入分配无法做到平等，但它必须合乎每个人的利益，同时，权力地位和领导性职务也必须是所有人都能进入的"① 以及"适合于最少受惠者的最大利益（差别原则）"②。从侵权损害救济的角度分析，"适合最少受惠者的最大利益"原则要求对受到损害的贫困者的利益及时和有效的填补，以确保实现对其利益之补偿。具体到环境侵权损害领域，就要求这种补偿"只以损失的大小为标准，而不考虑或不过多考虑侵害者有无过错、其过错程度与赔偿额有无必然联系、赔偿费是否由本人支付"③。为了实现对受到损失的贫困者的及时和有效补偿，在环境侵权中仅仅依靠侵权者（一般是企业）的能力难以保证，④ 只有通过社会化的救济途径方有完全满足之可能。

（三）环境侵权社会化救济制度之路径选择

为了实现对环境侵权行为损害主体利益，尤其是受到损害的贫困主体利益，及时和有效之填补，环境侵权社会化救济制度可以进一步展开为以下两个具体法律制度：

1. 环境责任保险制度

环境责任保险是责任保险的一种，是环境法律制度与金融制度相结合

---

① 【美】约翰·罗尔斯：《正义论》，何怀宏、何包钢、廖申白译，中国社会科学出版社1988年版，第61页。
② 【美】约翰·罗尔斯：《正义论》，何怀宏、何包钢、廖申白译，中国社会科学出版社1988年版，第61页。
③ 张文显：《法理学》，高等教育出版社1999年版，第257页。
④ 以2005年11月我国发生的松花江重大污染事故为例。据报道，该起事故给哈尔滨带来的直接损失就高达15亿人民币，如果计算间接损失，这个数字应该在几百亿到上千亿之间。面对如此高额的损失，污染企业无力承担所有赔偿责任。

的产物。责任保险,指的是"在被保险人依法应对第三人负损害赔偿责任是,由保险人根据保险合同的约定向该第三人支付赔偿金的财产保险类型"①。环境责任保险合同的标的是被保险人因环境侵权行为而应承担的环境治理及损害赔偿责任。环境责任保险制度是通过对环境侵权损害风险的防范和分散实现环境侵权损害救济之社会化。

环境责任保险制度具有保障环境侵权受害主体环境利益的功能,而该功能的实现主要体现在"在(作为被保险人的)污染企业无力对第三人的损失进行赔偿时,及时地对第三人的合法权益进行救济"②。同时,环境责任保险制度还具有现代保险的社会管理功能,即"类似于政府或其他社会管理组织承担的一些功能,诸如稳定社会秩序、再分配、防灾防损等功能,它是政府或其他社会管理组织职能的补充、替代、辅助和延伸"③。环境责任保险制度可以采取强制保险模式、商业保险模式以及强制保险和商业保险相结合的模式。

2. 公共补偿制度

公共补偿制度,又称行政补偿制度,是指国家公权力介入环境侵权损害救济中以保障损害赔偿得以及时和充分的实现的制度。国家介入的途径主要通过设立并征收环境税、环境费等措施筹集资金设立环境损害救济补偿基金对环境侵权受害人进行补偿。

公共补偿制度的理论基础在于环境保护和社会救助之国家责任原则。按照德国学者乌尔里希·贝克的观点,我们现在生活的社会是一个"风险社会","系统而言,从社会演化史的角度来看,或早或晚,在现代化的连续进程中,'财富—分配'社会的社会问题和冲突会开始和'风险—分配'社会的相应因素结合起来"④。面对这样的社会现实,国家干预理论取代了亚当·斯密的"守夜人"理论。凯恩斯是现代国际干预理论的奠基人。在

---

① 王明远:《环境侵权救济法律制度》,中国法制出版社2001年版,第146页。
② 陈会平:《试论在我国建立环境责任保险制度》,载《重庆工商大学学报》(社会科学版)2004年第6期。
③ 金瑞林:《环境法学》,北京大学出版社2002年版,第29页。
④ 【德】乌尔里希·贝克:《风险社会》,何博闻译,译林出版社2004年版,第17页。

他看来,"某些作为放任自由主义依据的抽象的和一般的原则在实际上也是站不住脚的,仅能以一种看似优美的形式存在于人们的想象之中"①,而作为补救办法,应采用政府这只"看得见的手"去弥补市场这只"看不见的手"的缺陷,运用经济、政策手段积极地干预私人经济。此后的新自由主义理论更进一步,强调国家干预的目的在于对个人自由和权利的增进,在于对个人享有适当生活水平的能力的保障。目前几乎所有学者都不否认国家作为"积极的干预者"的角色定位。从经济学的角度强调的国家干预措施,在法学的语境之下就是一种国家责任。

  公共补偿制度就是国家责任原则的具体体现,当环境侵权损害的受害人用尽了各种救济手段都无法得到有效赔偿或得到的赔偿远远不能弥补其受到的损失的情况下,国家有责任从公共财政中拿出资金进行补偿,这也是目前许多国家广泛采用的制度措施。②公共补偿制度与社会保险制度具有类似之处,因为补偿之及时性和有效性而对受到侵害的贫困者利益的维护具有重大意义。为了保证公共补偿制度的实施,国家可以通过以下3个途径筹集资金建立环境侵权损害补偿基金:(1)征收环境税费,例如通过对环境污染行为征税或收取排污费等方式,在筹集资金的同时刺激排污企业积极治理污染、清洁生产;(2)发行环境彩票,一部分可为环境侵权损害补偿基金募集资金,一部分也可用于生态环境恢复;(3)发行环境债券。

---

  ① 帅勇:《宏观经济学的奠基人》,河北大学出版社2001年版,第79页。
  ② 例如,德国《原子能法》(1959)第36条规定:"核损害的赔偿额超过最高赔偿限额的,在一定程度内,由联邦政府负责赔偿。"再如,日本《公害健康受害补偿法》(1973)中规定:"健康补偿基金由政府向排放大气和水污染的企业强制征收,用于补偿因公害而导致财产或人身损害的国民。"

结　　论

　　在上述五章的内容中，本研究依照"应对什么"、"为何应对"以及"何以应对"的研究思路对"贫困问题的环境法应对"这一命题开展分析论证，并得出以下结论：

　　1. 贫困最初的定义是建立在家庭收入或消费的基础之上的。现在的贫困定义已超越了这种以收入为基础的单一维度的概念。阿马蒂亚·森的能力贫困理论是贫困定义从单维向多维转变的开端。多维的贫困定义是以公共事业和能力为基础，包括健康、教育、安全、政治发言权等在内，它是一种从物质到内心体验、从社会经济状况到文化教育各个方面的综合性缺乏的反映。

　　2. 贫困问题产生的本源包括两个层次：第一个层次的本源是权利的剥夺，包括（1）由于不平等、歧视以及权利受到侵犯而表现出的相关社会权利的剥夺；（2）权利获取机会的剥夺；（3）权利缺乏法律保障。第二个层次的本源是权力视角下的制度不公，包括（1）在制度设置方面，保障性制度的缺失或不充分；（2）在制度内容方面，制度的不公正和不平等；（3）在制度实施方面，被"曲折地"执行。贫困问题的第一层次本源和第二层次本源之间的关系是递进式的，即与第一层次的权利剥夺本源论相比，第二层次的制度本源论系更为深层次的原因。

　　3. 贫困问题是一面多棱镜，除了经济危机和社会危机之外，它还折射出当今人类无法回避的生态环境危机。环境法无法应对全部贫困问题，只能应对与环境问题的解决相关的那部分贫困问题。依照马克斯·韦伯的"理想类型"方法论，从人的行为活动的视角分析，本书将环境法应对的贫困问题划分为原生贫困问题和次生贫困问题。需要指出的是，这是依据笔者预设的研究目标所构建的理想模型，只是一种思维分析工具，并非是现实的完全重现。因此并不排除在其他研究模式之下会产生不同的类型划分。

4. 环境法是从工业文明向生态文明演进中利益平衡与矫正的法律控制工具。生态文明并非单方面地强调自然的权利以及人与自然的和谐关系，而是在"自然—人—社会"的整体价值观的指导之下最大限度地实现人与自然和人与人（社会）的和谐共生。生态文明时代，不仅不能忽视贫困问题，而且应该将解决贫困问题作为优先目标。环境法是多元利益协调的"正义方舟"：给予"每个人其所应得"的实质正义是环境法的价值追求，面对原生贫困问题的恶性循环，环境法在解决其所带来的环境问题的同时，几乎不可能对其贫困问题视若无睹。在他们缺乏权利以及相应能力自救的时候，环境法应该对其加以拯救，确保最少受益者的利益才符合实质正义的原则要求；面对资源匮乏以及资源利用上的不平等的初始分配状况，环境法有必要通过倾斜保障贫困群体享受基本资源的权益来实现"二次正义"；环境法的"二次正义"还体现在对环境保护的"特别牺牲者"的补偿上，杜绝造成新的贫困。1987年《我们共同的未来》第一次将环境问题与世界贫困问题联系起来，人们意识到环境问题绝不是一个单纯的工程技术问题，而是一个社会政治问题，而人们对于环境法的期许也不仅仅是一个解决环境问题的技术对策，而是对突出表现为人与自然矛盾的人与人之间的深刻矛盾的调解应对之法。保护环境、解决环境问题是环境法的主要目的，但绝不是唯一目的。环境法的功能也应随着现实的需求而加以拓展，挖掘环境法的益贫功能正是社会发展的客观要求。

5. 环境法应对贫困问题，不仅仅是一个理论上的命题，而且在实践中早已获得国（区）际环境法律/政策的认可。从斯德哥尔摩到里约热内卢，再到约翰内斯堡，屡次会议通过的宣言或申明都在发展的议题下将贫困问题与环境问题结合起来，警示我们高度重视"法律世界地平线下所隐藏的这个一般问题"的重要性。世界银行和亚洲开发银行等以消除贫困为终极任务的国际组织通过实践的洗礼也逐渐意识到，减缓贫困亦是环境政策可以大展拳脚的领域。通过对国（区）际环境法律/政策的分析，验证了本书两种类型贫困问题划分的合理性。"共同但有区别责任原则"和"公平补偿原则"分别是国（区）际环境法律/政策应对原生贫困问题和次生贫困问题时经常用到的基本原则。国（区）际环境法律/政策应对贫困问题的制度措施，大体上可以归纳为以下两类制度措施：（1）特殊主体保护制度；（2）贫困主体的赋权制度。

6. 代内公平原则、国家责任原则和公众参与原则是环境法应对原生贫困问题和次生贫困问题的"普适性"原则。针对原生贫困问题，环境法采用旨在实现"利益共生"的法律原则，即生存优先、合理利用原则、倾斜保护原则和风险预防原则；针对次生贫困问题，环境法采用旨在实现"利益共进"的法律原则，即保护优先、合理补偿原则、受益者补偿原则和养护者受益原则。

7. 环境法在应对贫困问题（原生贫困问题和次生贫困问题）的制度选择时应以"理性人"为逻辑起点，通过以人为本的制度安排影响个体的理性选择，实现环境保护和扶贫的双赢。实现环境法的实质正义价值、彰显环境法之倾斜保障功能以及彰显环境法之益贫功能是环境法在应对贫困问题时进行制度选择的基本目标。从宏观决策层面上统筹环境保护与扶贫问题、对特殊主体的倾斜保护以及环境善治是环境法在应对贫困问题时进行制度选择的基本理念。环境法应对贫困问题的基本制度包括两大类，即以"赋权"为中心的自然资源物权制度和社区共管制度，以及以"补偿"为中心的生态补偿制度和环境侵权损害社会化救济制度。

"贫困问题的环境法应对"，是一个全新的、复杂的命题，同时也是一个具有理论和现实意义的命题。本书的研究工作仅仅是站在许多学者研究的基础上加以总结、归类与分析。抛砖引玉，以期"贫困问题的环境法应对"能成为环境法学界研究新的兴奋点。

主要参考文献

一、中文论著

1. 陈慈阳：《环境法总论》，中国政法大学出版社 2003 年版。
2. 丁文广、陈发虎、南宗仁：《自然—社会环境与贫困危机研究：以甘肃省为例》，科学出版社 2008 年版。
3. 樊勇：《贫富论：唯物史观视角》，人民出版社 2006 年版。
4. 何怀宏：《公平的正义——解读罗尔斯〈正义论〉》，山东人民出版社 2002 年版。
5. 洪大用：《社会变迁与环境问题》，首都师范大学出版社 2001 年版。
6. 姬振海：《环境权益概论》，人民出版社 2009 年版。
7. 江山：《法的自然精神导论》，法律出版社 1997 年版。
8. 季卫东：《正义思考的轨迹》，法律出版社 2007 年版。
9. 李小云、左停、靳乐山、【英】约翰·泰勒：《环境与贫困：中国实践与国际经验》，社会科学文献出版社 2005 年版。
10. 刘思华：《生态马克思主义经济学原理》，人民出版社 2006 年版。
11. 陆新元、王金南：《农业与环境政策一体化》，中国环境科学出版社 1996 年版。
12. 吕忠梅：《环境法的新视野》，中国政法大学出版社 2000 年版。
13. 聂华林、高新才、杨建国：《发展生态经济学导论》，中国社会科学出版社 2006 年版。
14. 沈立人：《中国弱势群体》，民主与建设出版社 2005 年版。
15. 沈宗灵：《现代西方法理学》，北京大学出版社 1992 年版。
16. 钭晓东：《论环境法功能之进化》，科学出版社 2008 年版。
17. 王家福、刘海年：《中国人权百科全书》，中国大百科全书出版社 1998 年版。
18. 汪劲：《环境法律的理念与价值追求——环境立法目的论》，法律出版社 2000 年版。

19. 王中伟：《国际可持续发展战略比较研究》，商务印书馆2000年版。
20. 王伟光：《利益论》，人民出版社2001年版。
21. 王曦：《国际环境法》，法律出版社1998年版。
22. 翁岳生：《行政法》（上、下），中国法制出版社2002年版。
23. 叶俊荣：《环境政策与法律》，中国政法大学出版社2002年版。
24. 叶普万：《贫困经济学研究》，中国社会科学出版社2004年版。
25. 张文显：《法哲学范畴研究》（修订版），中国政法大学出版社2001年版。
26. 张恒山：《法理要论》（第二版），北京大学出版社2006年版。
27. 曾建平：《环境正义：发展中国家环境伦理问题探究》，山东人民出版社2007年版。
28. 郑易生：《中国西部减贫与可持续发展》，社会科学文献出版社2008年版。

二、学术译著

1. 【印度】阿马蒂亚·森：《贫困与饥荒》，王宇、王文玉译，商务印书馆2001年版。
2. 【印度】阿马蒂亚·森：《以自由看待发展》，任赜、于真译，中国人民大学出版社2002年版。
3. 【印度】阿马蒂亚·森：《论经济不平等·不平等之再考察》，王立文译，社会科学文献出版社2009年版。
4. 【英】安东尼·吉登斯：《社会学》（第四版），超旭东等译，北京大学出版社2003年版。
5. 【美】保罗·A.萨缪尔森、威廉·D.诺德豪斯：《经济学》（第12版），高鸿业译，中国发展出版社1992年版。
6. 【美】波斯纳：《法理学问题》，苏力译，中国政法大学出版社2002年版。
7. 【英】布莱恩·巴克斯特：《生态主义导论》，曾建平译，重庆出版社2007年版。
8. 【日】大须贺明：《生存权论》，林浩译，法律出版社2009年版。
9. 【英】丹尼斯·罗伊德：《法律的理念》，张茂柏译，新星出版社2005年版。
10. 【英】戴维·皮尔斯、杰瑞米·沃福德：《世界无末日——经济学·环境与可持续发展》，张世秋译，中国环境科学出版社1996年版。
11. 【美】戴斯·贾丁斯：《环境伦理学》，林官明、杨爱民译，北京大学出版社2002年版。
12. 【美】迪帕·纳拉扬等：《呼唤变革》，姚莉等译，中国人民大学出版社2003年版。
13. 【美】弗·卡普拉：《转折点：科学、社会、兴起中的新文化》，冯禹编译，中国人民大学出版社 1998 年版。

14. 【美】格雷琴·C. 戴利、凯瑟琳·埃里森：《新生态经济：使环境保护有利可图的探索》，郑晓光、刘晓生译，上海科技教育出版社 2005 年版。

15. 【德】贡塔·托依布纳：《现代法中的实质要素和反思要素》，矫波译，载《北大法律评论》（第2卷），法律出版社 2000 年版。

16. 【德】哈贝马斯：《在事实与规范之间——关于法律和民主法治国的商谈理论》，童世骏译，生活·读书·新知三联书店 2003 年版。

17. 【瑞士】克里斯托弗·斯图博：《环境与发展：一种社会伦理学的考量》，邓安庆译，人民出版社 2008 年版。

18. 【美】罗斯科·庞德：《通过法律的社会控制》，沈宗灵、董世宗译，商务印书馆 1984 年版。

19. 【美】罗斯科·庞德：《普通法的精神》，唐前宏译，法律出版社 2001 年版。

20. 【美】马丁·瑞沃林：《贫困的比较》，赵俊超译，北京大学出版社 2005 年版。

21. 【德】马克斯·韦伯：《社会科学方法论》，李秋零、田薇译，中国人民大学出版社 1999 年版。

22. 美洲开发银行：《经济发展与社会公正》，林晶等译，中国社会科学出版社 2002 年版。

23. 【美】博登海默：《法理学——法哲学及其方法论》，邓正来、姬敬武译，华夏出版社 1987 年版。

24. 【美】彼得·休伯：《硬绿——从环境主义者手中拯救环境》，戴星翼、徐立青译，上海译文出版社 2002 年版。

25. 【英】彼得·斯坦、约翰·香德：《西方社会的法律价值》，王献平译，中国法制出版社 2004 年版。

26. 【美】P. 诺内特、P. 塞尔兹尼克：《转变中的法律与社会：迈向回应型法》，张志铭译，中国政法大学出版社 2004 年版。

27. 【德】齐美尔：《齐美尔社会学文选·贫穷社会学》，林荣远编译，广西师范大学出版社 2002 年版。

28. 【印度】让·德雷兹、阿马蒂亚·森：《饥饿与公共行为》，苏雷译，社会科学文献出版社 2006 年版。

29. 【美】塞缪尔·亨廷顿、琼·纳尔逊：《难以抉择》，汪晓寿等译，华夏出版社 1989 年版。

30. 世界环境与发展委员会：《我们共同的未来》，王之佳、柯金良等译，吉林人民出版社 1997 年版。

31. 亚洲开发银行：《亚太地区第二代环境法展望——世界自然保护同盟/全球环境战略研究所/亚洲开发银行研讨会论文集》，邵方、曹明德、李兆玉译，法律出版社2006年版。

32. 【瑞典】冈纳·缪尔达尔：《世界贫困的挑战：世界反贫困大纲》，顾朝阳等译，北京经济学院出版社1991年版。

33. 【德】乌尔里希·贝克：《风险社会》，何博闻译，译林出版社2004年版。

34. 【加拿大】威廉·莱斯：《自然的控制》，岳长龄、李建华译，重庆出版社1993年版。

35. 【古希腊】亚里士多德：《尼各马克伦理学》，苗力田译，中国社会科学出版社1990年版。

36. 【古希腊】亚里士多德：《政治学》，吴寿彭译，商务印书馆1965年版。

37. 【法】亚历山大·基斯：《国际环境法》，张若思编译，法律出版社2000年版。

38. 【美】约翰·罗尔斯：《正义论》，何怀宏、何包钢、廖申白译，中国社会科学出版社1988年版。

39. 【日】岩佐茂：《环境的思想》，韩立新等译，中央编译出版社1997年版。

40. 中共中央马克思恩格斯列宁斯大林著作编译局编译：《马克思恩格斯全集》（第一卷），人民出版社1956年版。

41. 中共中央马克思恩格斯列宁斯大林著作编译局编译：《马克思恩格斯全集》（第十八卷），人民出版社1965年版。

42. 中共中央马克思恩格斯列宁斯大林著作编译局编译：《马克思恩格斯全集》（第二卷），人民出版社1995年版。

43. 【美】詹姆斯·S.科尔曼：《社会理论的基础》，邓方译，社会科学文献出版社1999年版。

三、学术论文

1. 蔡守秋：《环境公平与环境民主——三论环境资源法学的基本理念》，载《河海大学学报》（哲学社会科学版）2005年第9期。

2. 曹明德：《从人类中心主义到生态中心主义伦理观的转变——兼论道德共同体范围的扩展》，载《中国人民大学学报》2002年第3期。

3. 陈浩：《中国贫困地区人口与生态环境分析》，载《生态经济》1999年第6期。

4. 程厚思：《生态环境、技术进步与区域贫困》，载《中国农村观察》1997年第4期。

5. 杜群：《生态补偿的法律关系及其发展现状和问题》，载《现代法学》2005年第5期。

6. 冯瑛：《贫困定义的演化及对中国贫困问题的思考》，载《经济研究导刊》2010年第6期。

7. 郭怀成、张振兴等：《西部地区反贫困与生态环境可持续性研究：以新疆和墨洛地区为例》，载《北京大学学报》（自然科学版）2004年第1期。

8. 贺建林：《关于人口增长、环境退化、贫困与政策取向的深层次思考》，载《人口与生态》2001年第2期。

9. 黄锡生、关慧：《试论对环境弱势群体的生态补偿》，载《环境与可持续发展》2006年第2期。

10. 江山：《再说正义》，载《中国社会科学》2001年第4期。

11. 姜素红：《弱势群体发展权的法理精神阐释》，载《求索》2006年第7期。

12. 蔺汝涛：《社区共管在云南生物多样性管理中的作用》，载《西南林学院学报》2005年第3期。

13. 柯卫：《论权利的法律实现途径》，载《山东社会科学》2004年第3期。

14. 李龙：《论生存权》，载《法学评论》1992年第2期。

15. 李培超：《论环境伦理的"代内正义"的基本意蕴》，载《伦理学研究》2002年第1期。

16. 李建新：《西部大开发中的人口与环境问题》，载《人口与经济》2002年第1期。

17. 李琳、刘一良：《西部贫困地区可持续发展的障碍与对策研究》，载《西安财经学院学报》2003年第4期。

18. 李周：《资源、环境与贫困关系的研究》，载《云南民族学院学报》（哲学社会科学版）2000年第9期。

19. 廖申白：《西方正义概念：嬗变中的综合》，载《哲学研究》2002年第11期。

20. 吕忠梅、刘超：《资源分配悲剧性选择中的环境权——从环境资源分配角度看环境权的利益属性》，载《河北法学》2009年第1期。

21. 麻朝晖：《我国的贫困分布与生态环境脆弱相关度之分析》，载《绍兴文理学院学报》2003年第2期。

22. 闵庆文、成升魁：《西藏的贫困、生态与发展研讨》，载《资源科学》2001年第5期。

23. 潘岳：《环境保护与社会公平》，载《绿叶》2004年第6期。

24. 漆多俊：《论权力》，载《法学研究》2001年第10期。

25. 秦益成：《该怎样谈论"环境问题"》，载《哲学研究》2001 年第 6 期。
26. 强昌文：《论利益的法律调整机制》，载《安徽大学学报》（哲学社会科学版）2004 年第 4 期。
27. 宋乃文：《宁夏西海固地区反贫困策略》，载《中国人口·资源与环境》2000 年第 3 期。
28. 陶锡良：《略论当代国际关系中的环境殖民主义》，载《国际关系学院学报》1996 年第 3 期。
29. 汪习根：《论发展权的法律救济机制》，载《现代法学》2007 年第 11 期。
30. 王伟奇：《权利的实现与"有限侵害性"的社会权力——从贫困治理出发的思考》，载《行政法学研究》2007 年第 4 期。
31. 肖巍、钱箭星：《人权与发展》，载《复旦学报》（社会科学版）2004 年第 3 期。
32. 徐显明：《生存权论》，载《中国社会科学》1992 年第 5 期。
33. 杨成湘、赵建军：《可持续发展中代内公平的必要性和稀有性》，载《理论研究》2008 年第 2 期。
34. 杨通进：《能够拯救人类的上帝——生态文明》，载《生态文化》2007 年第 6 期。
35. 杨通进：《从生态文明的基本理念看中国传统文化的现代价值》，载《环境教育》2009 年第 5 期。
36. 叶平：《关于环境伦理学的一些问题——访问霍尔姆斯·罗尔斯顿教授》，载《哲学动态》1999 年第 9 期。
37. 张义丰、周礼：《西部贫困的根源是生态贫困》，载《地理科学进展》2000 年第 4 期。
38. 张旭平：《"生态文明"概念辨析》，载《系统辩证学报》2001 年第 4 期。
39. 张志良等：《中国西北地区人口、资源、环境问题及可持续发展》，载《干旱区资源与环境》1997 年第 2 期。
40. 赵跃龙、刘燕华：《中国脆弱生态环境分布及其与贫困的关系》，载《地球科学进展》1996 年第 6 期。

四、英文文献

1. Angelsen, A. (1997) "The poverty – environment thesis: was Brundtland wrong?" Forum for Development Studies 1: 135 – 154.
2. Arnold, J. E. M. and P. Bird. "Forest and the Poverty – Environment Nexus", Paper presen-

ted at the UNDP – EC Expert Workshop on Poverty and the Environment, Brussels, Belgium, January 20 – 21, 1999.

3. Berkes, F. (1995) "Community based management and co – management as tools for empowerment", pp. 138 – 146 in Singh, N. and Titi, V. (Eds) Empowerment: towards sustainable development, London: Zed Books.

4. Broad, R. (1994) "The poor and the environment: friend or foes?" World Development 22: 6 811 – 822.

5. Bryant, J. (1993) Urban poverty and the environment in the South Pacific, Department of Geography and Planning, University of New England, Armidale New South Wales, Australia.

6. Cleaver, K. (1997) Rural development strategies for poverty reduction and environmental protection in Sub – Saharan Africa, Washington D. C.: World Bank.

7. Clisby, S. (1995) "Population and the environment: gender, poverty and household – level analysis", Journal of Gender Studies 4: 2 189 – 192.

8. Davies, S. and Leach, M. (1991) "Globalism versus villagism: food security and the environment at national and international levels", IDS Bulletin 22: 3 42 – 50.

9. de Lucia, R. (1991) "Energy, environment and poverty: perspectives on sustainable development and the need for new thinking and commitments", Pacific Asia Journal of Energy 1: 2 89 – 104.

10. Durning, A. (1989) "Poverty and the environment: reversing the downward spiral, Worldwatch paper 92, Washington D. C.: Worldwatch Institute.

11. Esry, Steven A. and Ingvar Andersson. 1999 "Poverty – environment Interactions in Water and Sanitation: Key Issues and Policies". UNDP. Unpublished paper. July 1999.

12. Forsyth, Tim and Melissa Leach, with Ian Scoones. "Poverty and Environment: Priorities for Research and Policy: An Overview Study". Paper prepared for the United Nations Development Programme and European Commission. September 1998.

13. Gasper, D. (1993) "Entitlements analysis: relating concepts and contexts", Development and Change 24: 679 – 718.

14. Gaye, M. and Diallo, F. (1997) "Community participation in the management of the urban environment in Rufisque (Senegal)", Environment and Urbanization 9: 1 9 – 30.

15. Gilbert, A. (1994) "Third World cities: poverty, employment, gender roles and the environment during a time of restructuring", Urban Studies 31: 4 – 5 605 – 634.

16. Grepperud, S. (1997) "Poverty, land degradation and climatic uncertainty", Oxford Eco-

nomic Papers, 49: 4 586 - 608.

17. Jalal, K. (1993) Sustinable development, environment and poverty nexus, Manila: Asian Development Bank.

18. Kepe, T. (1997) "Communities, entitlements and nature reserves: the case of the Wild Coast, South Africa", IDS Bulletin 28: 4 47 - 58

19. Klaus Bosselmann and Benjamin J. Richardson, Environmental Justice and Market Mechanism, Kluwer Law International.

20. Leach, M. and Mearns, R. (1991) Poverty and environment in developing countries: an overview study, report to the Economic and Social Research Council Society and Politics Group and the Global Environmental Change Initiative Programme, and the Overseas Development Administration (DFID), Brighton: IDS.

21. Leach, M.; Mearns, R. and Scoones, I. (1997a) "Environmental entitlements: a framework for understanding the institutional dynamics of environmental change", IDS Discussion Paper No. 359, Brighton: IDS.

22. Leach, M.; Mearns, R. and Scoones, I (eds) (1997b) "Community - based sustainable development: consensus or conflict?", Special edition of IDS Bulletin 28, no. 4.

23. Leonard, H. with Yudelman, M.; Stryker, J.; Browder, J.; de Boer, A.; Campbell, T. and Jolly, A. (1989) Environment and the poor: development strategies for a common agenda, US - Third World Policy Perspectives, No. 11, Washington D. C.: Overseas Development Council.

24. Martínez - Alier, J. (1995) "The environment as luxury good or 'too poor to be green'?" Ecological Economics 13: 1 1 - 10.

25. McGranahan, G.; Songsore, J. and Kjellén, M. (1996) "Sustainability, poverty and urban environment transitions", pp. 103 - 133 in Pugh, C. (ed) Sustainability, the environment and urbanization, London: Earthscan.

26. Mehta, S. (ed) (1997) Poverty, population and sustainable development, Jaipur: Rawat publishers.

27. Mink, S. (1993) "Poverty and the environment", Finance and Development 30: 4 8 - 10.

28. Mukherjee, A. (1994) Structural adjustment programme: putting the first things, poverty and environment, last, New Delhi: Segment Books.

29. Peet, R. and Watts, M. (eds) (1996) Liberation ecologies: environment, development, social movements, London: Routledge.

30. Pelling, M. (1997) "What determines vulnerability to floods: a case study in Georgetown, Guyana", Environment and Urbanization 9: 1 203 – 226.

31. Pinstrup, A.; Pandya, L. and Elsenhans, H. (1994) "Poverty, agricultural intensification, and the environment", Pakistan Development Review 33: 4 (I) 463 – 496.

32. Pretty, J. and Guijt, I. (1992) "Primary environmental care: an alternative paradigm for development assistance", Environment and Urbanization 4: 1 22 – 36.

33. Reardon, T. and Vosti, S. (1995) "Links between rural poverty and the environment in developing countries: asset categories and investment poverty", World Development 23: 9 1495 – 1506.

34. Reed, David and Herman Rosa, "Economic Reforms, Globalization, Poverty and the Environment." Paper presented at the UNDP – EC Expert Workshop on Poverty and the Environment, Brussels, Belgium, January 20 – 21, 1999.

35. Rocheleau, D.; Steinberg, P. and Benjamin, P. (1995) "Environment, development, crisis and crusade: Ukambani, Kenya, 1890 – 1990", World Development 23: 6 1037 – 1051.

36. Rogerson, C. (1996) "Urban poverty and the informal economy in South Africa's economic heartland", Environment and Urbanization 8: 1 167 – 181.

37. Roy, K. (1994) "Development impacts: technology, environment and poor people, some comments on rural India", Scandinavian Journal of Development Alternatives, 13: 1 – 2 189 – 204.

38. Satterthwaite, David. "The links between poverty and the environment in urban areas of Africa, Asia and Latin America", Paper presented at the UNDP – EC Expert Workshop on Poverty and the Environment, Brussels, Belgium, January 20 – 21, 1999.

39. Scherr, Sara J. "Poverty – Environment Interactions in Agriculture: Key Factors and Policy Implications". Paper presented at the UNDP – EC Expert Workshop on Poverty and the Environment, Brussels, Belgium, January 20 – 21, 1999.

40. Simonis, U. (1992) "Poverty, environment and development", Intereconomics 27: 2 75 – 85.

41. Stephens, C. "The urban environment, poverty and health in developing countries", Health Policy and Planning, 10: 2 109 – 121.

42. Stonich, S. (1992) "Struggling with Honduran poverty – the environmental consequences of natural resource – based development and rural transformations", World Development, 20: 3 385 – 400.

43. Taylor, R. (1992) Poverty, population and the planet, London: Friends of the Earth.

44. Tiffen, M. and Mortimore, M. with F. Gichuki (1994) More people, less erosion? Environmental recovery in Kenya Chichester: John Wiley.
45. UNSO (United Nations Sudano – Sahelian Office) (1994) Poverty alleviation and land degradation in the drylands: issues and action areas for the international convention on desertification, Paper produced in collaboration with R. Hay, P. Steele (EFTEC), and O. Noman of the Food Studies Group, Queen Elizabeth Hous, University of Oxford, Oxford.

后　　记

　　本书是在我的博士论文的基础上修改完成的。从武汉到重庆、从武汉大学到西南政法大学，短短的半年时光，我完成了从学生到教师身份的转换，而面前的书稿又让我回到了母校美丽的樱园，正是满园花香的季节。此时的心境是复杂的，有欣慰、内疚、不安，还有道不尽的感谢。

　　令我略感欣慰的是拙作终于可以告一段落了。硕士阶段选择环境法作为研习方向，是出于对这一新兴学科领域新思想和新理论的向往。尚记得，开学伊始导师杜群教授就问我是否愿意跟随她研究生态补偿。"生态补偿"，于当时对环境法一无所知的我而言，既新奇又深奥。随着专业学习的展开、生态补偿课题研究的推进以及对重大生态工程和环境法运行现状的剖析，让我开始反思环境法之价值。环境法不是脱离法律本体的天马行空的"书斋文学"，而是深深扎根现实土壤的"市井之学"，理应高度关注和面向社会生活。开始博士阶段的学习以来，我一直试图从法社会学的视角探寻环境法的价值定位。本书研究的初衷就是面向贫困问题与环境问题紧密交织的社会现实，以个体的基本需求为支点，以法之实质正义追求为导向，为实现双赢的结果提出合理而且有说服力的理论论证及相应的解决方案。虽然在研究思路上还存在不完善的地方，在应对原则和制度构建上尚不全面，只能算是对框架机制的勾勒；但是，我还是希望本书能够起到抛砖引玉之作用，引发学界对这一现实问题的关注。

　　现在回头来看，博士阶段的思考存在太大的局限性。尽管我终于从一次又一次思维的穷途末路中走了出来，而遗憾的是搁笔之际仍觉多处力有未逮。导师杜群教授为本选题的写作倾注了大量的心血，从题目的确定、大纲的拟定以至写作的各个阶段，不辞劳苦，悉心指导。然学生智识有限，本书之终稿恐负导师殷切期望，愧于恩师教诲。本书的出版将作为我在学术道路上的一个起点，继续开展对这一选题的深入研究。同时，我也非常恳切地希望能够得到学界前辈和同人的批评指正。

五年来武汉大学的求学经历已经成为镌刻在我心底的深刻的烙印，因此，请允许我在此向各位师长表达感激之情。感谢杜群教授，她独特的人格魅力、严谨的治学态度与高深的学术造诣是我学习的榜样和指针。回首5年追随杜老师的求学生涯，感怀在心的不仅仅是杜老师在治学上的教育和鞭策，还包括杜老师在为人、职业规划和生活上的鼓励和帮助，令学生受益匪浅。特别需要说的是，导师对我的任性显示出来的包容更令我感动至深。感谢一直关心、鼓励我成长的武汉大学环境法所的各位尊敬的老师：王树义教授、蔡守秋教授、李启家教授、张梓太教授、秦天宝教授、罗吉副教授、李广兵副教授、柯坚副教授、吴志良副教授、胡斌老师、许莲英老师和胡进老师。

感谢诸位在武汉大学环境法所共同求学的兄弟姐妹——张百灵、郭武、王婷、陶蕾、蔡学恩、曹树青、廖建凯、陈晓玥、吴宇、王兆平、孟春阳、伊媛媛、李丹、陈真亮、皮里阳等，时时怀念与诸君一起共度的快乐时光。

感谢西南政法大学应用法学院的领导和同事们。来到陌生的城市工作和生活，曾令我先生和我顾虑重重；然而，应用法学院一如家庭般的氛围很快便将我们融入其中。各位领导、同事对我工作、生活的关心和帮助使我能够迅速适应新的环境、新的角色。

感谢在我身后默默为我付出的家人。正是我的先生梁惠传的无私支持，为本书的"顺产"保驾护航。而我的儿子梁靖易曾以胎儿的身份伴我参加学术会议，聆听国内外环境法学者们的高深见解，与我一同感受学术探索的愉悦。为了学业我没能陪伴他成长，儿子的"被付出"令我

后　记

心痛不已，同时也是支撑我坚持下去的根源所在。感谢我的父亲任永清先生、母亲张福群女士和婆婆李冬雪女士，惟愿他们身体安康！

最后，我还要感谢中国检察出版社对本书出版的大力支持，特别要感谢编辑的辛勤劳动，让我能将这尽管不完善却反复思索的思绪梳理成书，并公之于众。

任世丹

2012 年 3 月 12 日于重庆